zeitreise 3

Jürgen Böhm
Sven Christoffer
Markus Freundorfer
Christine Geyer
Michael Gierl
Helmut Heimbach
Klaus Leinen
Thomas Link
Peter Offergeld
Florian Schraud
Gerd F. Thomae

Ernst Klett Verlag
Stuttgart · Leipzig

Umschlagbild: Return of Jean-Pierre Blanchard from his 38th air travel, landing in Gross-Enzersdorf near Vienna, July 6,1791.
© AKG, Berlin

1. Auflage 1 6 5 4 3 | 15 14

Autoren: Jürgen Böhm, Nöham; Sven Christoffer, Duisburg; Markus Freundorfer, Schaftlach; Christine Geyer, Eggenfelden; Michael Gierl, Augsburg; Helmut Heimbach, Duisburg; Klaus Leinen, Beilingen; Dr. Thomas Link, Würzburg; Dr. Peter Offergeld, Heinsberg; Florian Schraud, Würzburg
Berater: Gerd F. Thomae, Germaringen
Unter Mitwirkung von: Wilfried Dähling, Glücksburg; Heiner Flues, Wuppertal; Arno Höfer, Koblenz; Dr. Margarete Kottenhoff, Essen; Johan Wolfgang Robl, Aschheim; Eckard Spatz, Heidelberg; Dr. Hans Steidle, Würzburg

Redaktion: Carsten Loth

Umschlaggestaltung und Layout: Kassler-Design, Leipzig
Kartographien: Kartographisches Büro Borleis & Weis, Leipzig
Grafiken: Rudolf Hungreder, Leinfelden; Kassler-Design, Leipzig; Lutz-Erich Müller, Leipzig
Piktogramme: Erhard Müller (†), Leipzig und Sandy Schygulla, Chemnitz
Satz: Krause Büro, Jens Krause, Leipzig
Reproduktionen: Meyle & Müller, Medien-Management Pforzheim
Druck: Offizin Andersen Nexö, Leipzig

Printed in Germany
ISBN 978-3-12-427030-6

9 783124 270306

Inhalt

Das Zeitalter des Absolutismus in Europa 14

Europa im Zeitalter von Barock und Aufklärung 48

Auf dem Weg in die Moderne 76

Die Französische Revolution 96

Fürsten oder Bürger – Restauration oder Emanzipation? 130

Wiederholen – vertiefen – verknüpfen 150

So arbeitest du mit diesem Buch

Dieses Buch hat sechs Themeneinheiten. Jede beginnt mit einer Auftaktdoppelseite:

Ein Bild und ein kurzer Text führen in das Thema ein.

Die Karte erleichtert die Orientierung in den Ländern und Kontinenten, um die es geht.

Der Zeitstrahl gibt einen Überblick über wichtige Ereignisse und Jahreszahlen.

Jede Themeneinheit ist in Kapitel eingeteilt. Jedes Kapitel steht auf einer Doppelseite, die stets gleich aufgebaut ist:

Links findest du die Verfassertexte (VT), die unsere Autorinnen und Autoren für das Buch geschrieben haben.

In der Randspalte werden wichtige Fachwörter (schwarz gedruckt) und Grundwissenbegriffe (farbig gedruckt) erklärt.

Rechts ist Platz für die Materialien: Ein Q steht für Quellen, z.B. Texte und Bilder aus früheren Zeiten, alte Gegenstände oder Bauwerke. Ein D bezeichnet Darstellungen, z.B. Berichte heutiger Forscher, Schaubilder oder Karten.

Fragen und Anregungen erschließen die Verfassertexte und Materialien.

Projektseiten geben dir und deiner Klasse Anregungen, ein Thema zu vertiefen oder zu erkunden. Tipps und Anleitungen helfen dabei, das Projekt gemeinsam umzusetzen.

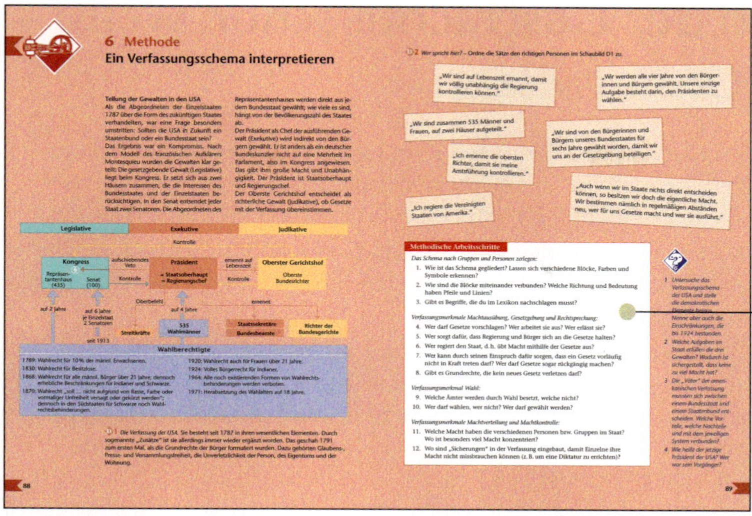

Wenn du eine solche Seite aufschlägst, weißt du: Hier wird eine Methode vorgestellt, die dir beim Lernen in Geschichte hilft. So kannst du üben, Karten zu lesen, alte Texte zu verstehen oder ein Schaubild zu entziffern.

Im rot umrandeten Kasten erklären dir die methodischen Arbeitsschritte, wie du die jeweilige Methode sicher anwendest. Alle Arbeitsschritte sind am Ende des Buches in einem Glossar übersichtlich zusammengestellt.

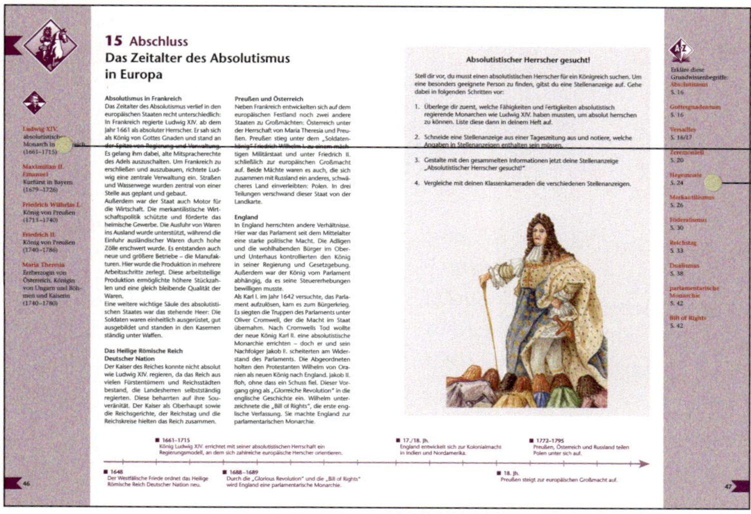

Auf der letzten Doppelseite einer Themeneinheit werden die Inhalte des Kapitels kurz zusammengefasst. Zwei Listen mit den wichtigsten Personen und den Grundwissenbegriffen des Kapitels, der Zeitstrahl mit den bedeutendsten Ereignissen und eine zusammenfassende Aufgabe sorgen auf dieser Abschlussseite dafür, dass du dein Geschichtswissen behältst.

Kleine Symbole helfen dir, dich in den Kapiteln zurechtzufinden:
Jede Themeneinheit hat ihr eigenes Bild. Du findest es auf jeder Doppelseite links oben in der Ecke.

Fragen und Anregungen zur Erschließung des Textes und der Materialien.

Hier findest du Vorschläge für Projekte, Lesetipps und Adressen von Informationsstellen.

Erklärung von wichtigen Fachwörtern. **Grundwissenbegriffe** sind farbig hervorgehoben.

Dieses Symbol verweist auf die Software „Zeitreise multimedial" sowie auf die begleitende Internet-Plattform. Einfach auf www.klett.de/online gehen und in das Online-Link-Feld die angegebene Nummer eingeben.

Was du von der Geschichte schon weißt – teste dein Grundwissen

Im vergangenen Schuljahr hast du eine Menge im Fach Geschichte gelernt. Was du davon unbedingt behalten solltest, nennt man Grundwissen. Wie gut dein Grundwissen aus dem vergangenen Schuljahr ist, kannst du mithilfe eines kleinen Wissensrätsels überprüfen.

Auf dieser und den beiden folgenden Doppelseiten findest du einige Quizkärtchen. Auf ihnen stehen Fragen nach Begriffen, Namen und Daten der Geschichte. Wie viele Antworten kannst du geben?

Und so könnt ihr rätseln: Wenn du dich alleine testest, dann schreibe die Antworten auf die Fragen auf ein Blatt Papier. Vergiss dabei nicht, die Nummer der Frage zu notieren. Die Antworten auf die Fragen findest du auf Seite 172. Für jede richtig beantwortete Karte gibt es einen Punkt. Karten mit einer Glühbirne sind sogar zwei Punkte wert. Zähle am Ende zusammen, wie viele Punkte du erreicht hast.

Natürlich könnt ihr auch in einer kleinen Gruppe spielen. Bereitet 64 kleine Papierzettel vor, auf die ihr die Zahlen 1 bis 64 schreibt. Der Reihe nach zieht jeder aus der Gruppe einen Zettel und versucht, die entsprechende Karte zu beantworten. Wer hat am Ende die meisten Punkte?

1

Der höchste weltliche Würdenträger des Mittelalters trägt diesen Titel. Der Begriff kommt noch von den alten Römern und der eigentliche Namensgeber ist ein gewisser Herr namens Caesar. – Wie lautet der Titel?

2

Das Gut (Land, Amt, Würde, Rechte), das jemandem von seinem Herrn lebenslang geliehen wird und wofür der Beliehene dem Herrn in Frieden und Krieg dienen muss, nennt man …

3

Andere Bezeichnung für einen adligen Lehensmann?

4

Ihr Herr, meist ein Adliger oder ein hoher Geistlicher, schützt sie, ist in alltäglichen Dingen ihr Richter, erhält von ihnen Abgaben und Dienste. Ihm gehören Grund und Boden und die Menschen, die darauf leben. Man nennt den Herrn auch …

5

Dienste, die die Abhängigen ihrem Herrn neben den Abgaben ohne Entgelt leisten mussten, nennt man …

6

Mönche, die in Gemeinschaft ihren Glauben leben wollten, gründeten ein …

7

Den Vorsteher eines Männerklosters bezeichnet man als …; die Vorsteherin eines Frauenklosters ist die …

8

Mit welcher Entwicklung im Frankenreich beginnt wann die deutsche Reichsgeschichte?

9

Wie nannte man das Reich auf deutschem und europäischem Boden, an dessen Spitze ein König/Kaiser stand, der seine Herrscherwürde auf das Römische Reich zurückführte?

10

Krone, Zepter und Reichsapfel waren
(a) Insignien,
(b) Häuptlingsfetische,
(c) Heiligtumszeichen,
(d) Reliquien.

11

Wenn der Sohn des Herzogs nach dem Tod seines Vaters selbst Herzog wird, so heißt das …

12

Die Einsetzung eines Geistlichen in sein Kirchenamt nennt man …

13

Kirchenstrafe, die der Papst gegen Menschen aussprach, die sich in seinen Augen gegen die Kirche gestellt hatten. Die damit belegten Menschen durften keine Kirche betreten, keine Sakramente empfangen, keinen Segen erhalten. Sie standen unter dem …

14

Vor diese mittelitalienische Burg zog im Winter ein König und Kaiser, damit der Papst ihm vergebe. Wie hieß die Burg?

15

Einen Vertrag zwischen weltlicher Macht und der Kirche bezeichnet man als …

16

Die Italienpolitik der deutschen Kaiser ließ die deutschen Fürsten in ihren Ländern zunehmend unabhängig werden. Sie holten sich viele ehemals königliche Rechte für sich in ihr Land.
Ihre Staaten nennt man (a) Bistümer, (b) Territorialstaaten, (c) Fürstentümer, (d) Königtümer.
Die Herrscher dieser Gebiete werden als (e) Kalifen, (f) Landesherren, (g) kleine Kaiser, (h) Wittelsbacher bezeichnet.

17

Die höchsten Würdenträger des Reiches, die den deutschen König wählen und damit den künftigen Kaiser bestimmen konnten, heißen (a) Markgrafen, (b) Markfürsten, (c) Kurfürsten, (d) Kurienkardinäle.

18

Das Recht der Kurfürsten, den Nachfolger im Herrscheramt zu bestimmen, nennt man … recht.

19

Gesucht ist der Fachbegriff der Gesellschaftsordnung im Mittelalter und in der Frühen Neuzeit. Alle Menschen gehörten in dieser Zeit je nach Geburt einer von drei Gruppen an. Wie heißt diese Ordnung?

20

Aus unfreien Dienstleuten entwickelte sich dieser Stand der berittenen, schwer gepanzerten Krieger des Mittelalters. Man nennt sie …

21

Definiere für das Mittelalter den Begriff „Stadt“.

22

Die Meister eines Handwerks schlossen sich zusammen, um die Zahl der Betriebe in einer Stadt, die Ausbildungsordnung, die Verkaufspreise und die Herstellungsverfahren zu regeln sowie für die Hinterbliebenen eines Meisters zu sorgen. Diesen Zusammenschluss nennt man (a) Gilde, (b) Hanse, (c) Orden, (d) Zunft.

23

Wie heißt der Zusammenschluss norddeutscher Kaufleute, der später ein bedeutender Städtebund wurde, dem bis zu 80 Städte angehörten und auf dessen Zughörigkeit noch heute Städte wie z. B. Rostock und Lübeck stolz sind?

24

Welcher Baustil ist hier gesucht?

25

Und in welchem Stil ist diese Kirche erbaut?

26

Bezeichnung für den vom Papst verkündeten Krieg zur Befreiung Jerusalems von der Herrschaft der Muslime.

27

Im Auftrag des Papstes brachen Bewaffnete auf, um eine Stadt im Heiligen Land zu erobern, die drei großen Religionen besonders heilig ist. Welche Stadt ist das?

28

Was versteht man unter „Ostsiedlung“?

29

Die Antike galt den italienischen Künstlern und Gelehrten des 15. Jahrhunderts als Vorbild. Sie wünschten sich die Wiedergeburt des Altertums. Wie lautet der Fachbegriff für diese Epoche?

30

Nicht die Sonne kreist um die Erde, vielmehr kreisen Erde und die anderen Planeten um die Sonne. Damit entdeckte der Astronom Nikolaus Kopernikus ein neues Weltbild. Gib den Fachbegriff dafür an.

31

Durch eine neue Technik konnten die Menschen zu Beginn der Frühen Neuzeit Bücher leichter vervielfältigen. Wie nennt man diese Technik?

32

Anfang des 15. Jahrhunderts wagten sich portugiesische und spanische Seefahrer über die Grenzen der damals bekannten Welt hinaus. Es begann das europäische Zeitalter der …

33

Gib drei Merkmale der „Europäisierung der Welt“ in der Frühen Neuzeit an.

34

Name einer europäischen Herrscherfamilie, die vor allem im östlichen und südöstlichen Mitteleuropa Länder beherrschte und die meisten Kaiser des Heiligen Römischen Reiches stellte.

35

Wie nennt man die von Martin Luther ausgehenden Veränderungen im christlichen Glauben?

36

Martin Luther veröffentlichte seine Kritik an der alten Kirche in mehreren Punkten. Wie heißt der Fachbegriff für diese Punkte und wie viele sollen es gewesen sein?

37

1555 wurde das lutherische Bekenntnis neben der katholischen Konfession als gleichberechtigt anerkannt. Wie heißt dieser Beschluss?

38

Der Fachbegriff für ein religiöses Bekenntnis lautet (a) Konfirmation, (b) Konfession, (c) Kommunion, (d) Kommune.

39

Die jüngere der beiden großen christlichen Kirchen in Mitteleuropa wird wegen ihres Bezugs auf die Evangelien und ihres Gründers als die … Kirche bezeichnet. Die ältere nennt man die … Kirche.

40

Dieser Konflikt begann mit dem Prager Fenstersturz eines kaiserlichen Statthalters. Wann war das? Unter welcher Bezeichnung ging der Krieg in die Geschichte ein?

41

Dieser Friedensschluss beendete den Dreißigjährigen Krieg. Wie nennt man diesen Frieden? Wann wurde er geschlossen?

42

Am Weihnachtstag des Jahres 800 krönte der Papst diesen fränkischen König zum römischen Kaiser. Wer war's?

43

„Bete und arbeite!“ – Seine Regel aus dem 6. Jahrhundert gilt auch heute noch für Mönche. Ein katholischer Orden trägt seinen Namen. Und der lautet?

44

Nahe Augsburg auf dem Lechfeld besiegte der König und spätere Kaiser im Jahr 955 die Ungarn. Wie lautet der Name dieses Herrschers?

45

Im Winter 1077 zog der Kaiser im Büßergewand vor die Burg von Canossa in Mittelitalien. Der Papst sollte ihn vom Kirchenbann lösen. Welcher Kaiser machte diesen Gang nach Canossa?

46

Ungewöhnliche Bauten, wie das achteckige Jagdschloss Castell del Monte in Apulien, hinterließ dieser außergewöhnliche Kaiser aus der Familie der Staufer. Er starb 1250. Wer war's?

47

Er malte die berühmte „Mona Lisa“. Seine Ideen wiesen weit in die Zukunft: Flugapparate, Tauchanzüge, Panzer. – Wie hieß dieser „umfassend entwickelte Mensch“?

48

In seinem Buch „Über die Bewegungen der Himmelskörper“ schrieb er Ungeheuerliches nieder: Die Erde sei ein Planet und kreise wie alle anderen Planeten um die Sonne. Das stand im Widerspruch zur Lehre der Kirche. Nenne den Namen des Astronomen.

49

Er erfand den Buchdruck mit beweglichen Lettern. Wann war das? Wie hieß der Erfinder?

50

Bis zu seinem Tod war er davon überzeugt, dass er Indien auf dem Seeweg entdeckt habe. Auf dem Doppelkontinent, den er in Wirklichkeit entdeckt hatte, trägt ein Land seinen Namen. Wie heißt der bekannte Seefahrer?

51

Nur eines seiner fünf Schiffe kam nach Portugal zurück. Die Gewürze, die es geladen hatte, brachten mehr Geld ein, als die ganze erste Weltumseglung gekostet hatte.
Er selbst starb bei der Umseglung. Dennoch war er der erste Weltumsegler. Nenne seinen Namen.

52

In seinem Reich ging die Sonne nie unter, hieß es. Er herrschte im 16. Jahrhundert über ein Weltreich. Wie hieß dieser Kaiser? Aus welcher Herrscherfamilie stammte er?

53

1521 sollte der Augustinermönch vor Kaiser Karl V. in Worms seine Lehre widerrufen. Er widerrief nicht, sondern soll zum mächtigsten Herrscher gesagt haben: „Hier stehe ich und kann nicht anders. Gott helfe mir. Amen." Nenne den Namen des Reformators.

54

Durch seinen Einsatz für die katholische Partei und seine Unterstützung des Kaisers holte er die Kurwürde und die Oberpfalz nach Bayern. Doch auch sein Land Bayern litt unter einem 30 Jahre dauernden Krieg. Wer war's?

55

Das Mittelalter, eine lange Epoche – nenne die ungefähren Daten des Beginns und des Endes.

56

Weihnachtstag in Rom: Erstmals erhält ein fränkischer König vom Papst die römische Kaiserkrone – in welchem Jahr war das?

57

Die deutsche Reichsgeschichte lässt man gewöhnlich mit den ottonischen Herrschern beginnen. In welchem Jahrhundert war das?

58

Der Baustil der Romanik blühte wann?

59

Vom Stil der Gotik spricht man ab dem … Jahrhundert?

60

Die Epoche der Neuzeit beginnt etwa um …?

61

Die Kunst des Buchdrucks setzt etwa mit dem Jahr … ein.

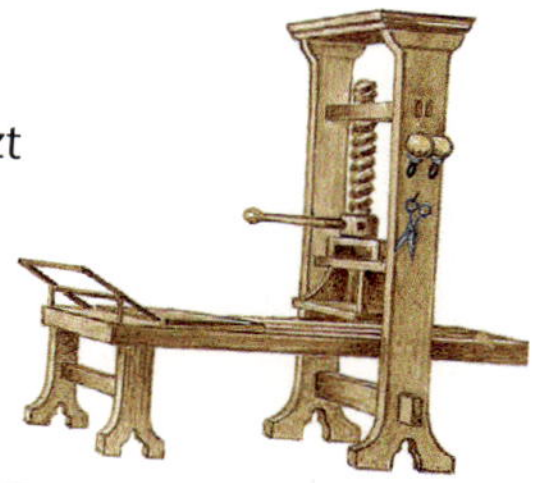

62

Martin Luther veröffentlichte seine reformatorischen Thesen a) 1517, b) 1618, c) 1717, d) 1918.

63

Die Anerkennung der evangelisch-lutherischen Konfession im Augsburger Religionsfrieden erfolgte im Jahr a) 555, b) 1111, c) 1212, d) 1555.

64

Nenne Anfangs- und Endjahr des Dreißigjährigen Krieges.

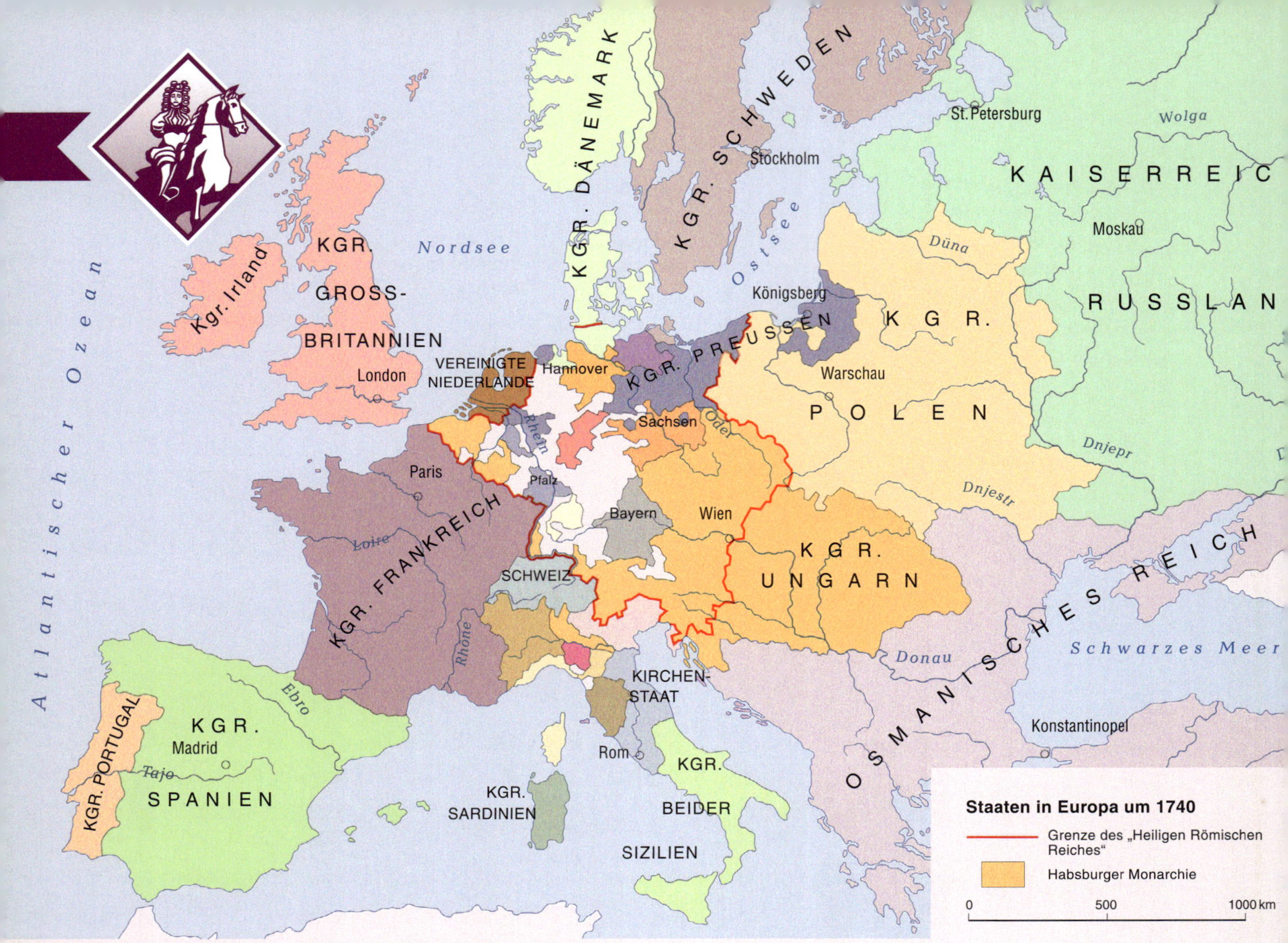

Im 17. und 18. Jahrhundert lebten die Menschen in Europa unter der Herrschaft von Fürsten und Königen. Diese regierten mit fast uneingeschränkter Macht: Sie waren mit Ausnahme der Herrscher in England an keine Verfassung gebunden und weder dem Volk noch einem Parlament Rechenschaft schuldig. Diese Zeit nahezu absoluter Macht der Herrscher bezeichnen wir als Absolutismus. Ihr bedeutsamster Vertreter war der französische König Ludwig XIV. Dieser soll während seiner Herrschaft sogar gesagt haben: „Der Staat bin ich.“

1648

Nach dem Dreißigjährigen Krieg ordnet der Westfälische Frieden das Heilige Römische Reich Deutscher Nation neu.

Mitte des 17. Jhs.

England steigt zur führenden Seemacht auf.

1661–1715

Ludwig XIV. regiert Frankreich als absoluter Herrscher und „Sonnenkönig“.

Das Zeitalter des Absolutismus in Europa

Schlossanlage von Versailles. Das Gemälde von Jean-Baptiste Martin von 1690 gibt den Blick aus dem königlichen Schlafzimmer wieder.

1688–1689

Durch die „Glorious Revolution" und die „Bill of Rights" wird England eine parlamentarische Monarchie.

17./18. Jh.

Deutsche Fürsten ahmen den absoluten Regierungsstil Ludwigs XIV. nach. Prunkvolle Bauten entstehen.

18. Jh.

Unter Friedrich Wilhelm I. und Friedrich II. steigt Preußen zu einer Großmacht in Europa auf.

1772–1795

Preußen, Österreich und Russland teilen Polen unter sich auf.

1 Ludwig XIV. – ein absoluter Herrscher

Q1 *Diese Schaumünze ließ Ludwig XIV. nach seiner Regierungsübernahme prägen.* Die freie Übersetzung der Inschrift lautet: „Alles andere überragend".

Zeitreise Online-Link 427030-0001

Absolutismus
Mit diesem Begriff bezeichnet man jene Herrschaftsform, die in Europa im 17. und 18. Jahrhundert vorherrschte. Der regierende Fürst war oberster Gesetzgeber und oberster Richter. Er war „legibus solutus", also unabhängig von den menschlichen Gesetzen.

Gottesgnadentum
Ludwig XIV. und andere Herrscher sahen sich als „Könige von Gottes Gnaden", also von Gott eingesetzt. Auch die Kirche lehrte, alle Gewalt auf Erden komme nur von Gott. Dadurch erschien der König vielen Menschen unangreifbar.

Ludwig herrscht allein

Im Jahr 1643 wurde der fünfjährige Ludwig XIV. nach dem Tod seines Vaters König von Frankreich. Selbstverständlich konnte er noch nicht selbst regieren; das besorgte der Erste Minister des Königreichs, Kardinal Mazarin. Nach dessen Tod 1661 fragten die übrigen Minister den jungen König, an wen sie sich nun wenden sollten. Ludwig soll geantwortet haben: „Von jetzt an nur an mich!"

Alle wichtigen Fragen entschied der König fortan tatsächlich allein. Die Minister durften sich ohne die Zustimmung des Königs nicht treffen. Sie berichteten dem König einzeln und gaben Ratschläge, dann erteilte der König seine Anordnungen und Befehle. Das war in der damaligen Zeit ungewöhnlich, da viele Fürsten die harte Arbeit des Regierens ihren Ministern oder Beratern überließen. Doch Ludwig XIV. war nicht nur regierender König und Gesetzgeber, er beeinflusste auch die Urteile der königlichen Gerichte und war somit auch der oberste Richter. Diese Art der Herrschaftsform bezeichnen wir als *Absolutismus*. Wie die meisten Herrscher der damaligen Zeit glaubte Ludwig XIV., dass er als König seinen Herrschaftsanspruch über Frankreich direkt von Gott erhalten habe. Als „Herrscher von *Gottes Gnaden*" fühlte er sich anderen Menschen gegenüber nicht verantwortlich. Sie waren nur Untertanen, die zu gehorchen hatten.

Der Adel wird entmachtet

Als Ludwig elf Jahre alt war, erhob sich ein Teil des Adels gegen ihn. Die Adligen forderten mehr Mitspracherecht an der Regierung. Es kam zum Bürgerkrieg. Zwar siegten die Anhänger des Königs, doch seit diesem Aufstand misstraute Ludwig XIV. dem Adel zutiefst.

Als er mit 23 Jahren selbst die Regierung übernahm, erschien es ihm am sichersten, den Adel möglichst in seiner unmittelbaren Nähe anzusiedeln. So wollte er die Adligen unter Kontrolle halten. In Versailles, 14 Kilometer westlich von Paris, ließ sich Ludwig XIV. ein neues Schloss erbauen. Durch Geldgeschenke und andere Vorteile ermunterte er viele Adlige, sich im Schloss Versailles oder in dessen Umgebung niederzulassen. Waren sie nach Versailles gezogen, verbat ihnen der König jedoch, die Anlage zu verlassen. Viele von ihnen vernachlässigten nun zwangsweise ihre heimatlichen Landgüter. Diese verfielen und brachten kein Geld mehr ein. Somit stieg die Abhängigkeit der Adligen von Ludwig, die nun darauf angewiesen waren, ein bezahltes Hofamt zu erhalten. Manche hofften auch, dass der König ihre Schulden übernahm.

Die Hofgesellschaft in Versailles

Zu fast jeder Stunde des Tages war Ludwig XIV. von Herzögen, Grafen und anderen Adligen umgeben. Sie schauten ihm beim Aufstehen oder Schlafengehen zu, sie reichten ihm die Kleider, sie brachten ihm seine Perücke. Das Recht, solche Tätigkeiten für Ludwig XIV. auszuüben, mussten die Adligen oft kaufen. All dies taten sie, weil sie hofften, eines Tages vom König ein zugleich ehrenvolles und einträgliches Amt am Hof zu erhalten. So ging Ludwigs Plan auf: Die früher stolzen Adelsherren aus den Provinzen wurden zu Dienern des Königs, zu Höflingen.

Q2 *Der Herzog von Saint-Simon, seit 1691 am Hofe Ludwigs XIV., beschreibt das morgendliche Ankleiden des Königs:*

Um acht Uhr früh weckte der erste Kammerdiener den König, worauf der Aufstehende Weihwasser nahm und ein Gebet sprach. Inzwischen waren die Prinzen des königlichen Hauses und danach einige Vertreter des höchsten Adels eingetreten. Es kamen die vier Minister, die Vorleser, Apotheker, Ärzte, einige Offiziere und Kammerdiener. Nachdem der König eine Perücke aufgesetzt hatte, erschienen die Kammerherren, die ihrem Herrn die Namen der bedeutenderen Einlass heischenden Persönlichkeiten ins Ohr flüsterten, und sofort traten die anwesenden Kirchenfürsten und Kardinäle, Gesandten, Marschälle und andere Großwürdenträger ein, denen der breite Schwarm der Höflinge folgte. Der König zog sein Nachthemd aus, (...) und verlangte sein Taghemd. Die Darreichung dieses Kleidungsstücks bildete den Höhepunkt der ganzen Zeremonie. Das Recht, dem König das Hemd zu reichen, stand Monsieur (dem Bruder des Königs) oder, wenn dieser abwesend war, den Söhnen und Enkeln des Königs zu. Wenn er angezogen war, betrat er das anliegende Gemach, wo er Ministerrat zu halten pflegte, und verkündete das Programm des Tages, das auf die Minute genau eingehalten wurde.

Q5 *Vertreter des Adels, der hohen Geistlichkeit und des dritten Standes verneigen sich 1649 vor dem jungen König.* Die adlige hohe Geistlichkeit bildete den ersten, der weltliche Adel den zweiten Stand. Adlig war man durch Geburt oder königliche Erhebung. 98 % der Franzosen gehörten als Bauern, Handwerker und Bürger zum dritten Stand.

Q4 *Im Buch „Politik nach Worten der Heiligen Schrift" schrieb Bischof Bossuet 1682:*

Die königliche Gewalt ist erstens heilig, zweitens väterlich, drittens unumschränkt. Die Fürsten handeln als Diener Gottes und als dessen Stellvertreter auf Erden. Gott nur kann über die Entscheidungen der Herrscher und über ihre Person richten. Die Untertanen sind dem Fürsten unbedingten Gehorsam schuldig. Es gibt nur eine Ausnahme, nämlich, wenn er etwas gebietet, was gegen Gott ist. Der Fürst muss seine Gewalt dazu anwenden, die falschen Religionen in seinem Staate zu vernichten. Er ist der Beschützer der öffentlichen Ruhe, die auf die Religion gegründet ist, und die Religion ist die Stütze seines Thrones.

Q3 *Gesamtansicht der Schlossanlage von Versailles* (Gemälde von Pierre Patel, 1668, Öl auf Leinwand, 115 x 161 cm). Die Anlage wurde ab 1661 in einer Bauzeit von ca. 28 Jahren errichtet.

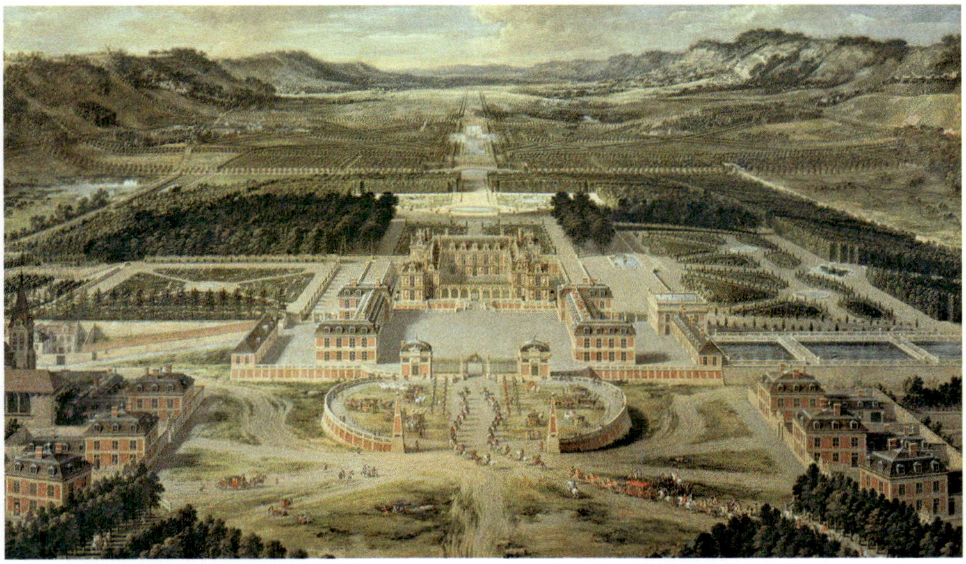

1. *Was will der König seinen Untertanen mit der Schaumünze sagen (Q1)?*
2. *Erkläre, inwiefern Ludwig XIV. ein „absoluter Herrscher" war (VT, Q4).*
3. *Der König spricht über „Untertanen" (VT). Erläutere den Begriff mithilfe von VT, Q4, Q5.*
4. *Nenne Gründe, warum Ludwig XIV. die Anlage von Versailles erbauen ließ (VT, Q3).*
5. *Überlege, welchen Sinn die Aufstehzeremonie hatte (Q2).*

2 Methode
Herrscherbilder zum Sprechen bringen

Ein Bild sagt mehr als tausend Worte
Seit der Antike haben sich Herrscher – Kaiser, Könige und Fürsten – von Künstlern malen lassen. Zum einen wollten sie so ihr Bild für die Nachwelt erhalten. Zum anderen sollte in diesen Bildern auch ausgedrückt werden, wie sie sich selbst als Herrscher sahen.

Herrscherbilder können also eine aufschlussreiche Quelle über einen Monarchen und seine Zeit sein. Allerdings müssen wir sie sehr genau betrachten und auf besondere Einzelheiten achten. Auch dürfen wir bei diesen Bildern nie vergessen, dass sie mit einer bestimmten Absicht angefertigt wurden.

Q 1 *Herrscherbild Ludwigs XIV.* Das Gemälde wurde in der Werkstatt des königlichen Hofmalers Hyacinthe Rigaud angefertigt. Es zeigt Ludwig XIV. 1701 im Alter von 63 Jahren in Lebensgröße. Das gesamte Bild ist 2,77 Meter hoch und 1,94 Meter breit. Das Bild war ursprünglich für den spanischen Hof bestimmt, wo der Enkel Ludwigs die spanische Thronfolge antreten sollte. Ludwig fand jedoch so großen Gefallen an dem Bild, dass er es behielt und seiner Kunstsammlung in Versailles einfügte.

① Lilien: Symbol der französischen Königsfamilie
② Hermelin: kostbarer Pelz
③ Die Farben Blau, Purpurrot und Gold galten als besonders wertvoll.
④ Ludwigs Haltung: „Tanzmeisterschritt“, bezieht sich auf Ludwigs Lebensart und sein bevorzugtes Vergnügen.

Q2 *Die Familie Ludwig XIV.* (Gemälde des französischen Malers Jean Nocret von 1669). Ludwig XIV. beauftragte den Maler, die Königsfamilie als griechische Götter darzustellen. Der König auf dem Thron ist Apoll, der Gott des Lichtes, der Jugend, der Dichtung und Musik, der Heilkunde und der Weissagung.

1 Betrachte das Herrscherbild Ludwigs XIV. mithilfe der methodischen Arbeitsschritte.

2 Überlege, wie das Bild wohl in Originalgröße auf den Betrachter wirkt.

3 Untersuche nun das Bild Ludwigs XIV. und seiner Familie (Q2) anhand der methodischen Arbeitsschritte. Erkennst du in den Personen weitere griechische Götter?

4 Inwiefern unterscheidet sich das Gemälde Q2 von Q1? Welchen Eindruck soll das Bild Q2 vom König vermitteln?

Methodische Arbeitsschritte

1. Betrachte das Bild und notiere deinen ersten Eindruck.
2. Untersuche das Bild genau:
   – Wie ist der Herrscher auf dem Bild platziert?
   – Wie ist seine Haltung?
   – Welche Herrschaftszeichen finden sich und was bedeuten sie?
   – Welche Farben sind verwendet und wie wirken sie?
3. Finde heraus, wer das Bild gemalt hat und wer der Auftraggeber war.
4. Betrachte das Bild kritisch: Welche Wirkung soll es beim Betrachter erzielen? Wie sieht sich der dargestellte Herrscher selbst?

3 Das Leben in Versailles – ein Augenzeugenbericht

Q1 *Der Park von Versailles – auch heute noch prächtig und eindrucksvoll*

Zeremoniell
Feste Regeln, die bei bestimmten Anlässen einzuhalten sind. Das gilt heute etwa bei offiziellen Besuchen von Staatsoberhäuptern. Dazu gehören z. B. das Ausrollen eines roten Teppichs, das Spielen der Nationalhymne oder die Reihenfolge bei Begrüßungen. Am Hofe Ludwigs XIV. wurde beinahe der ganze Alltag einer festen Zeremonie unterworfen. Im Zeremoniell kam zum Ausdruck, wer am Hofe Einfluss hatte.

Wer war Liselotte von der Pfalz?

Elisabeth Charlotte (1652–1722), genannt Liselotte, war die Tochter des Kurfürsten Karl Ludwig von der Pfalz. Als sie 19 Jahre alt war, musste sie im Jahr 1671 auf Befehl ihres Vaters den Bruder des französischen Königs heiraten. Dies war eine politische Heirat, wie sie in den Fürstenhäusern damals allgemein üblich war. Der Kurfürst versprach sich davon, dass die kleine Kurpfalz vom mächtigen Frankreich geschützt würde.

Ein Leben im goldenen Käfig

Als Schwägerin des Königs erhielt Liselotte den Titel „Herzogin von Orleans" und gehörte zum engsten Kreis der königlichen Familie. Trotzdem musste sie sich, wie alle anderen am königlichen Hof auch, den Regeln des *Hofzeremoniells* beugen. Ein Mitglied der königlichen Familie hatte wenig Freiheiten. Liselotte durfte Versailles beispielsweise nicht ohne Erlaubnis des Königs verlassen. Ihr größter Wunsch, ein Besuch bei ihren Verwandten in ihrer alten Heimat, wurde ihr vom König nie gestattet. So war die Schlossanlage in Versailles mit ihren annähernd 2000 Räumen und seiner 15 000 Hektar großen Parkanlage, in der ca. 1400 Springbrunnen und künstlich angelegte Seen lagen, für Liselotte wie ein goldener Käfig, aus dem sie nicht herauskam. So fühlte sich Liselotte fern ihrer Familie und ihrer geliebten Pfalz oft sehr einsam, denn ihre Ehe war bald unglücklich geworden. Da sie niemanden hatte, dem sie sich anvertrauen konnte, begann Liselotte, Briefe an ihre Familie und Verwandte zu schreiben. In vielen Briefen sprach sie aus, was sie bewegte. Auch schilderte Liselotte das Leben am Hof in Versailles. Sie war eine scharfe und kritische Beobachterin. Obwohl sie wusste, dass ihre Briefe von der Geheimpolizei gelesen wurden, nahm sie kein Blatt vor den Mund.

Liselotte – eine Geschichtsquelle

Für den Historiker sind die Briefe ein Glücksfall, weil sie Einzelheiten enthalten, die sonst nicht überliefert sind. Liselotte zeichnet einerseits ein Bild des glanzvollsten Hofes in Europa, verschweigt aber andererseits nicht die Schattenseiten dieses Lebens. So lebten viele Adlige trotz des luxuriösen Lebens in Versailles mit ihren Familien und Angestellten für ihre Verhältnisse sehr beengt. Sie bewohnten nur wenige Zimmer im Schloss. Außerdem fehlte eine Kanalisation: Die Benutzung von Nachttöpfen führte zu erheblichen Geruchsbelästigungen. Des Weiteren beschreibt sie die inhaltsleeren Vergnügungen, mit denen der Adel seine Zeit verbrachte, den Klatsch und die Intrigen, mit denen jeder die Gunst des Königs erringen wollte. So bestand das ganze Leben am Hofe nur aus Jagden, Feuerwerken, Gondelfahrten, Turnieren, Theater- und Opernaufführungen, Spielen und großen Tafelbanketten, bei denen die Gäste unter anderem zwischen 5 Suppen, 30 Vorspeisen, 16 Platten mit Braten und 10 Salaten auswählen konnten. Im Gegensatz dazu stand das strenge Hofzeremoniell, das den Tagesablauf am Hofe genau einteilte.

Q2 *Ein Brief Liselottes an ihre Tante aus dem Dezember 1676 schildert den Tagesablauf am Versailler Hof:*

Ich war in Versailles, allwo wir den ganzen Tag zu tun hatten, denn morgens bis umb 3 nachmittags waren wir auf der Jagd, darnach, wenn wir von der Jagd gekommen waren, kleidete man sich anders an und ging 'nauf zum Spiel; dorten blieb man bis 7 abends; von dar ging man in die Comedie [Theater], welche um halb 11 aus war, alsdann ging man zum Souper, vom Souper zum Ball, welcher bis 3 Uhr morgens währte und dann zu Bett.

Q3 *In einem anderen Brief an ihre Schwägerin aus dem Dezember 1682 beschreibt Liselotte die regelmäßig Montag, Mittwoch und Freitag stattfindenden Abende beim König:*

[Aus dem Vorzimmer] (...) geht man (...) in ein groß Kabinett, allwo die Violons sind für die, die tanzen wollen. (...) Von da geht man in (...) einen Saal (...), worinnen mehr als zwanzig Tisch stehen (...), um allerhand Spiel zu spielen. (...) Von da in eine andere Kammer, allwo vier lange Tisch, worauf die Collation [kleine Zwischenmahlzeit] ist, allerhand Sachen, Obstkuchen, Confituren [Süßigkeiten] (...). Von da geht man in eine andere Kammer, wo auch vier Tafeln stehen (...); also, die essen und trinken wollen, halten sich in diese zwei Kammern. Sobald man von der Collation kommt, welche man stehend isst, geht man wieder in die Kammer, wo viele Tafeln stehen und da teilt sich jeder zu seinem Spiel aus (...). Die nicht spielen, als wie ich (...), die schlendern herum (...) bald zu der Musik, bald zu den Spielen (...). Dieses währt von sechs bis zehn, dass man zum Nachtessen geht.

Q4 *Die Spielleidenschaft war groß am Hofe. In einem Brief Liselottes aus dem Mai 1695 an ihre Halbschwester Luise heißt es:*

Man spielt hier um grässlich hohe Summen und die Spieler benehmen sich wie im Tollhaus. Der eine heult, der andere schlägt mit der Faust auf den Tisch, dass der ganze Raum bebt, der dritte lästert Gott, dass einem die Haar darüber zu Berg stehen, kurz alle sind wie verzweifelte Menschen.

Q5 *Liselotte von der Pfalz* im Jagdkostüm. Für Damen der französischen Gesellschaft war es höchst ungewöhnlich, sich mit einem Jagdgewehr darstellen zu lassen.

1 Schildere die Beschäftigung eines Adligen am Versailler Hof (VT, Q2–Q6).

2 Lies noch einmal den VT auf S. 16 und überlege, aus welchen Gründen der König den Adel an seinem Hof regelmäßig zu Vergnügungen um sich versammelte.

3 Vermute, warum es dem König durchaus recht war, wenn die Adligen sich durch ihre Spielleidenschaft in hohe Schulden stürzten (Q4).

4 Trotz der zahlreichen Vergnügungen am königlichen Hof (Q2, Q3) war Liselotte in Versailles unzufrieden. Überlege, woran das lag (VT).

Q6 *Hofgesellschaft im Schlosspark von Versailles* (Ausschnitt aus einem zeitgenössischen Gemälde von Jean-Baptiste Martin)

4 Der neue Staat

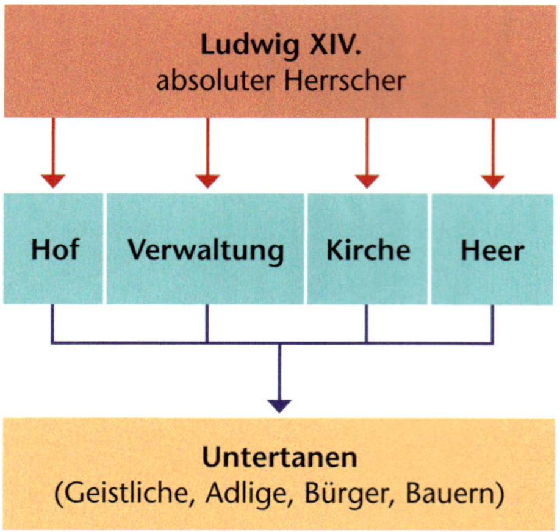

D1 *Nach diesem System regierte Ludwig XIV.*

„Der Staat bin ich"
Diese Aussage wird Ludwig XIV. zugeschrieben. Sie spiegelt wieder, welche Vorstellungen er vom *Staat* hatte. Von seinem Vater hatte er einen Obrigkeitsstaat übernommen, in dem eine kleine Führungsschicht – bestehend aus König und Adligen – gemeinsam regierte. Da Ludwig XIV. als absolutistischer Monarch Frankreich alleine regieren wollte, baute er den Staat um.

Beamte ersetzen die Adligen
Ludwig XIV. arbeitete mit einem Kreis von Beratern zusammen, die er „Minister" nannte und mit denen er sich regelmäßig traf. Politische Entscheidungen traf er jedoch allein. Die meisten Ministerposten besetzte Ludwig XIV. nicht mehr mit Vertretern des Adels, sondern mit fähigen Männern aus dem Stand der Bürger. So schränkte er den Machtbereich des Adels ein. Auch in den 32 Provinzen und in den wichtigen Städten regierten nun Beamte. An der Spitze einer Provinz stand ein Intendant. Er hatte dafür zu sorgen, dass die Gesetze des Königs vor Ort ausgeführt wurden. Außerdem überwachte er die königlichen Richter, setzte die für den König bestimmten Steuern fest und trieb diese ein. Wenn Ludwig XIV. einen Beamten für unfähig hielt oder wenn er meinte, ein Beamter sei zu mächtig geworden, dann setzte er ihn ab.

Soldaten für den König
Ludwig XIV. wollte Frankreich zum mächtigsten Staat in Europa machen. Dazu brauchte er ein gut ausgebildetes Heer, das ihm jederzeit zur Verfügung stand. Bisher hatte das französische Heer aus einzelnen Armeen von Landsknechten bestanden, die von ihren Offizieren angeworben und auch bezahlt wurden. Diese Söldner dienten vor allem ihren Offizieren. Nun wurden die Soldaten aus der Staatskasse bezahlt. Sie bekamen Uniformen und eine einheitliche Ausrüstung. Als *stehendes Heer* waren die Soldaten in Kasernen untergebracht und blieben auch in Friedenszeiten im Dienste des Königs.

Ein einziger Glaube
Ludwig XIV. sah sich selbst als Stellvertreter Gottes für das Königreich Frankreich. Sein Grundsatz war: „Ein König, ein Glaube". Alle Untertanen sollten denselben Glauben haben wie der König: katholisch. In einigen Gebieten Frankreichs gab es jedoch Anhänger einer protestantischen Glaubensrichtung, die Hugenotten. Ein Vertrag, das „Edikt von Nantes", sicherte ihnen seit 1598 die freie Ausübung ihres Glaubens zu. Aber im Jahre 1695 widerrief Ludwig XIV. diesen Vertrag. Die Hugenotten mussten ihrem Glauben abschwören. Ihre Kirchen wurden zerstört, ihre Prediger mussten Frankreich verlassen oder wurden getötet. Rund 200 000 Hugenotten flüchteten. Sie fanden vor allem in der Schweiz, in Holland, in England und in Brandenburg eine neue Heimat.

Vater Staat
Ludwig XIV. verstand sich aber auch als treusorgender Vater seiner Untertanen. Er förderte die allgemeine Schulpflicht und ließ Getreidemagazine anlegen, um die Versorgung mit Brot sicherzustellen. Jeder Untertan hatte das Recht, dem König seine Sorgen vorzutragen. Missstände führten viele Bürger auf eine unfähige Verwaltung zurück, nicht auf das System des Absolutismus.

A–Z

Staat
Herrschaftsordnung eines Volkes auf einem bestimmten Staatsgebiet. Diese Ordnung ist in der Regel in einer Verfassung festgeschrieben und zeigt sich in den Gesetzen. Um Verfassung und Gesetzen zur Geltung zu verhelfen, gibt es im Staat eine Befehls- oder auch Zwangsgewalt.

stehendes Heer
Ein Heer, das nicht erst für einen bestimmten Kriegszug aufgestellt wird, sondern ständig zur Verfügung steht. Dies erfordert eine entsprechende Unterbringung, Verpflegung und Bezahlung der Soldaten.

Q3 *Ludwig XIV. besucht die Akademie der Wissenschaften in Paris* (Ausschnitt aus einem Gemälde von Henri Testelin, einem Zeitgenossen Ludwigs XIV.) Ludwig hatte die Akademie 1666 gegründet. Sie sollte seinem Ruhm dienen. Er wollte andere Länder, wie Italien und England, in der Förderung von Kunst und Wissenschaft übertreffen.

Q1 *Ludwig XIV. schrieb in seinen Erinnerungen über die Leitung im Staat:*

Ich wollte die oberste Leitung (...) ganz allein in meiner Hand zusammenfassen. Es (gibt) aber in allen Angelegenheiten bestimmte Einzelheiten, um die wir uns nicht kümmern können, da unsere Überlastung und auch unsere hohe Stellung uns das nicht gestatten. Ich fasste daher den Vorsatz, nach Auswahl meiner Minister mit jedem von ihnen dann und wann einmal ins Einzelne zu gehen, und zwar dann, wenn er es am wenigsten erwartete. Ich bin über alles unterrichtet, höre auch meine geringsten Untertanen an, weiß jederzeit über Stärke und Ausbildung meiner Truppen und über den Zustand meiner Festungen Bescheid, gebe unverzüglich meine Befehle zu ihrer Versorgung, verhandle mit den fremden Gesandten, empfange und lese Depeschen und entwerfe teilweise selber die Antworten. Ich regle Einnahmen und Ausgaben des Staates. Ich verteile Gnadenerweise nach meiner Wahl.

Q2 *In der Ernennungsurkunde für einen Intendanten hieß es 1687:*

Wir haben Euch zum Intendanten der Justiz, der Polizei und der Finanzen in unserem Land Provence und den umliegenden Gebieten ernannt. In dieser Eigenschaft habt Ihr (...) an allen Sitzungen der königlichen Gerichte der besagten Provinz teilzunehmen und den Vorsitz zu führen, zu untersuchen, ob unsere Beamten ihre Pflicht in der Ausübung und Verrichtung ihres Amtes erfüllen, die Klagen unserer Untertanen anzuhören, (...) über alle Unruhen und geheimen Umtriebe zu berichten, wie auch über den unerlaubten Waffengebrauch und die unerlaubten Versammlungen. Auch sollt Ihr Euch über das Betragen und die Lebensweise der Soldaten in den Garnisonen der Dörfer des genannten Landes erkundigen. Ihr sollt Sorge tragen und die allgemeine Leitung ausüben bezüglich der Festsetzung, Erhebung und Eintreibung aller öffentlichen Steuern.

D2 *Die Aufrüstung Frankreichs*

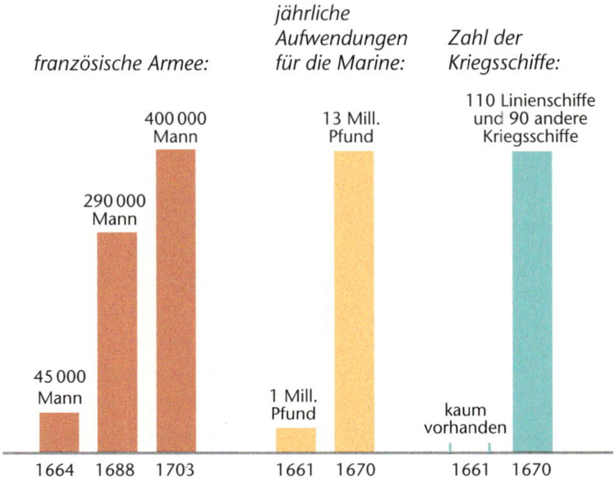

1. *Was unternahm der König, um seine Untertanen unter Kontrolle zu halten (VT, Q1, Q2, D1)?*
2. *Ordne die Aufgaben des Intendanten (Q2) nach: leiten, anordnen, überwachen.*
3. *Erkläre, mit welchen Mitteln Ludwig XIV. die Ziele seine Außenpolitik durchsetzen wollte (VT, D2).*
4. *Was erwarten wir heute von unserem Staat? Diskutiert dazu in der Klasse.*

5 Krieg zum Ruhm des Herrschers

Q1 *Der französische General Graf von Mélac vor dem brennenden Heidelberg* (Kupferstich auf einem zeitgenössischen deutschen Flugblatt).
Im Pfälzischen Erbfolgekrieg 1689 zerstörten die Franzosen alle Burgen, viele Schlösser und Städte. Sie plünderten die Bevölkerung aus.

Ludwigs Ziel: Hegemonie
Im Zeitalter des Absolutismus wollten die Herrscher mithilfe von Kriegen Ruhm, Ansehen und Macht gewinnen. Auch Ludwig XIV. führte unentwegt Krieg. Sein Ziel war die *Hegemonie* Frankreichs in Europa und die Ausdehnung seines Staatsgebietes im Nordosten bis zum Rhein. Seine Gegenspieler waren die Habsburger. Von denen fühlte sich Ludwig umklammert, denn diese herrschten im Süden Frankreichs (Spanien), im Norden (spanische Niederlande) und im Osten (Österreich).
Die Voraussetzung für eine Ausdehnung standen nicht schlecht, denn Frankreich war zu Ludwigs Zeit mit rund 23 Millionen Einwohnern der bevölkerungsreichste Staat in Europa. Und Frankreich stellte zudem das stärkste und größte Heer auf dem Kontinent. Ludwig hatte nämlich die Zahl der Soldaten von 45 000 auf 400 000 erhöht. Doch der König betrieb auch eine geschickte Heiratspolitik, um seine Macht auszudehnen. Er selbst heiratete die Tochter des spanischen Königs und auch seine Verwandten verheiratete er mit Herrscherfamilien.

Ludwigs Kriege
Unter Berufung auf umstrittene Erbansprüche seiner Verwandten führte Ludwig zahlreiche Kriege. So begann er im Jahre 1680 eine „friedliche Eroberung" des Elsass. Er begründete diesen Schritt mit alten Urkunden, die belegen würden, das bestimmte Orte dort früher zu Frankreich gehört hätten. Damit der Kaiser des Reiches dagegen nicht eingreifen konnte, unterstützte Ludwig die muslimischen Türken bei ihrem Vorstoß auf die kaiserliche Residenzstadt Wien im Jahr 1683.
Später erhob er Erbansprüche auf die Pfalz, um ein Aufmarschgebiet am Rhein zu gewinnen. Zunächst konnte das französische Heer zwar einige Gebiete erobern, doch es gelang nicht, diese dauerhaft zu halten. Die Franzosen zerstörten nun Dörfer und Städte, vertrieben die Menschen und verwüsteten die Felder. Von dieser Zerstörung konnte sich die Pfalz lange Zeit nicht erholen.
Von Krieg zu Krieg stieg der Widerstand der anderen europäischen Mächte wie Österreich und England. Sie verbündeten sich und zwangen Frankreich schließlich, einen Teil der eroberten Gebiete zurückzugeben. Ludwig gelang es somit nicht, die erhoffte Vormachtstellung zu erreichen.

Die Kriegslust ruiniert Frankreich
Die Folgen der langen Kriege waren für Frankreich verheerend. Dem Machtstreben von Ludwig XIV. fielen über 1,2 Millionen Menschen zum Opfer. Zudem ruinierte er die Finanzen des Staates. So verzeichnete Frankreich im Jahr 1678 zwar Steuereinnahmen von rund 99,5 Millionen Livres. Doch im selben Jahr gab Ludwig XIV. allein für sein Militär 98 Millionen Livres aus.
Beim Tod des Königs im Jahr 1715 war der Staat schließlich hoch verschuldet und die Bevölkerung verarmt. Auf dem Sterbebett soll Ludwig eingesehen haben, dass seine Machtpolitik fehlgeschlagen war. Angeblich sagte er noch: „Ich habe den Krieg zu sehr geliebt."

A-Z

Hegemonie
Das Wort „Hegemonie" ist griechischen Ursprungs und bedeutet „Oberbefehl". Das Streben nach Hegemonie bedeutet den Versuch eines Staates, die Vorherrschaft oder das Übergewicht gegenüber anderen Staaten in einem bestimmten Gebiet zu gewinnen.

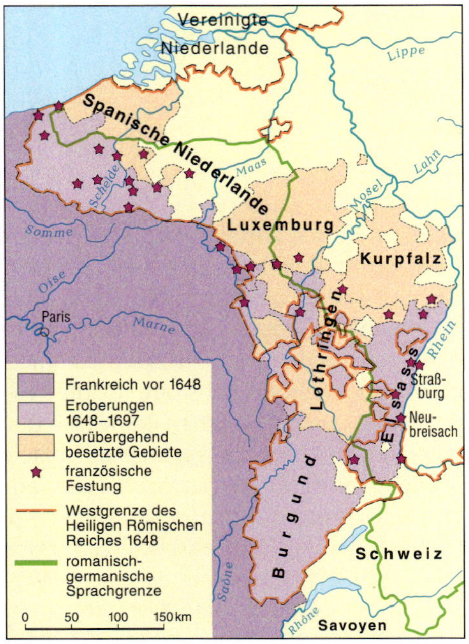

D1 *Die französische Ostgrenze 1648–1713*

Q2 *Montecuccoli, der Feldherr des deutschen Kaisers, schrieb im Jahre 1670 ein Buch über die „Kriegskunst". Darin listet er auf, was wichtig war, um einen Krieg zu gewinnen:*

1. Man muss stärker als der Feind sein und eine bessere Armee haben. (…)
5. Man muss (…) die Dinge zu Hause und im eigenen Land in Ruhe und Frieden zurücklassen. (…)
7. Man muss den Feind aus den Festungen vertreiben. (…)
8. Man muss den Feind von der Lebensmittelzufuhr abschneiden, die Magazine ausheben (…) ihn nach und nach vernichten, indem man die Lebensmittel für Mensch und Tier sowie den Tross zerschlägt (…). (Man muss) die umliegenden Ländereien zerstören, die Güter, die Mühlen. (Man muss) ihn durch ansteckende Seuchen verderben.

Q3 *Ludwig XIV. schrieb in seinen Memoiren über seine außenpolitischen Prinzipien:*

Wenn die Macht an Macht zunimmt, muss die andere entsprechend an Macht verlieren. Dies führt zu einer Art Erbfeindschaft, die durch Verträge zwar verhüllt, aber nie zum Erlöschen gebracht werden kann. Und wenn das eine Land gegen das andere arbeitet, so glaubt es dabei nicht so sehr, dem anderen zu schaden, als sich selbst zu nützen und zu erhalten, also einer natürlichen Pflicht zu genügen, die notwendigerweise den Vorrang vor allem anderen hat. (…) Wenn man ganz offen die Wahrheit sagen soll, so werden die Verträge von den Staaten von vornherein mit diesem Hintergedanken geschlossen, sie bei Gelegenheit zu brechen. Geheime Vertragsverletzungen erwartet jeder vom anderen. So könnte man denn sagen, dass man sich auf beiden Seiten der Verpflichtungen enthebt, die Verträge zu beachten.

Q4 *Bericht eines katholischen Pfarrers von Handschuhsheim (bei Heidelberg) 1689:*

Darauf sind am 31. Januar 1689 die französischen Völker zu Fuß und zu Pferd (…) über die hiesige Brücke marschiert. Das Fußvolk überstieg den Weinberg, die Reiterei aber ritt um den Weinberg und umringte so überraschend das Dorf. Alle, die auf den Straßen, im Dorf und in den Häusern angetroffen wurden, Männer und Frauen, Jung und Alt, wurden, in größtem Zorn, ohne Erbarmen, selbst wenn sie völlig unschuldig waren und sich auf ihre Knie warfen und mit erhobenen Händen um Gnade flehten, in einer Weise erschossen, erstochen, niedergehauen und niedergemetzelt, wie die Christenheit noch nicht gesehen hat. Nicht einmal die Kinder im Mutterleib wurden verschont, die Häuser wurden ausgeplündert, zusätzlich zur beweglichen Habe auch alles Vieh, sogar das kleinste, weggebracht. Schließlich wurde das Dorf zum dritten Mal innerhalb von drei Tagen in Brand gesteckt, sodass neben dem katholischen Pfarrhaus und der Schule 202 Gebäude, meistens Häuser und Scheunen, zerstört wurden. In ihnen verbrannten einige Männer und Frauen, aber auch Kinder.

1 Nenne die Vorwände, unter denen Ludwig XIV. Krieg führte (VT). Welche Interessen verfolgte er (VT, D1)?

2 Vergleiche die Aussagen von Montecuccoli mit der Kriegsführung der Franzosen in der Pfalz (Q2, Q4).

3 Beurteile die Äußerung Ludwigs XIV. zum Verhältnis zwischen den Staaten (Q3).

4 Nimm Stellung: War Ludwigs Außenpolitik erfolgreich?

Q5 *Rekrutenaushebung 1705 in Authon, Frankreich.*
Die Soldaten werden durch ein Losverfahren rekrutiert.
Soldaten wurden meist mit Geld geworben. Wenn durch die vielen Kriege aber die Menschenverluste sehr hoch waren, wurden auch Bauernsöhne zum Kriegsdienst eingezogen.

6 Der Merkantilismus

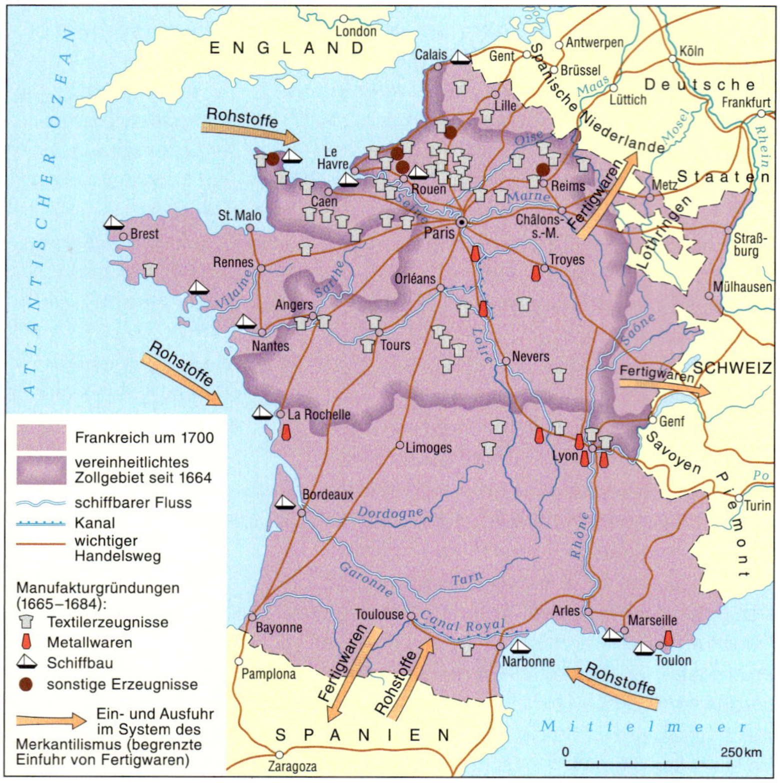

D1 *Die Wirtschaft Frankreichs unter Ludwig XIV. und Colbert*

Merkantilismus
(von lat. mercans = Handelstreibender)
Staatlich gelenkte Wirtschaftspolitik im Absolutismus. Ziel des Merkantilismus war Gewinn durch Handel.

Der König braucht Geld

Ludwig XIV. gab das Geld mit vollen Händen aus: Das Leben in Versailles war teuer, das stehende Heer und die zahlreichen Kriegszüge verschlungen Unsummen. Um all das bezahlen zu können, benötigte der französische König hohe Steuereinnahmen. Zwei Arten von Steuern wurden erhoben: Direkte Steuern, die jeder Bürger bezahlen musste – ausgenommen Adel und Klerus. Und zum anderen indirekte Steuern – dies waren Abgaben, die beim Kauf von Waren oder als Zölle auf ausländische Produkte erhoben wurden. Doch hohe Einnahmen aus indirekten Steuern sprudelten nur dann, wenn die Wirtschaft blühte. Frankreichs Wirtschaft musste also gefördert werden.

Colberts neue Wirtschaftspolitik

Ludwig XIV. ernannte den bürgerlichen Jean-Baptiste Colbert zum „Generalkontrolleur der Finanzen". Colbert entwickelte ein Programm, das die Wirtschaft Frankreichs beleben sollte. Dabei spielte der Handel eine wichtige Rolle. Colbert schaffte die Zölle im Inland ab und erhob dagegen hohe Zölle für Waren aus dem Ausland. Ausgenommen waren nur wichtige Rohstoffe für die Produktion in den inländischen Betrieben. Um diese Rohstoffe günstig zu erhalten, sollten die Kolonien in Übersee ausgebaut werden, ebenso die Handelsflotte.

Colberts wirtschaftliches Konzept des *Merkantilismus* sah also vor, die eigene Wirtschaft vor ausländischer Konkurrenz zu schützen und den Warenverkehr innerhalb Frankreichs sowie die Ausfuhr französischer Waren zu fördern. Dafür war es auch wichtig, das Ansehen französischer Waren, wie Teppiche, Porzellan oder Modeartikel, zu steigern. Deshalb veranlasste Colbert ständige Qualitätskontrollen.

Um Transporte zu beschleunigen, wurde das Straßennetz verbessert. In Südfrankreich wurde zudem mit dem „Kanal der zwei Meere" eine Verbindung zwischen Mittelmeer und Atlantik hergestellt.

Colbert hatte mit seiner Wirtschaftspolitik so großen Erfolg, dass sich binnen kurzer Zeit die Staatseinnahmen verdoppelten.

Die Manufakturen

Auch die Arbeitswelt änderte sich unter Colbert. Bisher hatten Handwerker mit ihren Gesellen und Lehrlingen nach einem Auftrag Einzelstücke hergestellt. Sie arbeiteten in Werkstätten im Haus des Meisters. Arbeitswelt und Wohnwelt gehörten eng zusammen. Anders ging es in den neuen *Manufakturen* zu: Hier arbeiteten mehr Menschen in eigens errichteten Hallen. Die Arbeit wurde in einzelne Teilschritte zerlegt. Lohnarbeiter übernahmen diese spezialisierten Tätigkeiten. Obwohl Handarbeit überwog, versuchten die Manufakturbesitzer durch bessere Werkzeuge und Maschinen in kürzerer Zeit mehr Waren herzustellen. Diese konnten sie dann billiger verkaufen.

Q1 *Eine Manufaktur für Spielkarten in Paris um 1680.* Der Maler hat sieben verschiedene Arbeitsgänge dargestellt: Zeichnen, Drucken, Schneiden, Färben, Sortieren, Glätten und Trocknen. Für jeden Arbeitsgang sind andere Arbeitskräfte zuständig; es ist eine „arbeitsteilige Produktion“. – Ordne die Zahlen im Bild den verschiedenen Arbeitsgängen zu.

Q2 *Jean-Baptiste Colbert (1619–1683) schrieb 1664 über die Grundsätze seiner Finanz- und Wirtschaftspolitik:*

Ich glaube, (...) dass es einzig und allein der Reichtum an Geld ist, der die Unterschiede an Größe und Macht zwischen den Staaten begründet. Was dies betrifft, so ist es sicher, dass jährlich aus dem Königreich einheimische Erzeugnisse (Wein, Branntwein, Weinessig, Eisen, Obst, Papier, Leinwand, Eisenwaren, Seide, Kurzwaren) für den Verbrauch im Ausland im Wert von 12 bis 18 Millionen Livres hinausgehen. Das sind die Goldminen unseres Königreiches, um deren Erhaltung wir uns sorgfältig bemühen müssen. (...) Außer den Vorteilen, die die Einfuhr einer größeren Menge Bargeld in das Königreich mit sich bringt, wird sicherlich durch die Manufakturen eine Million zur Zeit arbeitsloser Menschen ihren Lebensunterhalt gewinnen. Eine ebenso beträchtliche Anzahl wird in der Schifffahrt und in den Seehäfen Verdienst finden.

Dies sind die Ziele, nach denen der König meines Erachtens aus guter Gesinnung und Liebe zu seinem Volk streben sollte.

Q3 *Der Botschafter von Venedig über Colberts Wirtschaftspolitik:*

Herr Colbert möchte das ganze Land allen anderen an Wohlstand, Handelsgütern, Kunstfertigkeiten und allen möglichen Gütern überlegen machen, sodass es nichts von anderen bedarf, sondern alles an die anderen Länder liefern kann (...). Er versäumt nichts, um Gewerbe anderer Länder in Frankreich heimisch zu machen (...). Aus Holland hat man Techniken der Tuchproduktion übernommen, ebenso auch die Herstellung von Käse, Butter und anderer Spezialitäten (...). Aus Deutschland hat man die Produktion von Hüten, Weißblech und vieler anderer Erzeugnisse geholt, aus unserem Land die Spitzenklöppelei und die Spiegelherstellung. Was es an besten Waren in aller Welt gibt, das wird zur Zeit in Frankreich hergestellt, und so groß ist das Ansehen dieser Waren, dass von überall Bestellungen kommen. (...) Um eine Belastung der Handelsbeziehungen zu vermeiden, muss man Geld in das Königreich senden. Das geschieht zur vollen Zufriedenheit Herrn Colberts, der nichts anderes im Sinn hat, als die anderen Staaten auszuplündern, um Frankreich reich zu machen.

Manufaktur
(von lat. manu facere = mit der Hand herstellen)
In den Manufakturen wurden Waren erstmals arbeitsteilig und von spezialisierten Handwerkern hergestellt. Die Manufakturen waren Vorläufer der Fabriken.

1. *Begründe, weshalb für Ludwig XIV. eine blühende Wirtschaft so wichtig war (VT).*
2. *Was kennzeichnet das merkantilistische Wirtschaftssystem? Erstelle eine Liste (VT, D1, Q1, Q3).*
3. *Beurteile die Wirtschaftspolitik des Merkantilismus. Berücksichtige dabei Q2 und Q3.*

7 Regionalgeschichte: Bayern im Zeitalter des Absolutismus

Q1 *Kurfürst Max Emanuel (1662–1726).* Er wollte der Sonnenkönig Bayerns sein.

Eine Königskrone für Bayern?

Kurfürst Max Emanuel war ein Zeitgenosse Ludwigs XIV. Von 1679/80 bis 1726 herrschte er absolutistisch über Bayern. Dabei versuchte er, seinem großen Vorbild Ludwig nachzueifern. Die uneingeschränkte Herrschaft, eine prächtige Hofhaltung und der unermüdliche Machtausbau schienen auch Max Emanuel erstrebenswert. Vor allem aber versuchte er, eine Königskrone für die *Wittelsbacher* zu erlangen.

Bereits als 18-Jähriger übernahm Max Emanuel die Regierung. Trotz leerer Staatskassen ließ er das prächtige Schloss Nymphenburg vor den Toren der Hauptstadt München ausbauen. Zudem errichtete er das Neue Schloss Schleißheim, das jedoch nicht vollendet wurde.

Rasch modernisierte er das bayerische Heer nach dem Vorbild Frankreichs. Als erfolgreicher General an der Seite des habsburgischen Kaisers im Krieg gegen die Türken machte sich Max Emanuel schnell einen Namen. Großen Ruhm erwarb er sich zudem, als unter seiner Führung das von den Türken besetzte Belgrad befreit wurde. Als Dank für die Bündnistreue gab der Kaiser dem bayerischen Kurfürsten seine Tochter zur Frau. Für die Nachkommen aus dieser Ehe bestand Aussicht auf eine Königskrone, denn Max Emanuels Frau war die nächste Verwandte des kinderlosen spanischen Königs. Tatsächlich wurde der kleine Sohn des Paares im Jahre 1698 zum künftigen König Spaniens bestimmt. Doch nur drei Monate später verstarb der auserkorene Thronfolger im Alter von sechs Jahren.

Kriegsfolgen: Bayern wird besetzt

Nach dem Tod des spanischen Königs im Jahr 1701 kam es zum Krieg um dessen Erbe. Max Emanuel wechselte nun die Fronten und schloss ein Bündnis mit Ludwig XIV. gegen die Habsburger. Im Falle eines Sieges gegen Österreich und England sollte der Kurfürst dafür die spanischen Niederlande als eigenes Königreich erhalten. Doch schon in der ersten großen Schlacht, bei Höchstädt an der Donau, wurde der Kurfürst besiegt. Österreichische Truppen marschierten in Bayern ein und besetzten das Land. Österreich verlangte nun von den Bayern die Zahlung der Kriegskosten und das Bereitstellen von Soldaten für den weiteren Kriegsverlauf. Gegen diese Forderungen erhoben sich Bauern in Ober- und Niederbayern. Die Aufständischen wurden jedoch bei Sendling und bei Aidenbach (nahe Vilshofen) von den österreichischen Soldaten niedergeschossen (vgl. S. 156/157).

Bayern finanziell ruiniert

Der Kurfürst hatte sich derweil ins Exil geflüchtet und lebte nun in Frankreich. Dort träumte er noch immer von einem eigenen Königreich irgendwo in Europa. Dazu wäre er gar bereit gewesen, Bayern an ein anderes Land abzutreten. Doch sein Wunsch nach der Königswürde sollte sich nicht erfüllen.

Im Jahr 1715 konnte Max Emanuel nach Bayern zurückkehren und verlebte nun bis zu seinem Tod im Jahr 1726 ruhigere Regierungsjahre. Seine riskante Politik des Machtausbaus war aber gescheitert. Die vielen Kriege und der üppige Ausbau der Schlösser hatten das Land ruiniert.

A-Z

Wittelsbacher
Herrschergeschlecht, das Bayern von 1180 bis 1918 regierte

Q4 *Schloss Nymphenburg.* Das Gemälde zeigt das Schloss Nymphenburg im 18. Jahrhundert. – Vergleiche die Anlage mit Q3 auf S. 17.

Q2 *Fußsoldaten und Trosswagen* (Ausschnitt eines Bildteppichs, um 1705). Bildteppiche mit Darstellungen zu den Feldzügen Max Emanuels hängen im Neuen Schloss Schleißheim.

Q3 *Zwei Berichte über die Mordnacht von Sendling:*

a) Jahrbücher des Münchner Kapuzinerklosters 1705:

Die kaiserliche Soldateska hat zu Sendling mit grausamer Mörderei 1100 in rasender Wut hingemetzgert, indem sie am Tage, wo der Heiland durch seine Geburt, um uns das Leben zu geben, auf die Welt kam, dieser einfältigen Herde zwei- bis dreimal wortbrüchig [freier Abzug bei Niederlegung der Waffen war versprochen worden] das Leben nahm, endlich 500 Todwunde in die Stadt [München] schleppte und der harten Winterkälte ausgesetzt aufs Straßenpflaster warf, dass die Vorübergehenden bei diesem Schauspiel in Ohnmacht fielen (...).

b) Kurfürst Max Emanuel an seine Frau:

Um das Volk niederzuhalten, dringen Truppen von allen Seiten nach Bayern ein, das Land ist verloren, dieser Schlag setzt dem Unglück die Krone auf. (...) Dennoch kann ich Ihnen aufrichtig erklären, dass ich niemals etwas von der Erhebung wusste, noch in irgendeiner Verbindung damit stand, ich kenne nicht einmal die Häupter des Aufstandes. (...) Ich habe diesen Handel immer als einen unsicheren betrachtet; jedenfalls durfte er nicht um diese Zeit angefangen werden (...).

1. *Erläutere, inwiefern Max Emanuel ein typischer Herrscher des Absolutismus war (VT, Q4).*
2. *Beurteile das Verhältnis Max Emanuels zu seinen Untertanen (VT, Q3b).*
3. *Beschreibe das Leben auf Schloss Nymphenburg (Q4). Welche Vergnügungen sind dargestellt? Beschreibe die Kleidung der dargestellten Personen und die Parkanlage.*

8 Das Heilige Römische Reich Deutscher Nation – Vielfalt und Einheit

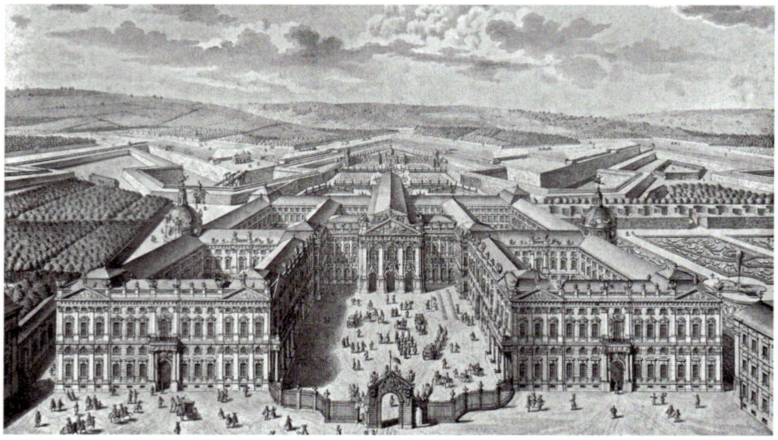

Q1 *Residenz der Würzburger Fürstbischöfe* (Zeichnung, um 1740)

Heute und früher: Länder bestimmen mit
Die Bundesrepublik Deutschland besteht aus 16 Bundesländern, die von Landesregierungen und den Länderparlamenten regiert werden. Wichtige politische Fragen, die ganz Deutschland betreffen, können die Länder teilweise mitbestimmen. Über die Angelegenheiten des jeweiligen Bundeslandes entscheiden sie vollkommen eigenständig. So können sie in bestimmten Bereichen die Höhe der Steuern festlegen. Auch Schulpolitik, Polizei und Verkehr sind Ländersache. Diese *föderalistische* Struktur Deutschlands reicht über 350 Jahre in die Geschichte zurück.

Neuordnung des Reiches
Im Jahr 1648, nach dem Ende des Dreißigjährigen Krieges, wurden die Gebiete des Heiligen Römischen Reiches Deutscher Nation mit dem Westfälischen Frieden neu geordnet. Das Reich bestand nun aus hunderten eigenständigen Herrschaftsgebieten. Manche Territorien waren sehr groß, wie Bayern, Brandenburg und Sachsen, andere sehr klein. Das Heilige Römische Reich Deutscher Nation glich mit seinen unterschiedlichen Einzelstaaten einem wahren „Flickenteppich".

Ein machtloser Kaiser
Über dieses große zergliederte Reich herrschte der deutsche Kaiser von Wien aus. Von einer absolutistischen Herrschaft, wie sie Ludwig XIV. in Frankreich ausübte, konnte der deutsche Kaiser jedoch nur träumen. Denn in jedem Einzelstaat des Reiches regierte ein souveräner, also unabhängiger, Landesherr weitgehend selbstständig. Der Westfälische Frieden hatte die deutschen Fürsten für ihre Gebiete mit einer fast vollkommenen Landeshoheit ausgestattet. Die meisten Länder konnten für ihr Gebiet eigenständig Gesetze erlassen, Recht sprechen und die Verwaltung organisieren.
Der Kaiser musste seine Macht also mit vielen anderen im Reich teilen. Auch in allen Reichsangelegenheiten musste der Kaiser die Zustimmung der Landesherren einholen. Das galt für die Gesetzgebung genauso wie für die Außenpolitik und die Finanzpolitik. Zudem verfügte der Kaiser über kein stehendes Heer, keine eigenen Reichsfinanzen und keine Reichsbeamten.

Viele kleine „Sonnenkönige"
Dagegen hatten viele der deutschen Fürsten den Ehrgeiz, selbst wie kleine „Sonnenkönige" zu herrschen. Sie bauten prächtige Schlösser und führten ein Hofleben nach französischem Vorbild. Außerdem richtete mancher Landesherr eine moderne Verwaltung ein und stellte sein eigenes Herr auf. In manchen Gebieten wurden die Fürsten so mächtig, dass sie in Steuerfragen niemanden mehr fragen mussten. Auch Bündnisse mit anderen europäischen Mächten konnten sie schließen. Nur gegen das Reich und den Kaiser durften sie sich nicht verbünden. Vom Landesherren hing auch die Konfession seiner Untertanen ab. Das wirkt bis in die Gegenwart: Im Regierungsbezirk Oberfranken etwa ist die Mehrheit der Einwohner Bambergs katholisch, die von Bayreuth dagegen evangelisch. Bayreuth unterstand den evangelischen Hohenzollern, Bamberg war das Land des katholischen Bischofs.

A-Z

Föderalismus
(von lat. foedus = Bündnis)
Im Föderalismus schließen sich einzelne Teilstaaten zu einem Gesamtstaat zusammen. Die Einzelstaaten geben aber nicht alle Kompetenzen ab, sondern behalten eigene Zuständigkeiten. So gibt es heute in Deutschland neben der Bundesregierung noch 16 Landesregierungen, die auch an der politischen Macht im Gesamtstaat beteiligt sind.

D1 *Das Heilige Römische Reich Deutscher Nation* nach dem Westfälischen Frieden 1648

Q2 *Folgende Rechte sicherte der Westfälische Friede den Landesherren zu:*

Alle Kurfürsten, Fürsten und Stände des Römischen Reiches sollen in ihren Rechten und der freien Ausübung der Landeshoheit in allen geistlichen und weltlichen Angelegenheiten so bestätigt sein, dass sie von niemandem gestört werden können. (...) Sie sollen das Stimmrecht in allen Beratungen über die Reichsgeschäfte haben, besonders wenn Gesetze erlassen oder ausgelegt werden, bei neuen Steuern oder bei Beschlüssen über Krieg und Frieden.

Q3 *In Städten mit gemischten Konfessionen sollten genaue Regelungen den Frieden sichern (Auszug aus dem Westfälischen Frieden):*

Was aber die Stadt Augsburg im Besonderen angeht, so sollen aus den Patrizierfamilien sieben Ratsherren gewählt werden, aus denen zwei Staatspräsidenten, der eine katholischer, der andere Augsburger [lutherischer] Konfession, genommen werden; von den übrigen fünf sollen drei der katholischen Religion und zwei dem Augsburger Bekenntnis angehören. Die übrigen Beamten sollen in gleicher Zahl beiden Religionsbekenntnissen zugehören.

1. *Vergleiche die Herrschaft des deutschen Kaisers mit der Macht des französischen Königs Ludwig XIV. (VT, D1, Q2).*
2. *Fasse die Nachteile zusammen, die die föderalistische Ordnung dem deutschen Kaiser brachte (VT, Q2). Versuche, auch Vorteile dieser Ordnung zu finden.*
3. *Erkläre, aufgrund welcher Erfahrung die Bestimmungen in Q3 erlassen wurden.*

9 Der Aufbau des Heiligen Römischen Reiches Deutscher Nation

Q1 *Feierliche Eröffnung einer Reichstagssitzung zu Regensburg* (Kupferstich von Peter Troschel, 1675). Links und rechts neben dem Kaiser saßen die geistlichen und weltlichen Kurfürsten bzw. ihre Vertreter (im Bildhintergrund), an den langen Seiten des Saales die geistlichen und weltlichen Fürsten sowie am anderen Ende (im Bildvordergrund) die Vertreter der freien Reichsstädte.

Nation
(von lat. natio = Abstammung, Herkunft) Gruppe von Menschen, die sich durch ihre gemeinsame Abstammung, Sprache und Kultur zusammengehörig fühlen. In der Regel bildet eine Nation einen Staat.

Instrumente der Einheit: …

Trotz seiner Zersplitterung hielt das Heilige Römische Reich Deutscher *Nation* noch über 150 Jahre lang zusammen. Denn so unterschiedlich und zahlreich die Länder und ihre Herrscher auch waren, entwickelte sich im Laufe der Zeit eine Art Zusammengehörigkeitsgefühl. Neben dem Kaiser dienten drei Einrichtungen dazu, das Reich zusammenzuhalten: der *Reichstag*, die Reichskreise und die beiden Reichsgerichte.

… der Reichstag …

Der Reichstag, der seit 1663 in Regensburg tagte, war für die Gesetzgebung zuständig. Drei Gruppen waren im Reichstag vertreten – die sogenannten *Reichsstände*. Das waren die Kurfürsten, die Reichsfürsten und die freien Reichsstädte. Ein Gesetz kam nur dann zustande, wenn jede Gruppe dem Entwurf zustimmte. Da dies oft schwierig und langwierig war, tagte der Reichstag in Regensburg von 1663 bis 1806 fast ohne Unterbrechung (immerwährender Reichstag). Weder der Kaiser noch andere hohe Fürsten konnten ständig in Regensburg zugegen sein. Sie ließen sich durch Gesandte vertreten, die nach Weisung ihrer Herren im Reichstag abstimmen mussten.

… die Reichsgerichte …

Die beiden Reichsgerichte urteilten bei Konflikten zwischen den Herrschern oder zwischen einem Landesherrn und den Untertanen. Das Reichskammergericht hatte seinen Sitz in Wetzlar. Das zweite Gericht, der Reichshofrat, saß in Wien. Sie wachten auch über Religionsfreiheit, den Schutz des Eigentums und Gerichtsverfahren in den Ländern.

… und die Reichskreise

Die Reichskreise schließlich waren für die Verwaltung zuständig. Neben dem bayerischen, dem schwäbischen und dem fränkischen war das Reich in sieben weitere Kreise eingeteilt. Sie kümmerten sich um Polizei-, Wirtschafts- und Währungsordnungen, sorgten für Straßenbau, zogen Steuern ein und stellten Soldaten für das Reich.

Das Reich – ein moderner Staat?

Selbst die bedeutsamsten deutschen Fürsten konnten nie so absolut regieren wie der französische König. Das brachte den Bewohnern des Reiches Vorteile. So konnte jeder Untertan, der sich in seinen Rechten verletzt fühlte, vor dem höchsten Gericht in Wetzlar klagen. Da zudem die oberste Reichsgewalt beim Reichstag und nicht in den Händen der einzelnen Fürsten lag, mussten sich die Landesherren an die in Regensburg beschlossenen Gesetze halten. Die Bevölkerung war somit vor der Willkür ihrer „Landesväter" ein wenig geschützt.
Das Heilige Römische Reich Deutscher Nation stellte mit seiner föderalen Struktur im Zeitalter des Absolutismus eine Besonderheit dar. So war es kein Staat einer Nation, sondern eine übernationale, multikulturelle Föderation von Königen, weltlichen und geistlichen Fürsten sowie Städten. Innerhalb des Reiches sprach man neben deutsch auch noch französisch, italienisch, niederländisch, dänisch und tschechisch. So könnte das Reich auch als Modell für ein heutiges geeintes Europa gelten.

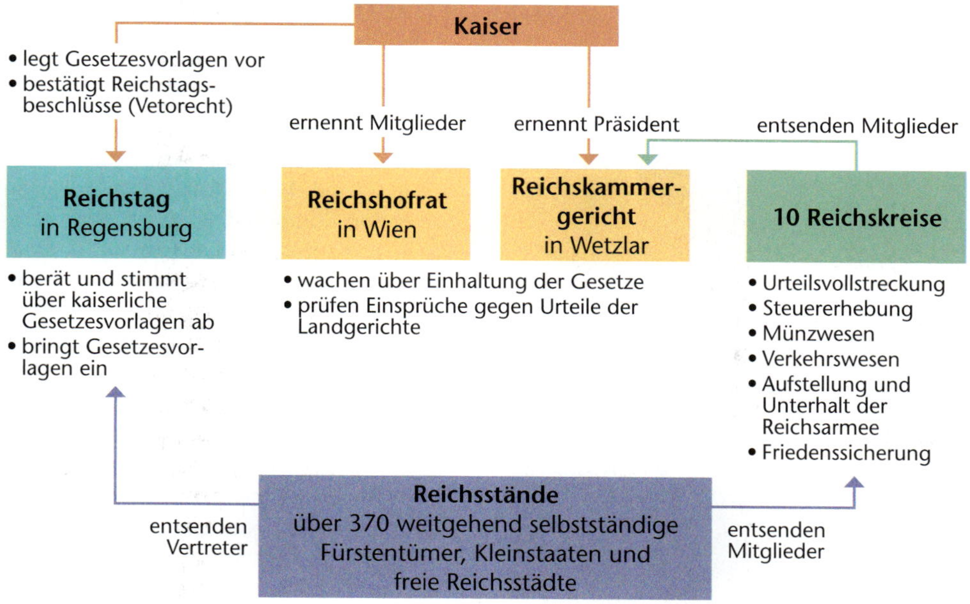

D1 *Die Institutionen des Heiligen Römischen Reiches Deutscher Nation und ihre Aufgaben*
Regierung, Gesetzgebung, Rechtsprechung, Verwaltung

Q2 *Das „Heilige Römische Reich mit seinen Gliedern"*, wie es 1510 auf einem Holzschnitt dargestellt wurde.

Reichstag
Vertretung der Stände des Heiligen Römischen Reiches Deutscher Nation. Um ein Gesetz zu erlassen, musste der Kaiser es dem Reichstag vorlegen. Die Reichsstände konnten auch Gesetzesvorlagen einbringen; allerdings besaß der Kaiser ein Vetorecht.

Reichsstände
Die Reichsstände waren bestimmte weltliche und geistliche Kurfürsten, Fürsten, Grafen sowie Reichsstädte, die einen Sitz im Reichstag hatten.

1. *Zähle die Einrichtungen auf, die der Reichseinheit dienten, und nenne ihre Aufgaben (VT, D1).*
2. *Wovor schützten Kaiser und Reichsgerichte die Untertanen der Landesherren (VT, D1)?*
3. *Überlege, welche Unterschiede und welche Gemeinsamkeiten es zwischen den Ländern im Reich gab (VT, Q2).*

10 Preußen und Österreich – zwei mächtige Staaten im Reich

Q1 *Friedrich II. bei seinen Truppen in Potsdam* (Radierung um 1777 von Daniel Chodowiecki)

Der Aufstieg Preußens zum Königtum

Innerhalb der föderalen Ordnung im Heiligen Römischen Reich Deutscher Nation entwickelten sich zwei Staaten zu europäischen Großmächten: Preußen und Österreich. Als Ludwig XIV. in Frankreich den Thron bestieg, war Preußen noch ein unbedeutendes Herzogtum im Osten des Reiches. Sein Gebiet war in mehrere Teile zersplittert, seine Wirtschaft unbedeutend und das Militär klein und schwach. Wie gelang es diesem Staat, binnen kurzer Zeit zu großer Machtfülle zu gelangen?

Im Jahre 1415 hatte Kaiser Sigismund den Burggrafen von Nürnberg, Friedrich von Hohenzollern, mit der Mark Brandenburg belehnt. Seit dieser Zeit herrschten die Hohenzollern als Kurfürsten in Brandenburg. Durch geschickte Heiratspolitik, Eroberungen, Kauf und Gebietstausch weiteten sie ihr Herrschaftsgebiet stetig aus. Zu Beginn des 17. Jahrhunderts kam auch das Herzogtum Preußen dazu. Das bevölkerungsarme Land lockte Siedler mit wirtschaftlicher und rechtlicher Sonderstellung. Dies galt auch im Bereich der Religion. Glaubensflüchtlinge aus anderen Staaten wurden mit offenen Armen empfangen. Problematisch für den Machtausbau blieb, dass das Staatsgebiet weit verstreut war.

Im Jahre 1701 erhielt der Hohenzoller Friedrich III. (1688–1713) vom habsburgischen Kaiser den Königstitel verliehen. Fortan regierte er als König Friedrich I. in Preußen. Um den neuen Rang zu repräsentieren, gab Friedrich das Geld seines armen, wirtschaftlich wenig entwickelten Landes mit vollen Händen aus. Er ließ Berlin zur prunkvollen Residenzstadt ausbauen, vergrößerte den Hofstaat und lebte verschwenderisch. Etliches Geld floss in Kunst und Kultur: So gründete er etwa die Universität Halle. Als Friedrich I. 1713 starb, hinterließ er seinem Sohn Friedrich Wilhelm I. zwar einen Königstitel, aber auch einen bankrotten Staat.

Preußen wird zum Militärstaat

Im Gegensatz zu seinem verschwenderisch lebenden Vater versuchte Friedrich Wilhelm I. (1713–1740), den Staatshaushalt zu sanieren. Er entließ die Mehrzahl der Hofbeamten, kürzte die Gehälter der verbliebenen und straffte die Verwaltung. Zudem verkaufte er 18 der 24 Schlösser seines Vaters und schloss Opernhäuser. Der sparsame Friedrich Wilhelm I. war eine Ausnahmeerscheinung unter den absoluten Fürsten seiner Zeit. Während andere Staaten Kredite aufnehmen mussten, gelang es ihm, einen Staatshaushalt ohne Schulden zu haben.

Friedrich Wilhelms Leidenschaft galt dem Militär. Er vergrößerte das Heer von 38 000 auf 83 000 Soldaten. Damit stieg Preußen zur viertgrößten Militärmacht Europas auf. Um die Schlagkraft seiner Armee zu erhöhen, modernisierte er die Bewaffnung, vereinheitlichte die Uniformen, reglementierte die Ausbildung und führte einen unmenschlichen Drill ein: Trunkenheit, Prügeleien oder Glücksspiel wurden mit brutalen Strafen, wie dem Spießrutenlauf, geahndet. Mit all diesen Maßnahmen formte König Friedrich Wilhelm I. eine Armee, die als unbesiegbar galt. Dies wurde jedoch nie überprüft, denn obwohl Friedrich Wilhelm schon bald „Soldatenkönig" genannt wurde, führte er nicht einen einzigen Krieg.

Preußen unter Friedrich II.

Friedrich II., der Sohn des „Soldatenkönigs" litt unter der strengen Erziehung seines Vaters. In seiner Jugendzeit interessierte sich der musisch veranlagte Friedrich für Literatur, Philosophie und die Gedanken der Aufklärer (vgl. S. 54). Dies schlug sich auch in seiner Regierungszeit als König von Preußen (1740–1786) nieder. Seine Herrschaft bezeichnen wir als aufgeklärten Absolutismus (vgl. S. 58). Als eine seiner ersten Regierungsmaßnahmen schaffte Friedrich die Folter ab und führte eine beschränkte Pressefreiheit ein. Zudem setzte er die Toleranzpolitik in religiösen Angelegenheiten seiner Vorgänger fort.

Doch Friedrich II. war vor allem auch ein Machtpolitiker. Anders als sein Vater führte er zahlreiche Kriege, um sein Herrschaftsgebiet auf Kosten anderer Staaten auszuweiten. Erst in der zweiten Hälfte seiner Regierungszeit konzentrierte er sich stärker auf die Stabilisierung der inneren Ordnung seines Staates. Er ließ Kriegsschäden beseitigen, neue Dörfer anlegen und die merkantilistische Wirtschaftspolitik vervollkommenen.

Österreich – Großmacht in Europa

Anders als Preußen zählte Österreich schon seit geraumer Zeit zu den mächtigen Staaten in Europa. Seit 1438 führte die österreichische Familie der Habsburger den Kaisertitel und war damit die mächtigste Dynastie im Reich. Wie die Hohenzollern in Preußen, versuchten auch die Habsburger, ihren Besitz ständig auszuweiten. Dies gelang den Österreichern vor allem durch eine geschickte Heiratspolitik. So herrschten sie im 16. und 17. Jahrhundert nicht nur über ihre Stammlande in Österreich, sondern auch in Böhmen, Mähren, Siebenbürgen, Schlesien und großen Teilen Ungarns.

Ein Vielvölkerstaat mit Problemen

Der enorme Land- und Machtgewinn der Habsburger hatte aber auch Schattenseiten: Im Habsburger Reich lebte eine Vielzahl unterschiedlicher Völker, die sich in ihrer Sprache und Konfession unterschieden. Um den Staat regierbar zu halten, organisierte Kaiserin Maria Theresia (1740–1780) ihn neu. Sie teilte das Land in Verwaltungsbezirke ein und schuf zentrale Behörden, die für jeweils ein Sachgebiet zuständig waren. Außerdem wurde Deutsch in allen Landesteilen als Amtssprache eingeführt. Ein weiteres Problem für Österreich waren die ständigen Angriffe der Osmanen. Über Jahrzehnte führten die Habsburger langjährige Kriege gegen die Türken. In den Jahren 1529 und 1683 standen die Türken kurz vor den Toren Wiens, wurden aber zurückgeschlagen.

Q 2 *Maria-Theresia-Taler.* Die Silbermünze wurde seit 1780 geprägt, war weit verbreitet und in Ostafrika und Arabien bis ins 20. Jahrhundert in Gebrauch.

Maria Theresia und Joseph II.

Genauso wie Friedrich II. waren Kaiserin Maria Theresia und ihr Sohn Kaiser Joseph II. (1765–1790) am Gedankengut der Aufklärung interessiert. Unter ihrer Herrschaft wurde beispielsweise das Bildungswesen reformiert. Die Allgemeine Schulordnung aus dem Jahr 1775 sah vor, dass alle Kinder zwischen sechs und zwölf Jahren zur Schule gehen mussten. Außerdem wurde im Jahr 1781 die Leibeigenschaft der Bauern aufgehoben und die Glaubensfreiheit für Protestanten im katholischen Österreich eingeführt. Die Juden erhielten das Bürgerrecht. Im Jahre 1787 trat ein Strafgesetzbuch in Kraft, das die Gleichheit aller vor dem Gesetz festschrieb und die Todesstrafe und Folter abschaffte. Durch die Einführung einer Grundsteuer auch für den Adel und kirchenpolitische Reformen erregte Joseph II. jedoch den Widerstand von Adel und Klerus. Aufstände in Ungarn und den österreichischen Niederlanden zwangen ihn am Ende seines Lebens, die meisten seiner Reformen zu widerrufen.

D 1 *Die Expansion Preußens und Österreichs*

D 2 *Heeresstärken im Vergleich (Stand etwa 1788)*

	Bevölkerung	Friedensstärke des Heeres	Soldaten in % der Bevölkerung	von den dienstfähigen Männern dient der
Russland	24 000 000	224 000	0,9	33ste
Frankreich	21 000 000	182 000	0,7	52ste
Österreich	18 000 000	297 000	1,5	24ste
Großbritannien und Irland	12 000 000	21 000	0,2	21ste
Spanien	10 500 000	85 000	0,8	46ste
Preußen	6 000 000	190 000	3,2	12te
Schweden	3 000 000	47 800	1,6	23ste

Q 3 *Friedrich II. über das Zusammenleben verschiedener Religionen in einem Staat:*

a) Alle Religionen sind gleich und gut, wenn es nur ehrliche Leute sind. Und wenn Türken und Heiden kämen und wollten das Land besiedeln, so wollen wir für sie Moscheen und Kirchen bauen.

b) Katholiken, Lutheraner, Reformierte, Juden und zahlreiche andere [Glaubensgemeinschaften] wohnen in meinem Staate friedlich beieinander. Wenn ein Herrscher aus falschem Eifer auf den Einfall käme, eine dieser Religionen zu bevorzugen, so würden sich sofort Parteien bilden und heftige Auseinandersetzungen ausbrechen. Allmählich würden Verfolgungen beginnen und schließlich würden die Anhänger der verfolgten Religionen ihr Vaterland verlassen. Tausende von Untertanen würden unsere Nachbarn mit ihrem Gewerbefleiß bereichern und deren Volkszahl vermehren.

Q4 *Schloss Sanssouci (frz. = sorgenfrei) bei Potsdam.* Das Schloss ließ sich Friedrich II. nach eigenen Plänen erbauen. Dort pflegte er in seinen frühen Regierungsjahren die Geselligkeit in Form philosophischer Gespräche und gemeinsamen Musizierens. – Vergleiche die Abbildung mit anderen Schlossanlagen aus der Zeit des Absolutismus.

Q5 *Im Jahr 1739 schrieb Friedrich II. als junger Kronprinz über den Krieg:*

Krieg bringt ganz allgemein so viel Unglück mit sich, sein Ausgang ist so ungewiss und seine Folgen sind für ein Land so verheerend, dass die Fürsten nicht lange genug überlegen können, ehe sie sich auf Krieg einlassen. Die Gewalttaten der Truppen in Feindesland sind nichts im Vergleich zu dem Unglück, das die Staaten der Fürsten, die in den Krieg eintreten, direkt trifft; es ist ein so ernster und so folgenschwerer Akt, einen Krieg anzuzetteln, dass es erstaunlich ist, wie viele Könige den Entschluss dazu so leichtfertig fassten. Wenn die Monarchen ein wahrhaftiges und getreues Bild des Elends vor Augen hätten, das eine einzige Kriegserklärung für die Völker mit sich bringt, so blieben sie meiner Überzeugung nach dafür nicht empfindungslos. Ihre Vorstellungskraft ist nicht lebhaft genug, um ihnen die Leiden auszumalen, die sie nie kennengelernt haben und vor denen sie ihr Status schützt. Wie sollen sie die Steuerlast nachfühlen können, die für das Volk eine Plage ist? Wie die Trennung von der Landesjugend, welche die Truppenaushebungen mit sich bringen? Jene ansteckenden Krankheiten, die den Armeen zusetzen? Den Horror der Schlachten und Belagerungen, die noch mörderischer sind? Die Pein der Verwundeten, denen die feindliche Waffe eins ihrer Gliedmaßen nahm, ihr einziges Arbeits- und Existenzmittel? Den Schmerz der Waisen, die mit dem Tod ihres Vaters die einzige Stütze verloren, derer sie so sehr bedürfen? Den Verlust so vieler dem Staatswesen nützlicher Menschen, die der Tod vor der Zeit hinweggemäht hat?

Q6 *Freiherr vom Stein, preußischer Minister und Reformer 1804–1808, beurteilte die Regierungsweise Friedrichs II.:*

Die Verwaltung des Inneren seiner Staaten war wohltätig, milde. Sie beförderte den inneren Wohlstand, Geisteskultur, Denkfreiheit. Sie war sparsam in der Verwendung des öffentlichen Einkommens und wirkte als Beispiel für die übrigen deutschen Staaten, besonders für Österreich. Nur war alles auf Selbstregierung berechnet. Alle Kräfte erwarteten den bewegenden Stoß von oben, nirgends war Selbstständigkeit. Solange an der Spitze des Ganzen ein großer Mann stand, der es mit Geist, Kraft und Einheit leitete, brachte das Maschinenspiel gute und glänzende Resultate.

1. *Beschreibe die Wege Preußens und Österreichs zu europäischen Großmächten (VT, D1). Nenne Unterschiede und Gemeinsamkeiten.*
2. *Vergleiche die Heeresstärken der sieben europäischen Staaten. Welche Schlussfolgerungen lassen die Zahlen hinsichtlich Preußens und Österreichs zu (D2)?*
3. *In welcher Hinsicht spielte die Armee in Preußen eine zentrale Rolle im Staat (VT)?*
4. *Erläutere, wie Friedrich II. die Religionsfreiheit in seinem Staat umsetzte (VT, Q3). Welche Vorteile versprach er sich davon?*
5. *Untersuche, ob Friedrichs in Q5 geäußerte Einstellung zum Krieg seiner Regierungspolitik entsprach (VT und VT auf Seite 38).*
6. *Fasse die in Q6 festgehaltene Beurteilung Friedrichs II. in eigenen Worten zusammen.*

11 Preußen und Österreich – Konkurrenten um die Macht

Q1 *Kaiser Joseph II.* (links), *der Sohn Maria Theresias, Zarin Katharina II. und Friedrich II.* (rechts) beraten 1772 über die Teilung Polens.

Kriege für Preußens Größe

Schon früh zeigte sich, dass Friedrich II. – anders als sein Vater – bereit war, seine Soldaten zur Machteroberung in den Krieg zu schicken. Friedrichs große Rivalin, Kaiserin Maria Theresia in Wien, kam wie er 1740 auf den Thron. Sie war die Tochter und Nachfolgerin des deutschen Kaisers Karl VI. Dieser war ohne männliche Nachkommen gestorben. Entgegen früheren Absprachen erkannten einige deutsche Fürsten die weibliche Thronfolge jedoch nicht an. Die Schwierigkeiten Maria Theresias nutzte Friedrich II. aus: Im Dezember 1740 fiel er ins österreichische Schlesien ein. Nach zwei weiteren Kriegen unter Beteiligung Russlands, Frankreichs und einiger deutscher Länder hatte er sich Schlesien endgültig einverleibt.

Daraufhin schloss Maria Theresia ein Bündnis mit Russland und Frankreich, um Schlesien zurückzuerobern und die preußische Macht einzudämmen. Im folgenden Siebenjährigen Krieg (1756–1763) geriet Preußen an den Rand einer vernichtenden Niederlage. Hunderttausende Soldaten – Preußen, Österreicher, Russen und Franzosen – verloren ihr Leben. Doch schließlich siegte Preußen. Zum einen, weil die russische Zarin starb, zum anderen, weil Friedrich ein geschickter Stratege auf dem Schlachtfeld war. Nach diesem Krieg gab es im Heiligen Römischen Reich Deutscher Nation neben Österreich eine zweite europäische Großmacht: Preußen. Zwischen diesen beiden gleich mächtigen rivalisierenden Staaten kam es nun zu ständigen Auseinandersetzungen um die Vorherrschaft im Reich. Dieser Vorgang, der auch als *Dualismus* bezeichnet wird, sorgte in den nächsten 120 Jahren immer wieder für Spannungen und offenen Streit.

Bündnisse auf Zeit

Die Kriege, die in der zweiten Hälfte des 18. Jahrhunderts in Europa geführt wurden, machten eines deutlich: Sobald sich Großmächte in Kriege verwickelten, griffen auch andere europäische Staaten ein. Bündnisse wurden geschmiedet und wieder gewechselt. So weiteten sich Konflikte zwischen zwei Staaten schnell zu europäischen Kriegen mit schrecklichen Folgen aus: Auf den Schlachtfeldern standen sich immer größere Heere gegenüber und immer mehr Soldaten wurden verletzt und getötet.

Polen wird geteilt

Das erste Opfer der europäischen Großmächte war Polen. Zwischen Russland, Preußen und Österreich gelegen, war es militärisch schwach. Sein König war vom Adel abhängig und dieser wiederum war untereinander zerstritten. Diese Schwäche nutzten die starken Nachbarn 1772 aus: Sie einigten sich am Konferenztisch auf eine weitgehende Teilung des polnischen Gebietes – ohne Krieg, ohne Kriegserklärung und ohne dass Polen irgendeinen Anlass zu solchen Maßnahmen gegeben hätte. Mit dieser Absprache verlor Polen ungefähr ein Drittel seines Landes an die drei Großmächte.

Diese gaben sich jedoch nicht zufrieden und verständigten sich 1793 und 1795, Polen ganz unter sich aufzuteilen. Dieses verschwand dann auch von der Landkarte. Erst 1918/1919 wurde ein neuer polnischer Staat gegründet.

A–Z

Dualismus
So nennt man die Rivalität zwischen zwei Staaten um die Vorherrschaft; im 18. und 19. Jahrhundert besonders zwischen Österreich und Preußen.

Q2 *Zur Teilung Polens 1772 nahmen die drei Herrscher bzw. Herrscherinnen Russlands, Preußens und Österreichs Stellung:*

a) Zarin Katharina II.:

In ihrem gemeinsamen Vorgehen gegen Polen haben sich die drei Höfe weniger von der Eroberungslust leiten lassen als von großen praktischen Gesichtspunkten. Sie wollten Ordnung und Ruhe, wie der Wohlstand und die Sicherheit ihrer eigenen Grenzen sie erforderten. Die so herbeigezwungene Teilung hat zu einer wohl abgewogenen Vergrößerung der drei Mächte geführt.

b) Friedrich II.:

Man stand vor der Wahl, Russland im Laufe seiner gewaltigen Eroberungen aufzuhalten, oder, was klüger war, daraus auf geschickte Weise Nutzen zu ziehen (...). Er [Friedrich II.] ergriff also die Gelegenheit und durch Verhandlungen (...) gelang es ihm, seine Monarchie durch Einverleibung Westpreußens für frühere Verluste zu entschädigen. Diese Erwerbung war eine der wichtigsten, die man machen konnte.

c) Kaiserin Maria Theresia, die die Verhandlungen ihrem Sohn und Mitregenten Joseph II. überlassen hatte:

Ich bekenne, dass es mich Opfer kostet, mich über eine Sache zu entscheiden, von deren Gerechtigkeit ich keineswegs versichert bin, selbst wenn sie nutzbringend wäre (...). Unsere Monarchie kann verzichten auf eine Vergrößerung dieser Art. Was wird Frankreich, was wird Spanien, was England sagen, wenn wir uns plötzlich so eng mit denjenigen verbünden wollen, welche wir so sehr in Schranken halten wollten und deren Verfahren wir für ungerecht erklärten?

Q3 *Nachdem Kaiser Karl VI. gestorben war, schrieb Friedrich II. 1740 an einen seiner Minister über seinen Anspruch auf Schlesien:*

Schlesien ist aus der ganzen kaiserlichen Erbschaft dasjenige Stück, auf welches wir das beste Anrecht haben und das dem Hause Brandenburg am besten passt. Es ist billig, seine Rechte zu wahren und die Gelegenheit des Todes des Kaisers zu ergreifen, um sich in den Besitz des Landes zu setzen. Die Überlegenheit unserer Truppen über die unserer Nachbarn, die Schnelligkeit, mit der wir sie operieren lassen können, und überhaupt der Vorteil, den wir vor unseren Nachbarn voraus haben, ist vollständig und gibt uns bei einer unvorhergesehenen Gelegenheit wie dieser eine unbegrenzte Überlegenheit über alle anderen Mächte Europas. Wollten wir warten, bis Sachsen und Bayern die Feindseligkeiten eröffnen, so würden wir Sachsen nicht daran hindern können, sich zu vergrößern, was unseren Interessen allerdings ganz und gar zuwiderläuft. (...) Ich schließe aus dieser ganzen Erörterung, dass wir uns noch vor dem Winter in den Besitz Schlesiens setzen und während des Winters verhandeln müssen. Es wird sich dann immer ein Vorteil dabei herausschlagen lassen, und wir werden mit Erfolg verhandeln, wenn wir im Besitz sind, während wir bei anderem Verhalten alle unsere Vorteile aus der Hand geben.

D1 *Polnische Teilungen in den Jahren 1772, 1793 und 1795*

1 *Beurteile anhand des VT und Q3 die Politik Friedrichs II.*

2 *Vergleiche die Stellungnahmen von Katharina II. und Friedrich II. zur Teilung Polens (Q2a, Q2b). Worin bestehen Gemeinsamkeiten, wo sind Unterschiede zu erkennen?*

3 *Welche Haltung nimmt Maria Theresia zur Teilung Polens ein? Wie beurteilst du die Argumente der drei Herrscher bzw. Herrscherinnen (Q2a–c)?*

12 England geht einen eigenen Weg

anglikanische Kirche
Die anglikanische Kirche ist die Staatskirche in England. Diese ist von Rom unabhängig und inhaltlich mit dem evangelischen Glauben verwandt.

Puritaner
Anhänger einer Reformbewegung innerhalb der anglikanischen Kirche. Sie traten für eine strenge Auslegung der Bibel ein und forderten den Verzicht auf jeden Luxus und Vergnügungen. Sie wollten die Kirche von katholischen Einflüssen „reinigen".

Parlament
(von lat. „parlare" = sprechen)
Das englische Parlament verfügte im 16. Jahrhundert über zwei Häuser, das Ober- und das Unterhaus. In ersterem saßen die Angehörigen des Hochadels und die Bischöfe. Ins Unterhaus wurden gewählte Vertreter einzelner Grafschaften entsandt.

Ein Parlament schränkt den König ein

Im Gegensatz zu Frankreich und den meisten anderen europäischen Staaten konnte sich in England der Absolutismus nicht durchsetzen. Die Macht der Könige zu beschränken, hatte in England eine lange Tradition. Schon im Jahr 1215 hatte ein Adelsrat dem damaligen König mit der „Magna Charta Libertatum" (Großer Freiheitsbrief) Mitbestimmungsrechte abgetrotzt. Später wurde dieser Adelsrat *Parlament* genannt. Vor allem bei Steuererhebungen und Geldern für Kriege mussten die Könige die Zustimmung des Parlaments einholen.
Das Parlament gliederte sich in zwei Kammern: das Oberhaus und das Unterhaus. Die Mitglieder des Oberhauses, bestehend aus dem Hochadel und der Kirche, wurden vom König ernannt. Ihre Sitze vererbten sie. Im Unterhaus saßen die Vertreter des niederen Adels und des reichen Bürgertums. Sie wurden in den Grafschaften Englands gewählt. Allerdings waren nur Männer mit einem bestimmten Mindestvermögen wahlberechtigt.

Q1 *Oliver Cromwell* als Feldherr (Stich von 1640). Cromwell war ein Landadliger und gehörte den Puritanern an.

König gegen Parlament

Versuche der englischen Könige, ihre Macht auf Kosten des Parlaments auszubauen, führten immer wieder zu Konflikten. Einen Höhepunkt erlebten diese unter Karl I. Dabei spielte auch religiöser Streit eine Rolle. König Karl I. (1625–1649), der auch über Irland und Schottland regierte, hatte zu Beginn seiner Herrschaft noch mehrmals das Parlament einberufen. Doch von 1629 bis 1640 regierte er mit seinen Ratgebern alleine – ohne das Parlament.
1640 lehnten sich die Schotten aus Glaubensgründen gegen Karl I. auf. Der König brauchte nun Geld, um Krieg gegen die Schotten zu führen, und rief das Parlament an. Dort traf er auf Widerstand. Die Abgeordneten hatten die Missachtung des Parlaments nicht vergessen. Zudem störten sich die *Puritaner* unter den Parlamentsvertretern an der Machtfülle, die der König auch als Oberhaupt der *anglikanischen Kirche* besaß. Sie lehnten seine Forderungen ab und verlangten mehr Rechte. Karl I. musste notgedrungen einwilligen.
Der Konflikt zwischen Parlament und König eskalierte 1642. Als die katholischen Iren ebenfalls einen Aufstand wagten, stellte Karl I. ein neues Heer auf. Die Abgeordneten befürchteten, dass der König diese Soldaten auch gegen das Parlament einsetzen werde. Sie rüsteten ebenfalls Truppen aus. Und tatsächlich drang der König mit Bewaffneten in das Unterhaus ein, um die Wortführer zu verhaften. Es kam zum Kampf, der bald das ganze Land erfasste. In diesem Bürgerkrieg siegten schließlich die Parlamentstruppen unter ihrem Anführer Oliver Cromwell. Karl I. wurde gefangen genommen. Cromwells Armee forderte, den König abzusetzen. Weil sich über 300 Abgeordnete dagegen wehrten, ließ Cromwell diese vertreiben oder hinrichten. Der Rest, das „Rumpfparlament" mit nur noch 90 Mitgliedern, klagte den König wegen Hochverrates an und verurteilte ihn zum Tode. 1649 wurde Karl hingerichtet und das Königtum abgeschafft.

Q2 *Regierungsgrundsätze Jakobs I. von 1598. Sie verloren auch für Karl I. nicht ihre Gültigkeit:*
Daraus folgt mit Notwendigkeit, dass die Könige Urheber und Schöpfer der Gesetze waren und nicht umgekehrt (...). Es entspricht diesen Fundamentalgesetzen, wenn wir Tag für Tag vor Augen sehen, wie im Parlament (...) die Gesetze von den Untertanen lediglich beantragt, aber von dem König allein, wenn auch auf ihre Bitte und mit ihrem Rat, gemacht werden.

Q3 *Auszug aus der „Petition of Rights" von 1628. Geldmangel zwang Karl I. dazu, diesen Forderungen des Parlaments zuzustimmen:*
Wir bitten deshalb Eure erhabene Majestät ehrerbietig, es möge künftig niemand mehr genötigt werden, irgendein Geschenk, ein Darlehen, eine freiwillige Gabe, eine Steuer oder sonst eine entsprechende Abgabe zu leisten, ohne allgemeine Zustimmung durch Parlamentsbeschluss, und es möge niemand zur Verantwortung gezogen, zum Eid gezwungen, persönlich in Anspruch genommen oder verhaftet oder sonstwie belästigt und beunruhigt werden, deshalb oder weil er sich geweigert hat, eine solche Abgabe zu entrichten. Kein freier Mann soll in einem der erwähnten Fälle gefangen genommen oder festgehalten werden.

Q4 *1642 forderte das Unterhaus unter anderem, dass königliche Ratgeber nur mit Zustimmung des Parlaments ernannt werden sollten. Karl I. antwortete:*
Da die Macht, die nach unseren Gesetzen beiden Häusern zukommt, mehr als ausreicht, um Tyrannei zu verhindern, und da wir ohne die Macht, die man uns jetzt abnehmen will, nicht in der Lage sein werden, die Aufgaben zu erfüllen, die der Zweck der Monarchie sind, und da dies eine totale Umkehrung der fundamentalen Rechte wäre und eine Aufhebung der wundervollen Verfassung dieses Königreiches, (...) so werden wir für uns nichts mehr übrig behalten. Denn Übergriffe einer der Instanzen auf die Befugnisse einer anderen sind in ihren Wirkungen für sie selbst und alle anderen verhängnisvoll.

Q5 *Hinrichtung des englischen Königs Karl I.* (Ausschnitt aus einem Kupferstich, 1649). Tatsächlich durften die Menschen nur von fern zuschauen; das Podest, auf dem Karl I. hingerichtet wurde, war zudem durch schwarze Tücher abgeschirmt.

Q6 *Flugschrift der Levellers (Gleichmacher) von 1648. Diese Gruppe konnte ihre Forderungen jedoch nicht durchsetzen:*
Und dann sollte jede Grafschaft gleichmäßig und aufgrund der allgemeinen Zustimmung des Volkes sich in Kreise (...) aufteilen, sodass sich alle Menschen (...) in ihren verschiedenen Kreisen zusammenfinden können und jeder freie Bürger Englands, ob arm oder reich (...), eine Stimme bei der Wahl derer erhält, die das Gesetz machen sollen.

Q7 *Begründung der Republik, 1649:*
Es sei durch das gegenwärtige Parlament und kraft seiner Machtvollkommenheit verkündet und gesetzlich bestimmt, dass das Volk Englands hiermit als Republik begründet wird. Hinfort soll es als Republik durch die höchste Autorität der Nation, nämlich die Vertreter des Volkes im Parlament, regiert werden, und zwar ohne König oder Oberhaus.

1. *Stelle die Ansichten von König und Parlament in einer Tabelle gegenüber (VT, Q2–Q4).*
2. *Erkläre, warum sich die englischen Könige nicht gegen das Parlament durchsetzen konnten (VT).*
3. *Überlege: Vertrat das Parlament das „englische Volk", wie Q7 behauptet?*

13 England auf dem Weg zur parlamentarischen Monarchie

Q1 *Die Houses of Parliament in London heute.* Es ist ein großer Gebäudekomplex mit dem House of Lords (Oberhaus), dem House of Commons (Unterhaus), den Räumen des Speakers (Parlamentspräsident), einer Kapelle, Bibliotheken, Sitzungsräumen für die Abgeordneten und vielen Büros.

Bill of Rights
(engl. = Gesetz der Rechte)
Englisches Grundgesetz von 1689. Durch die Bill of Rights wurde England zur parlamentarischen Monarchie.

parlamentarische Monarchie
Staatsform, in der zwar ein König regiert, seine Macht aber von einem Parlament kontrolliert und von einer Verfassung begrenzt wird.

Die ungeliebte Republik

Mit dem Tod des Königs im Jahre 1649 war England eine Republik geworden. Doch der Heerführer Cromwell, der im Namen des Parlaments gegen den König gekämpft hatte, maßte sich nun immer mehr königliche Rechte an. Bald regierte er diktatorisch und stützte sich dabei auf die Macht seiner Soldaten. Mit äußerster Härte achtete er darauf, dass das Volk nach den Vorschriften der Puritaner lebte. So waren die meisten öffentlichen Vergnügungen verboten: Um die Sonntagsruhe zu sichern, waren Pferderennen und Hahnenkämpfe untersagt und Gaststätten mussten geschlossen bleiben. Damit zu Weihnachten das Fastengebot eingehalten wurde, kontrollierten Soldaten die Küchen. Unmut machte sich breit. Viele verziehen Cromwell auch nicht, dass er den König hatte hinrichten lassen. Weil Cromwell seine Armee hinter sich hatte, wagte jedoch niemand, seine Regierung zu kritisieren.

Die Glorreiche Revolution

Nach Cromwells Tod im Jahre 1658 stellte sich die Frage, wie es weitergehen solle. Das neu zusammengetretene Parlament entschloss sich, die Monarchie wieder einzuführen. Es holte den Sohn Karls I. vom Hof Ludwigs XIV. zurück und setzte ihn 1660 als Karl II. auf den englischen Thron. Doch schon bald deuteten sich wieder Konflikte an. Karl II. wollte eine absolutistische Monarchie einführen und die Macht des Parlaments beseitigen. Zudem neigte er dem Katholizismus zu, was dem puritanisch geprägten Parlament nicht gefiel. Zunächst gelang es dem Parlament, dem König wichtige Rechte abzutrotzen. Doch als Karls Nachfolger, der katholische Jakob II., einen Sohn bekam, befürchteten die Parlamentsvertreter, dass England auf Dauer eine absolutistische katholische Monarchie werden könnte.
Heimlich baten nun Mitglieder des Oberhauses den protestantischen Schwiegersohn Jakobs II., Wilhelm von Oranien, um Hilfe. Er solle die Herrschaft übernehmen. Im November 1688 landete Wilhelm mit einem 15 000-Mann-Heer in England. Jakob II. floh nach Frankreich, ohne dass ein Schuss fiel. Das entschlossene Vorgehen des Parlaments und der unblutige Verlauf der Ereignisse veranlasste Zeitgenossen dazu, von der „Glorreichen Revolution" zu sprechen. Vor seiner Krönung musste der neue König Wilhelm II. eine Erklärung unterschreiben, die die Rechte des Parlaments festlegte. Diese *„Bill of Rights"* hatte für Jahrhunderte Bestand und wurde so zu einem Grundgesetz für die Ausübung der Herrschaft. England wurde eine *parlamentarische Monarchie.*

Gleiche Rechte für alle?

England war der einzige Staat Europas, in dem das Parlament die Macht des Königs einschränkte. Aber nicht alle Engländer durften an den Wahlen teilnehmen. Voraussetzung war ein hohes Einkommen. Nur Kaufleute, der niedere Adel sowie manche Gelehrte und Geistliche verfügten über das nötige Geld. Vor allem Bauern und Handwerker hatten kein Wahlrecht, ebenso die Frauen. Jeder Engländer hatte aber persönliche Rechte: Er durfte nicht in Haft gehalten werden, sondern musste innerhalb von drei Tagen von einem Richter vernommen werden. Auch die freie Meinungsäußerung und die Pressefreiheit wurden bald eingeführt.

Q2 *Das Grundgesetz Englands. In der „Bill of Rights", der Erklärung über die Rechte und Freiheiten des Parlaments, heißt es:*

So erklären die geistlichen und weltlichen Lords und das Unterhaus, zur Rechtfertigung und Behauptung ihrer alten Rechte und Freiheiten und nun in voller und freier Vertretung dieser Nation versammelt:

Dass die angebliche Macht, durch die königliche Autorität, ohne Zustimmung des Parlaments Gesetze oder ihre Vollstreckung außer Kraft zu setzen, ungesetzlich ist.

Dass die Einhebung von Geld zum Nutzen der Krone ohne Zustimmung des Parlaments, für längere Zeit und in einer anderen Form als dies bewilligt ist oder bewilligt werden wird, ungesetzlich ist. Dass innerhalb des Königreiches die Aushebung und Erhaltung eines stehenden Herres in Friedenszeiten ohne Zustimmung des Parlaments dem Gesetz widerspricht.

Dass die Freiheit der Rede, dass Debatten oder Verhandlungen im Parlament an keinem anderen Ort oder Gericht außerhalb des Parlaments unter Anklage gestellt werden dürfen.

Und dass zur Abstellung aller Beschwerden und zur Verbesserung, Stärkung und Bewahrung der Gesetze das Parlament häufig tagen sollte.

Q3 *Karl Ludwig von Pöllnitz, ein deutscher Adliger, war wie viele Ausländer begeistert von der neuen Politik seit 1689. 1721 schrieb er in sein Tagebuch:*

Außer der großen Standhaftigkeit, mit der die Engländer ihre Rechte und Freiheiten zu behaupten suchen, muss ich noch die Art und Weise, in der sie das zu tun pflegen, bewundern. In anderen Nationen machen die Abgeordneten der Parlamente (...) ihrem Fürsten nur solche Vorschläge, die vorher gründlich überlegt worden sind. Ein Engländer dagegen bringt sie auf der Stelle vor und er hört genau auf den Vortrag der Hofpartei und wenn er glaubt, dass dieser der Wohlfahrt des Königreiches zuwiderläuft, stellt er sich energisch und nicht etwa mit zierlichen und wohl überlegten Worten dagegen (...). Ein englischer Herr opfert alles für sein Vaterland auf und die Gnade des Hofs ist ein viel zu schwaches Mittel, ihn auf seine Seite zu bringen. Er hat auch keine Bedenken, diese Gnade aufs Spiel zu setzen.

Q4 *Wilhelm von Oranien* wird König von England (1689). Parlamentsmitglieder überreichen ihm die Krone. – Erkläre, inwieweit das Bild eine neue Auffassung vom Königtum zeigt.

Q5 *Elisabeth II., Königin Großbritanniens seit 1952.* England ist auch heute noch eine Monarchie. Dies geht auch darauf zurück, dass England im Zeitalter des Absolutismus einen anderen Weg einschlug.

1 Erläutere die Bedeutung der „Bill of Rights" für die Stellung des Parlaments (Q2).

2 Schreibe auf, worin sich die parlamentarische Monarchie Englands vom absolutistischen Frankreich unterschied.

3 Erkläre, wieso Karl Ludwig von Pöllnitz von England so begeistert ist (Q3).

4 Erkläre den Begriff „Glorreiche Revolution" (VT).

14 Englands entstehendes Empire

1 *Seeschlacht zwischen englischer und holländischer Kriegsflotte im Jahr 1666* (Ausschnitt aus einem zeitgenössischen Gemälde von Abraham Jansz Storck). England und die Niederlande führten zwei Seekriege gegeneinander: von 1652 bis 1654 und 1665 bis 1667.

England als führende Seehandelsmacht
Die Insellage und die Nichteinmischung in die Wirren des Dreißigjährigen Krieges ermöglichten England den Aufstieg zur bedeutendsten Welthandelsmacht. Noch im 16. Jahrhundert beherrschten vor allem drei andere Staaten die Weltmeere: Spanien, Portugal und Holland. Doch nachdem England im Jahre 1588 die spanische und Mitte des 17. Jahrhunderts die holländische Flotte geschlagen hatte, entwickelte es sich zur führenden See- und Handelsmacht. Englische Kaufleute knüpften nun ungehindert Handelsbeziehungen zu allen Kontinenten.

Handelskompanien entstehen
Vor allem in Indien und Nordamerika gründeten Engländer Handelsniederlassungen. Sie kamen nicht als Eroberer, sondern als Händler, die von ihren Handelsstützpunkten aus das Hinterland für ihre Handelszwecke erschließen wollten. So besaß die um 1600 gegründete East India Company (Ostindische Handelsgesellschaft) in Bombay, Madras und Kalkutta solche Handelsplätze. Schon Ende des 16. Jahrhunderts war Nordamerika ins Blickfeld der englischen Kaufleute und Siedler geraten. 1584 gründete der englische Seefahrer Sir Walter Raleigh an der amerikanischen Ostküste den ersten Handelsplatz: Virginia. Bis ins Jahr 1733 sollten insgesamt 13 Kolonien an der Ostküste entstehen. Einen Großteil der Siedler stellten die Engländer (vgl. S. 82).

Indien wird britische Kolonie
Um das Jahr 1750 brachen Machtkämpfe zwischen indischen Fürsten aus. Als die Ostindien-Kompanie ihren Handel gefährdet sah, griff sie in die Kämpfe ein. Ihre Hauptwaffe waren indische Söldner, die von britischen Offizieren ausgebildet waren. 1820 hatte die Kompanie ganz Indien unter ihre Kontrolle gebracht. Sie war damit zu einer Macht geworden, die Herrschaft über ein riesiges Gebiet ausübte. Das war aber eigentlich die Aufgabe des britischen Staatsoberhaupts, damals der Königin Victoria. Sie übernahm daher 1858, nachdem der letzte indische Fürst abgesetzt worden war, die Herrschaft über Indien. 1877 erhielt sie sogar den Titel „Kaiserin von Indien". Somit war Indien britische „Kolonie" geworden.

Die Folgen für Indien
Die Folgen für das Land und die Menschen waren beträchtlich. Regiert wurde die Kolonie von einem Vertreter der Krone, dem britischen „Vizekönig". Dieser konnte mit der Armee und den Beamten der britischen Verwaltung große Macht ausüben. Durch den Ausbau der Handelsstraßen beteiligte England Indien zwar am technischen Fortschritt, aber die Inder lernten auch den Egoismus ihrer Kolonialherren kennen. So war Indien bislang bekannt dafür, feine Baumwollstoffe herzustellen. Nun wurden sie gezwungen, britische Stoffe zu kaufen (Merkantilismus). So konnten die Unternehmer in England zwar ihre Produkte verkaufen, aber die indische Stoffproduktion wurde ruiniert. Eingriffe in die religiösen Lebensformen der Inder vermieden die Engländer, da sie mögliche Aufstände fürchteten.

D1 *Indien als britische Kronkolonie um 1900*

Q2 *Britische Kultur in Indien*

a) Darüber schrieb Lord Macaulay, ein hoher britischer Beamter in Indien, 1835:

Es ist besser, Englisch zu können als Sanskrit oder Arabisch. (...) Die große Masse der Bevölkerung können wir aber nicht erziehen. Wir müssen versuchen, eine Gruppe von Indern heranzubilden, die die Rolle eines Vermittlers zwischen uns und den Millionen, die wir regieren, übernehmen kann – eine Gruppe, die dem Blut und der Hautfarbe nach indisch ist, aber englisch in Lebensform und Meinung, in Sitten und Geist. Dieser Gruppe können wir es überlassen, die Sprachen Indiens zu verfeinern, (...) und der Masse der Bevölkerung englisches Wissen zu vermitteln.

b) Die Folgen beschrieb der britische Journalist E. B. Havell 1909:

Der Einfluss dieser englisch erzogenen Inder auf die Massen des Volks nimmt ständig zu, während der Einfluss der englischen Beamten ständig abnimmt. Wenn wir diesen Indern und dem indischen Volk mehr demokratische Mitspracherechte geben, wird sich ihr Einfluss noch vergrößern und die britische Lage eher verschlechtern als verbessern.

Q3 *Über England und das indische Tuchhandwerk schrieb Karl Marx 1853:*

Es waren die britischen Eindringlinge, die den indischen Handwebern und Handspinnern die Arbeit nahmen. England begann damit, dass es den indischen Kattun (Baumwollstoff) vom europäischen Markt verdrängte. Dann führte es in England mit Maschinen gesponnenes Garn nach Indien ein und überschwemmte schließlich Indien, das eigentliche Mutterland des Kattuns, mit englischen Kattunwaren. Allein von 1818 bis 1836 stieg die Garnausfuhr von England nach Indien um das 5200-fache. Im gleichen Zeitraum sank allein die Bevölkerung des Baumwollzentrums Dakka von 150 000 auf 20 000 Einwohner durch Hungertod oder Abwanderung.

1. *Beschreibe, wie England zur führenden Seehandelsmacht wurde (VT).*
2. *Stelle die Folgen der britischen Herrschaft für die indische Bevölkerung zusammen (VT, Q2, Q3).*
3. *Vergleiche die Ausführungen Macaulays und Havells (Q2). Haben sich die Erwartungen Macaulays erfüllt (VT)?*
4. *Nimm Stellung: Haben die Briten den Indern mehr Vorteile oder mehr Nachteile gebracht?*

15 Abschluss
Das Zeitalter des Absolutismus in Europa

Ludwig XIV.
absolutistischer Monarch in Frankreich (1661–1715)

Maximilian II. Emanuel
Kurfürst in Bayern (1679–1726)

Friedrich Wilhelm I.
König von Preußen (1713–1740)

Friedrich II.
König von Preußen (1740–1786)

Maria Theresia
Erzherzogin von Österreich, Königin von Ungarn und Böhmen und Kaiserin (1740–1780)

Absolutismus in Frankreich

Das Zeitalter des Absolutismus verlief in den europäischen Staaten recht unterschiedlich: In Frankreich regierte Ludwig XIV. ab dem Jahr 1661 als absoluter Herrscher. Er sah sich als König von Gottes Gnaden und stand an der Spitze von Regierung und Verwaltung. Es gelang ihm dabei, alte Mitspracherechte des Adels auszuschalten. Um Frankreich zu erschließen und auszubauen, richtete Ludwig eine zentrale Verwaltung ein. Straßen und Wasserwege wurden zentral von einer Stelle aus geplant und gebaut.

Außerdem war der Staat auch Motor für die Wirtschaft. Die merkantilistische Wirtschaftspolitik schützte und förderte das heimische Gewerbe. Die Ausfuhr von Waren ins Ausland wurde unterstützt, während die Einfuhr ausländischer Waren durch hohe Zölle erschwert wurde. Es entstanden auch neue und größere Betriebe – die Manufakturen. Hier wurde die Produktion in mehrere Arbeitsschritte zerlegt. Diese arbeitsteilige Produktion ermöglichte höhere Stückzahlen und eine gleich bleibende Qualität der Waren.

Eine weitere wichtige Säule des absolutistischen Staates war das stehende Heer: Die Soldaten waren einheitlich ausgerüstet, gut ausgebildet und standen in den Kasernen ständig unter Waffen.

Das Heilige Römische Reich Deutscher Nation

Der Kaiser des Reiches konnte nicht absolut wie Ludwig XIV. regieren, da das Reich aus vielen Fürstentümern und Reichsstädten bestand, die Landesherren selbstständig regierten. Diese beharrten auf ihre Souveränität. Der Kaiser als Oberhaupt sowie die Reichsgerichte, der Reichstag und die Reichskreise hielten das Reich zusammen.

Preußen und Österreich

Neben Frankreich entwickelten sich auf dem europäischen Festland noch zwei andere Staaten zu Großmächten: Österreich unter der Herrschaft von Maria Theresia und Preußen. Preußen stieg unter dem „Soldatenkönig" Friedrich Wilhelm I. zu einem mächtigen Militärstaat und unter Friedrich II. schließlich zur europäischen Großmacht auf. Beide Mächte waren es auch, die sich zusammen mit Russland ein anderes, schwächeres Land einverleibten: Polen. In drei Teilungen verschwand dieser Staat von der Landkarte.

England

In England herrschten andere Verhältnisse. Hier war das Parlament seit dem Mittelalter eine starke politische Macht. Die Adligen und die wohlhabenden Bürger im Ober- und Unterhaus kontrollierten den König in seiner Regierung und Gesetzgebung. Außerdem war der König vom Parlament abhängig, da es seine Steuererhebungen bewilligen musste.

Als Karl I. im Jahr 1642 versuchte, das Parlament aufzulösen, kam es zum Bürgerkrieg. Es siegten die Truppen des Parlaments unter Oliver Cromwell, der die Macht im Staat übernahm. Nach Cromwells Tod wollte der neue König Karl II. eine absolutistische Monarchie errichten – doch er und sein Nachfolger Jakob II. scheiterten am Widerstand des Parlaments. Die Abgeordneten holten den Protestanten Wilhelm von Oranien als neuen König nach England. Jakob II. floh, ohne dass ein Schuss fiel. Dieser Vorgang ging als „Glorreiche Revolution" in die englische Geschichte ein. Wilhelm unterzeichnete die „Bill of Rights", die erste englische Verfassung. Sie machte England zur parlamentarischen Monarchie.

- **1661–1715**
  König Ludwig XIV. errichtet mit seiner absolutistischen Herrschaft ein Regierungsmodell, an dem sich zahlreiche europäische Herscher orientieren.
- **1648**
  Der Westfälische Friede ordnet das Heilige Römische Reich Deutscher Nation neu.
- **1688–1689**
  Durch die „Glorious Revolution" und die „Bill of Rights" wird England eine parlamentarische Monarchie.

Absolutistischer Herrscher gesucht!

Stell dir vor, du musst einen absolutistischen Herrscher für ein Königreich suchen. Um eine besonders geeignete Person zu finden, gibst du eine Stellenanzeige auf. Gehe dabei in folgenden Schritten vor:

1. Überlege dir zuerst, welche Fähigkeiten und Fertigkeiten absolutistisch regierende Monarchen wie Ludwig XIV. haben mussten, um absolut herrschen zu können. Liste diese dann in deinem Heft auf.

2. Schneide eine Stellenanzeige aus einer Tageszeitung aus und notiere, welche Angaben in Stellenanzeigen enthalten sein müssen.

3. Gestalte mit den gesammelten Informationen jetzt deine Stellenanzeige „Absolutistischer Herrscher gesucht!"

4. Vergleiche mit deinen Klassenkameraden die verschiedenen Stellenanzeigen.

Erkläre diese Grundwissenbegriffe:

Absolutismus
S. 16

Gottesgnadentum
S. 16

Versailles
S. 16/17

Zeremoniell
S. 20

Hegemonie
S. 24

Merkantilismus
S. 26

Föderalismus
S. 30

Reichstag
S. 33

Dualismus
S. 38

parlamentarische Monarchie
S. 42

Bill of Rights
S. 42

- **17./18. Jh.** England entwickelt sich zur Kolonialmacht in Indien und Nordamerika.
- **18. Jh.** Preußen steigt zur europäischen Großmacht auf.
- **1772–1795** Preußen, Österreich und Russland teilen Polen unter sich auf.

Ende 16. Jh. bis Mitte 18. Jh.

Epoche des Barock

17. Jahrhundert

Fortschritte in der Naturwissenschaft bereiten den Weg für die Aufklärung.

18. Jahrhundert

In vielen Ländern des Heiligen Römischen Reiches wird die Schulpflicht eingeführt.

1724–1804

Der Philosoph Immanuel Ka[nt] prägt mit seinen Gedanken und Schriften das Zeitalter der Aufklärung.

Europa im Zeitalter von Barock und Aufklärung

Im 18. Jahrhundert begannen Gelehrte, Bibliotheken einzurichten und Nachschlagewerke zu verfassen. Das Wissen sollte allen Menschen zugänglich sein. Das Foto zeigt die Historische Bibliothek in Halle (Saale).

Absolutistische Herrscher zeigten auch im Heiligen Römischen Reich durch neu geschaffene Bauten ihren Herrschaftsanspruch und demonstrierten die „von Gott gewollten" Machtverhältnisse in prunkvoller Form.
Mit den Ideen der Aufklärung brachte eine Gegenbewegung weit reichende Veränderungen in den Bereichen Politik, Gesellschaft und Literatur. Vernunft und Verstand sollten nun Maßstäbe für das gesellschaftliche Zusammenleben werden. Aus diesen Vorstellungen entstand die Einsicht, dass alle Menschen gleichberechtigt sind und deswegen dieselben Rechte haben sollten. Doch es sollte noch lange Jahre dauern, bis sich diese Gedanken durchsetzten. Für die Menschen dieser Zeit änderte sich das Leben zunächst kaum. Allmählich kam es auf den Gebieten der Rechtssprechung und der Bildung zu leichten Verbesserungen.

1740–1786

Friedrich II. regiert als aufgeklärter Monarch.

1752/53

Der Maler Giovanni Battista Tiepolo gestaltet in der Würzburger Residenz eines der eindrucksvollsten Deckengemälde des Barock.

1779

Gotthold Ephraim Lessing veröffentlicht mit „Nathan der Weise" ein typisches Werk der Aufklärung.

1 Barocke Pracht

Q1 *Neues Schloss Schleißheim bei Oberschleißheim.* Es wurde Anfang des 18. Jahrhunderts erbaut.

Zeitreise Online-Link 427030-0002

Barock
(von port. „barocco" = unregelmäßige, ovale Perle)
Kunststil in der Zeit des ausgehenden 16. bis zur Mitte des 18. Jahrhunderts. Bauten des Barock sind gekennzeichnet durch ovale und runde Formen, etwa bei der Gestaltung von Fenstern und Fassaden. Typisch sind auch die reichen, meist farbenfrohen, Verzierungen an Wänden und Decken.

Prächtige Schlossanlagen

Nach dem Dreißigjährigen Krieg glich die Landkarte des deutschen Reiches einem Flickenteppich. Es gab ungefähr 360 selbstständige Länder und Städte. Deren Herrscher eiferten dem mächtigen Sonnenkönig in Frankreich nach. Nach dem Vorbild der eindrucksvollen Bauten Ludwigs XIV. ließen auch deutsche Fürsten prächtige Schlossanlagen errichten, um dadurch ihre Macht zu demonstrieren. Diese Bauwerke entstanden meist im neuen Stil des *Barock.*

Zeit der Frömmigkeit

Das Zeitalter des Barock war in Deutschland nach den Zerstörungen des Dreißigjährigen Krieges eine Zeit des Wiederaufbaus und der allmählich wieder erwachenden Lebensfreude. Es war aber auch eine Zeit der Besinnung und der Suche nach Halt. Diesen Halt fanden viele im Glauben. Vor allem in den katholischen Ländern ergriff eine neue Frömmigkeit das Volk. Die katholische Kirche hatte mit der Gegenreformation wieder an Selbstbewusstsein gewonnen und warb für ihren Glauben. Besonders die Jesuiten kümmerten sich um die Frömmigkeit im Volk: Sie lehrten an Gymnasien und Universitäten, förderten Wallfahrten und führten Theaterstücke auf. Darin wurden die Zuschauer über einen christlichen Lebenswandel belehrt. Prunkvoll gestaltete Gottesdienste und Prozessionen sowie die neu aufkommenden Passionsspiele, die das Leiden Jesu nachstellten, sollten die Menschen ebenfalls in ihrem Glauben stärken.

Barocke Kirchenbauten

Die Jesuiten waren es auch, die aus Italien den Kunststil des Barock in die deutschen Länder brachten. Mit neuen Kirchenbauten im Barockstil wollte die Kirche ihre wieder erstarkte Macht zeigen und die Gläubigen in ihrem Bekenntnis stärken. Besonders die Fürsten der geistlichen Territorien und die süddeutschen Klosterschulen wetteiferten als Bauherren neuer Kirchen. Künstler wie die Gebrüder Asam und Dientzenhofer, Balthasar Neumann und Dominikus Zimmermann schufen beeindruckende Kirchenbauten.

Am auffälligsten an barocken Kirchen ist ihre Form: nicht gerade und rechteckig, sondern schwungvoll und kurvig. Im Innenraum ist man zuerst vom vielen Schmuck und den übermäßigen Verzierungen wie erschlagen: von den Altären mit Säulen und Bildern, den hohen bemalten Decken, dem goldenen Stuck. Aber es gibt auch eine gewisse Ordnung: Im Mittelpunkt steht der Altarraum, wo der Priester den Gottesdienst feiert. Die Figuren und Malereien stellen meist Szenen aus der Bibel oder aus Heiligenlegenden dar.

Der Gottesdienst in den prunkvollen Kirchenräumen war ein beeindruckendes Schauspiel. Alle Sinne sollten angesprochen werden, wenn die Priester die Messe hielten, Weihrauch geschwenkt wurde und feierliche Musik ertönte. Auch in der Musik entfaltete sich eine neue Pracht. Komponisten wie Johann Sebastian Bach oder Georg Friedrich Händel schufen klangvolle Werke für Orgel, Orchester und Chöre, die uns auch heute noch beeindrucken.

Q2 *Blick ins Innere einer barocken Kirche.* Farbenfrohes, strahlendes Deckengemälde im Marienmünster in Dießen am Ammersee. Das Deckengemälde schuf Johann Georg Bergmüller 1736.

1 Nenne typische Elemente des Barock (VT, Q2, Q5).

2 Erkläre, was die Ausstattung der barocken Kirchen und die festlichen Gottesdienste bei den Gläubigen bewirken solten (VT, Q2, Q3, Q5).

3 Besucht selbst eine Barockkirche in eurer Umgebung und untersucht, wie diese ausgestattet ist und welche Wirkung dies erzielt.

4 Wie wirkt die Haltung der Engel auf dich (Q3)? Passen sie in Räume, in denen man betet?

Q3 *Musizierende Engel in einer Kirche*

Q4 *Johann Sebastian Bach (1685–1750)* war lange Zeit Kantor und Organist in Leipzig. Hier lebte er mit seiner Frau Anna Magdalena und seinen 20 Kindern.

Q5 *Altarraum der Kirche in Osterhofen.* Der Innenraum der Klosterkirche bei Plattling (Niederbayern) wurde von den Brüdern Asam gestaltet. Er zeigt eine Fülle von Schmuck und Verzierungen, die eine Wirkung wie im Theater erzielen: Auf den Seitenaltären stehen große Figuren mit lebhaften Gebärden wie auf einer Bühne, überragt von Engeln, die eine große Krone tragen. Der Hauptaltar ist von vier Säulen gerahmt, sodass das Altarbild wie die Kulisse im Bühnenraum wirkt.

2 Projekt

Regionalgeschichte: Auf den Spuren des Barock in Bayern

Barocke Schlösser und Kirchen in Bayern
Im heutigen Bayern lassen sich viele barocke Prachtbauten bewundern: Einer davon ist die Würzburger Residenz. Sie wurde ab 1720 von den damals in Würzburg residierenden Fürstbischöfen errichtet. Die Einzigartigkeit des Bauwerks ist unbestritten. Dazu trägt in besonderer Weise sein Treppenhaus bei, das zu den schönsten Barockräumen in Deutschland zählt. Der Gast konnte sich mit seiner Kutsche in die Halle des Treppenhauses fahren lassen, dort aussteigen und die Treppe zu den Fest- und Prunkräumen hinaufsteigen. Oben angekommen, konnte man damals wie heute ein von Hofarchitekt Balthasar Neumann geschaffenes stützenfreies Muldengewölbe bewundern, das mit seiner Scheitelhöhe von 23 Metern und einer Grundfläche von 18x30 Metern eine bautechnische Meisterleistung darstellt. Darauf zu sehen ist das größte Deckengemälde der Welt. Der venezianische Maler Giovanni Battista Tiepolo fertigte es in rund 230 Tagen mit seinen beiden Söhnen an. Es zeigt die vier Erdteile und den Beginn des Laufs der Sonne um die Erde.

D 1 Bedeutende Barockbauten in Bayern

Q 1 *Ein Ausschnitt aus dem Deckengemälde des Treppenhauses der Residenz zeigt den Erdteil Europa.* Die vier Erdteile – Australien galt damals noch nicht als Kontinent – sind oberhalb der vier Saalwände wie in einer fortlaufenden Erzählung abgebildet. Die einzelnen Erdteile werden jeweils von einer Frauenfigur mit einem typischen Tier verkörpert. Verschiedene Szenen und Figurengruppen erzählen etwas über die Eigenart der Erdteile und ihrer Menschen:
① Bild des Fürstbischofs und Auftraggebers, von Ruhm und Tugend in den Himmel gehoben;
② Verkörperung Europas mit Stier; ③ Balthasar Neumann; ④ Antonio Bossi (Stukkateur);
⑤ Musikanten; ⑥ Figur der Geografie und Malerei.

Q 2 *Treppenhaus der Würzburger Residenz*

Spurensuche in deiner Heimat

Auch in deiner Heimat befinden sich Bauten aus der Zeit des Barock. Mach dich auf die Suche und trage Informationen über barocke Elemente des Bauwerks, den Bauherren, die Bauzeit und mitarbeitende Künstler zusammen. Stelle anschließend dein Bauwerk in deiner Klasse vor.

Hilfreiche Hinweise bekommst du

- *in deiner Heimatgemeinde/-stadt*
- *im Tourismusamt*
- *im Reiseführer für deine Heimatregion*
- *in der jeweiligen Diözese*
- *im Internet (vgl. Online-Link, S. 50).*

3 „Habe Mut, dich deines eigenen Verstandes zu bedienen!"

Q 1 links: *Isaac Newton (1643–1727),* englischer Physiker, Mathematiker und Astronom. Seine physikalischen Gesetze gelten zum Teil noch heute.
rechts: *Immanuel Kant (1724–1804)* lehrte in Königsberg als Professor für Philosophie, Geografie und Naturwissenschaften.

Aufklärung
heißt ursprünglich „hell bzw. klar machen". Der Begriff bezeichnet eine neue Denkweise im 18. Jahrhundert, die darauf abzielte, alle Gebiete des Lebens durch die Vernunft zu erklären und Erkenntnisse kritisch zu prüfen. Man spricht daher auch vom „Zeitalter der Vernunft".

Bürgertum
Bevölkerungsschicht, zu der Händler, Kaufleute, Fabrikbesitzer, aber auch „Gebildete" wie Professoren, Lehrer oder Juristen gehörten.

Eine neue Vorstellung von der Welt …

1603 gründeten einige Gelehrte in Rom eine Akademie. Sie wollten durch Experimente und vernünftiges Nachdenken die Vorgänge in der Natur erklären. Einige beobachteten mit dem gerade erfundenen Mikroskop das Leben in Wassertropfen, andere suchten mit dem neuartigen Fernrohr den Himmel ab, wieder andere maßen die Ausdehnung von Luft und Wasser bei unterschiedlichen Temperaturen. 1610 bestätigte Galileo Galilei die These, die bereits hundert Jahre zuvor von Nikolaus Kopernikus aufgestellt worden war: Die Erde dreht sich im Lauf eines Tages um ihre eigene Achse und umkreist in einem Jahr die Sonne. Die katholische Kirche verbot Galilei, die Lehre zu verbreiten. Denn aus der Bibel schloss man, dass die Erde unbeweglich sei.
Der Fortschritt in den Naturwissenschaften ließ sich jedoch nicht aufhalten. Immer mehr Forscher gewannen bei Beobachtungen und Experimenten völlig neue Erkenntnisse. So erkannte Johannes Kepler die Gesetze, nach denen sich Planeten bewegten. Daraus leitete Isaac Newton 1666 sein Gesetz der Schwerkraft ab. Der deutsche Physiker Otto von Guericke wiederum entdeckte, dass sich Gase beim Erwärmen ausdehnen und beim Abkühlen zusammenziehen.
So setzte sich die Erkenntnis durch, dass die Natur bestimmten Gesetzen folgt, die sich durch genaues Beobachten und scharfes Nachdenken erkennen lassen.

… und ein neues Menschenbild

Seinen Verstand gebrauchen, aus Beobachtungen Schlussfolgerungen ziehen – das blieb nicht nur Sache der Naturwissenschaftler. Einige Philosophen und Schriftsteller machten sich Gedanken darüber, warum so viele Menschen ihre unglückliche Lage als gottgewollt hinnahmen. Vor allem stellten sie die Frage: Wie frei ist der Mensch in seinen Entscheidungen? Ist er an göttliche Vorsehung und an die Vorschriften der Kirche und der Fürsten gebunden?
Die Antwort, die sie darauf gaben, war revolutionär und setzte sich auch gegen den Widerstand der Kirche langsam durch: Der Mensch hat einen freien Willen, er kann sich grundsätzlich frei entscheiden. Dieser Standpunkt warf jedoch neue Fragen auf: Wenn der Mensch frei ist, nach welchen Wegweisern soll er sich richten? Wie kann er Gut und Schlecht unterscheiden, wenn nicht mehr die Religion die einzig richtige Antwort gibt? Die Philosophen meinten darauf, jeder Mensch habe ein klares Orientierungssystem, das ihm bei seinen Entscheidungen helfe: seine Vernunft.

Die Aufklärung verbreitet sich

Diese Gedanken brachten den Beginn einer neuen Epoche: der *Aufklärung*. In vielen Städten wurden nun Akademien gegründet, in denen Wissenschaftler zusammenkamen. Sie diskutierten die Ergebnisse ihrer Forschung, fassten diese in Nachschlagewerken zusammen und machten sie den Menschen in Bibliotheken zugänglich. Da aber die meisten Leute nicht lesen konnten, verlangten die Aufklärer Schulpflicht für alle Kinder. Besonderen Anklang fanden die neuen Ideen bei den Menschen im *Bürgertum*. Sie strebten schon länger nach den gleichen Rechten, wie die Adligen sie besaßen. Aber sie stießen immer wieder an Standesgrenzen: Der Adel hatte allein durch Geburt mehr Rechte. Dies widersprach den Gedanken der Aufklärung, galt doch der Einzelne und nicht seine Herkunft als entscheidend.

Q2 *Otto von Guerickes Versuch mit den Halbkugeln* (Kupferstich von Caspar Schott, 1664). Guericke entwickelte verschiedene Luftpumpen, mit denen er Luft aus Gefäßen absaugen und so ein Vakuum herstellen konnte. In Magdeburg zeigte er 1657, dass zwei aufeinandergelegte und leer gepumpte Halbkugeln nicht einmal von 16 Pferden auseinandergerissen werden konnten.

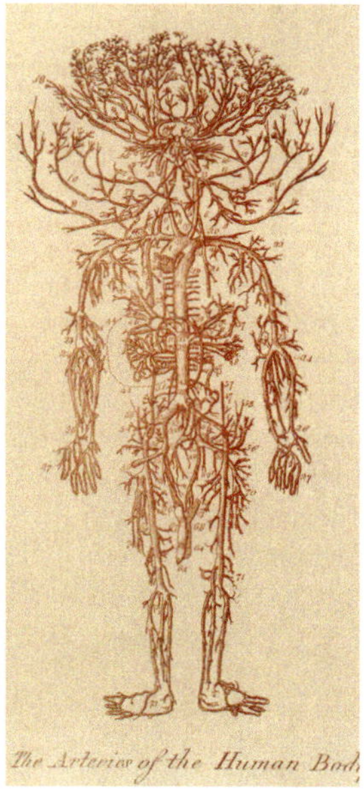

Q5 *Die Naturwissenschaften und die Medizin machten in der Zeit der Aufklärung große Fortschritte.* Die Abbildung zeigt eine Lehrtafel zur Anatomie, auf welcher der Verlauf der Arterien festgehalten ist.

Q3 *Der französische Mathematiker und Philosoph René Descartes forderte, dass die Menschen „den Kopf richtig anwenden" sollten. Dazu stellte er 1637 folgende Regeln auf:*

Es ist nicht genug, einen guten Kopf zu haben; die Hauptsache ist, ihn richtig anzuwenden (…). Die erste (Regel) war, niemals eine Sache als wahr anzunehmen, die ich nicht als solche deutlich erkennen würde, d. h. sorgfältig die Übereilung und das Vorurteil zu vermeiden und in meinen Urteilen nur so viel zu begreifen, als sich meinem Geist so klar und deutlich darstellen würde, dass ich gar keine Möglichkeit hätte, daran zu zweifeln. Die zweite: Jede der Schwierigkeiten, die ich untersuchen würde, in so viele Teile zu teilen, als möglich und zur besseren Lösung wünschenswert wäre. Die dritte: Meine Gedanken richtig zu ordnen; zu beginnen mit den einfachsten und fasslichsten Gegenständen und aufzusteigen allmählich und gleichsam stufenweise bis zur Erkenntnis der kompliziertesten. Die letzte: Überall so vollständige Aufzählungen und so umfassende Übersichten zu machen, dass ich sicher wäre, nichts auszulassen.

Q4 *Den Wahlspruch der Aufklärung legte Immanuel Kant 1783 in seinem Werk „Beantwortung der Frage: Was ist Aufklärung" nieder:*

Aufklärung ist der Ausgang des Menschen aus seiner selbstverschuldeten Unmündigkeit. Unmündigkeit ist das Unvermögen, sich seines Verstandes ohne die Leitung eines anderen zu bedienen. Selbstverschuldet ist diese Unmündigkeit, wenn die Ursache derselben nicht am Mangel des Verstandes, sondern der Entschließung und des Mutes liegt, sich seiner ohne Leitung eines anderen zu bedienen. „Habe Mut, dich deines eigenen Verstandes zu bedienen!", ist also der Wahlspruch der Aufklärung.
Faulheit und Feigheit sind die Ursachen, warum ein so großer Teil der Menschen, nachdem sie die Natur längst von fremder Leitung freigesprochen, dennoch gerne zeitlebens unmündig bleiben und warum es anderen so leicht wird, sich zu deren Verwundern aufzuwerfen. Es ist so bequem, unmündig zu sein. Habe ich ein Buch, das für mich Verstand hat, einen Seelsorger, der für mich Gewissen hat, einen Arzt, der für mich die Diät beurteilt usw.: So brauche ich mich ja nicht selbst zu bemühen.

1. *Erkläre den Begriff „Aufklärung" mit eigenen Worten.*
2. *Gib die wichtigsten Forderungen der Aufklärer wieder (VT, Q3, Q4). Was war daran revolutionär?*
3. *„Du bist deines Glückes Schmied." Untersuche, inwieweit dieser Spruch mit dem Menschenbild der Aufklärung zusammenhängt (Q4). In welchen Fällen trifft der Spruch deiner Meinung nach zu, in welchen Fällen erscheint er dir unangemessen?*

4 Die Ideen der Aufklärung in der Politik

Q1 *Charles de Montesquieu (1689–1755).* Auf dem zeitgenössischen Stich ist Montesquieu mit einem seiner wichtigsten Bücher dargestellt: Der Titel lautet übersetzt: „Vom Geist der Gesetze“.

Gewaltenteilung
Trennung der Staatsgewalt in Gesetzgebung (Legislative), Vollziehung (Exekutive) und Rechtsprechung (Judikative). Die Gewaltenteilung ist der wichtigste Kern von demokratischen Verfassungen.

Volkssouveränität
(frz. „souveraineté“ = höchste Staatsgewalt) bedeutet, dass alle Macht des Staates beim Volk liegt. Das Volk bestimmt selbst seine Regierungsform und übt die Herrschaft aus. Dies geschieht meist durch gewählte Vertreter (Abgeordnete).

Ein neues Menschenbild setzt sich durch

Die Aufklärer waren überzeugt, dass alle Menschen von Natur aus frei seien und gleiche Rechte hätten. Diese Gedanken der Aufklärung wirkten sich auch auf die Politik aus. Philosophen und Bürger dachten über die Rolle des Königs und den Aufbau des Staates nach. Die neu entwickelten Ideen waren nicht mehr mit der absolutistischen Herrschaft eines Königs „von Gottes Gnaden“ zu vereinbaren. Auch die Vorrechte des Adels ließen sich nicht mit den Vorstellungen der Aufklärung in Einklang bringen.Ein erklärtes Ziel der Aufklärung war, das Handeln des Menschen auf die Basis der Vernunft zu stellen. Der Wert eines Menschen beruhe nicht auf seinem Stand oder seiner Herkunft, sondern auf seiner Leistung und wie er seine angeborenen Fähigkeiten zu nutzen weiß.

Beziehung zwischen Herrscher und Volk

Das Denken der Aufklärung wurde im 17. Jahrhundert in England auf die Politik übertragen. Man stellte die Frage, ob Gott wirklich die Fürsten in ihr Amt eingesetzt habe, und ob es rechtens sei, dass sie alleine regierten und ihr Handeln nur vor Gott rechtfertigen müssen. War die Macht der Könige nicht nur vom Volk ausgeliehen mit dem Auftrag, die Untertanen vor Verbrechen und äußeren Feinden zu schützen?
1689 verjagten die Engländer ihren König, weil dieser versucht hatte, die absolutistische Regierungsform wieder einzuführen (vgl. S. 42/43). Der englische Philosoph John Locke rechtfertigte dieses Vorgehen damit, dass das Volk nur so lange einem Herrscher Gehorsam schuldig sei, solange dieser nicht gegen die Rechte der Untertanen verstoße. Dies ist die Grundlage für den modernen Staat, in dem die Ordnung der Gesellschaft nicht mehr auf Gott zurückgeht, sondern jeder Mensch von Geburt an gleiche Rechte besitzt.

Die königliche Macht wird beschränkt

Im 18. Jahrhundert griff der französische Staatsphilosoph Charles de Montesquieu die Ideen von John Locke auf, die Macht des Königs durch eine gesetzgebende Gewalt zu beschränken. Er meinte, die Menschen könnten nur dann als freie Bürger leben, wenn keiner zu viel Macht hätte. Er entwickelte daher die Lehre von der *Gewaltenteilung*: Die Befugnisse im Staat müssten klar aufgeteilt werden.
Ein gewähltes Parlament sollte als gesetzgebende Gewalt Regeln für das Zusammenleben der Bürger im Staat aufstellen. Der König, seine Minister und die Beamten hätten als ausführende Gewalt dafür zu sorgen, dass die Gesetze eingehalten und die staatlichen Aufgaben erledigt würden. Daneben sollten unabhängige Richter sicherstellen, dass Herkunft und Vermögen des Angeklagten vor Gericht keine Rolle spielten. Alle drei Gewalten sollten unabhängig voneinander sein und sich gegenseitig kontrollieren.
Der französische Philosoph Jean-Jacques Rousseau entwickelte diese Lehre noch weiter und forderte die *Volkssouveränität*, d.h. dass alle staatliche Macht vom Volk ausgehen müsse.

Q6 *Im Salon der Madame Geoffrin.* Das Gemälde zeigt den Aufklärer d'Alembert 1745 beim Vortrag seiner Gedanken. In den Salons gebildeter und wohlhabender Frauen kamen Schriftsteller, Philosophen und Bürger zusammen, die frei und ungehindert diskutieren wollten.

Q2 *Über den Ursprung politischer Autorität (Macht) äußerte sich der französische Aufklärer Denis Diderot 1751:*

Kein Mensch hat von Natur das Recht erhalten, über andere zu herrschen. (...) Wenn man genau prüft, kann man politische Autorität immer auf folgende zwei Quellen zurückführen: entweder auf die Stärke und Macht eines Mannes, der die Autorität an sich gerissen hat – oder auf das Einverständnis der Menschen, die sich der Autorität durch einen Vertrag unterworfen haben, der zwischen ihnen und dem Träger der Autorität geschlossen oder unterstellt wurde. Die Autorität, die durch Gewalt errungen wird, ist nichts als eine Usurpation (d. h. Anmaßung der Gewalt). Sie dauert nur so lange, wie die Macht der Befehlenden größer ist als die Macht der Gehorchenden. Wenn Letztere die Oberhand gewinnen und das Joch abschütteln, dann tun sie es mit ebenso viel Recht und Berechtigung, wie es ihnen der andere aufgezwungen hat.

Q3 *Charles de Montesquieu schrieb in dem Buch „Vom Geist der Gesetze", dass es in jedem Staat drei Gewalten gebe, die gesetzgebende, die vollziehende und die richterliche Gewalt:*

Ist die gesetzgebende Gewalt mit der vollziehenden in einer Person (...) vereint, so gibt es keine Freiheit, weil man fürchten kann, derselbe Monarch (...) werde tyrannische Gesetze geben, um sie tyrannisch zu vollziehen. Es gibt ferner keine Freiheit, wenn die richterliche Gewalt nicht von der gesetzgebenden und der vollziehenden getrennt ist. Wäre sie mit der gesetzgebenden Gewalt verbunden, so würde die Macht über Leben und Freiheit der Bürger willkürlich sein, denn der Richter wäre Gesetzgeber. Wäre sie mit der vollziehenden Gewalt verbunden, so könnte der Richter die Macht eines Unterdrückers besitzen. Alles wäre verloren, wenn ein und derselbe Mensch (...) diese drei Gewalten (...) zugleich ausübte.

Q4 *Über die Freiheit jedes Menschen sagte Jean-Jacques Rousseau 1762:*

Der Mensch wird frei geboren, und überall ist er in Ketten. (...) Solange ein Volk gezwungen wird zu gehorchen und gehorcht, so tut es wohl; sobald es aber das Joch abwerfen kann und es abwirft, so tut es besser (...). Rechtmäßige Gewalt kann nur auf einer Übereinkunft der Menschen gründen (...). Auf seine Freiheit verzichten, heißt auf seine Menschheit, die Menschenrechte, ja selbst auf seine Pflichten verzichten. Eine solche Entsagung ist mit der Natur des Menschen unvereinbar.

Q5 *Grundgesetz der Bundesrepublik Deutschland:*

Artikel 1: (1) Die Würde des Menschen ist unantastbar.
Artikel 2: (1) Jeder hat das Recht auf die freie Entfaltung seiner Persönlichkeit (...).
(2) Die Freiheit der Person ist unverletzlich.
Artikel 3: (1) Alle Menschen sind vor dem Gesetz gleich. (...)
Artikel 94: (1) Die Mitglieder des Bundesverfassungsgerichts (...) dürfen weder dem Bundestage, dem Bundesrate, der Bundesregierung (...) angehören.
Artikel 97: (1) Die Richter sind unabhängig und nur dem Gesetze unterworfen.

1. *Vergleiche die Texte Q2 und Q4. Überlege, warum manche Aufklärer auf Befehl absolutistischer Könige ins Gefängnis geworfen wurden.*
2. *Zähle die Gewalten auf, die Montesquieu nennt (Q3). Stelle sie in einem Schaubild dar. Erläutere, welche Auswirkungen Montesquieu bei einer Verschmelzung der Gewalten befürchtet.*
3. *Vergleiche die Forderungen Montesquieus mit dem Grundgesetz der Bundesrepublik Deutschland (Q3, Q5).*
4. *Lies Q5. Welche Gedanken der Aufklärung findest du darin wieder?*
5. *Welchen Eindruck machen die Gäste im Salon der Madame Geoffrin (Q6) auf dich? Beurteile ihre Kleidung, ihre Haltung, ihren Gesichtsausdruck.*

5 Aufgeklärter Absolutismus in Preußen

Q1 *Friedrich II. im Gespräch mit dem französischen Philosophen Voltaire* (Kupferstich nach einem Gemälde von P. C. Baquey 1759–1829). – Achte darauf, wer im Bild sitzt und wer steht. Welchen Eindruck sollte das Bild von Friedrich II. vermitteln?

Friedrich II. als erster Diener des Staates

Die Ideen der Aufklärer beeinflussten manche Herrscher der damaligen Zeit, so auch Friedrich II. von Preußen. Schon als junger Kronprinz hatte sich Friedrich mit den Gedanken der Aufklärung beschäftigt. Rousseaus Vorstellungen, nach denen der Herrscher vernunftgemäß und zum Wohl des Volkes regieren sollte, interessierten ihn besonders. Als Friedrich 1740 in Preußen den Thron bestieg, sah er seine Krone folglich als Verpflichtung gegenüber dem Staat. Er verstand sich als „erster Diener seines Staates". Seine Herrschaft bezeichnen wir als *aufgeklärten Absolutismus* (vgl. S. 34–37).

Voltaire als Ratgeber des Königs

Vor allem Voltaire, der berühmte französische Philosoph und Aufklärer, beeinflusste das Denken und Handeln des jungen preußischen Königs. Voltaire forderte, dass ein Herrscher sich von den Wissenschaften zu leiten habe und vernünftig, also „aufgeklärt", herrschen solle.
Friedrich II. lud Voltaire, aber auch andere Gelehrte und Philosophen, an seinen Hof nach Potsdam. Dort wurden gemeinsame Abende mit philosophischen Gesprächen gestaltet.

Reformen im aufgeklärten Preußen

Der Kontakt zu den Aufklärern wirkte sich auf Friedrichs Regierung aus. Er schaffte die Folter ab und führte eine beschränkte Pressefreiheit ein. Die anderswo noch übliche Unterdrückung religiöser Minderheiten wurde beseitigt – allerdings nicht die der Juden.
Eine der wichtigsten Reformen, die Friedrich einleitete, betraf die Rechtsprechung: Jeder sollte vor dem Gesetz gleich sein und alle Bürger, auch der König, dem Recht unterworfen werden. „Im Gericht sollen die Gesetze sprechen und der Fürst schweigen", forderte Friedrich.
Auch wenn sich Friedrich II. selber nicht immer daran hielt, verbot die neue Verordnung auch dem König, in Prozesse einzugreifen oder Urteile eines Gerichtes zu verändern. Dies war ein Meilenstein: Die höchste staatliche Macht hatte nun das Urteil eines Gerichtes anzuerkennen. Gerichte sollten allein nach dem Gesetz und ohne Ansehen der Person entscheiden.
Fortschritte gab es auch im Bereich der Bildung. Friedrich II. ärgerte es, dass die meisten Kinder keine Schulbildung erhielten, zumal Wirtschaft und Militär nach gebildetem Nachwuchs verlangten. Er führte eine halbtägige Sommerschule sowie eine vor- und nachmittägliche Winterschule ein.

Grenzen der aufgeklärten Herrschaft

Bei allem Reformwillen blieb Friedrich II. ein alleinregierender Monarch und mit zunehmendem Alter entfernte er sich von den Gedanken der Aufklärer. Er traf alle politischen Entscheidungen selbst. Mitzubestimmen hatte das Volk nicht. Auch die Vorrangstellung der Adligen blieb unangetastet, da er sie als Offiziere in seiner Armee brauchte. Überhaupt spielte das Militär unter Friedrich II. eine große Rolle. Die zahlreichen Soldaten aus der bäuerlichen und der bürgerlichen Bevölkerung trugen militärisches Denken, besonders das Prinzip des unbedingten Gehorsams, in das zivile Leben hinein.

A-Z

aufgeklärter Absolutismus
Im aufgeklärten Absolutismus hat der Monarch einige Ideen der Aufklärung übernommen. Tief greifende Veränderungen wie die Einrichtung einer unabhängigen Justiz, Lockerung der Leibeigenschaft, Religionsfreiheit oder Förderung des Schulwesens kennzeichnen diese Herrschaftsform. Die Reformen ändern allerdings nichts an der umfassenden Macht des Monarchen.

Q5 *Friedrich II. überwacht die Kartoffelernte* (Gemälde von R. Warthmüller, 1886). Gegen den Widerstand vieler Bauern förderte Friedrich II. den Anbau der nährstoffreichen Kartoffel.

Q2 *Als junger Kronprinz notierte Friedrich 1737/38 für eine nicht öffentliche Flugschrift:*

In Folgendem liegt der Irrtum der meisten Fürsten: Sie glauben, Gott habe aus besonderer Rücksicht für sie und eigens ihrer Größe, ihrem Glück und Hochmut zuliebe das Gewimmel der Völker geschaffen, deren Wohlfahrt ihnen anvertraut ist, und ihre Untertanen seien nichts weiter als Werkzeuge und Diener ihrer zügellosen Leidenschaften. (…) Legten die Fürsten diese falschen Ideen ab und gingen auf den Ursprung ihres Amtes zurück, sie sähen, dass ihre Würde (…) nur das Werk der Völker ist, dass die Abertausenden, die ihnen anvertraut sind, sich nicht einem Einzigen sklavisch unterwarfen, um ihn mächtiger und furchtgebietender zu machen (…). Dann würden diese irdischen Götter, statt immerfort auf Eroberungen zu sinnen, nur für das Glück ihrer Völker wirken. (…) Ihre Wohltaten müssten den Wunsch erregen, unter ihrem Zepter geboren zu sein. [… Sie würden einsehen], dass der wahre Herrscherruhm nicht in der Unterdrückung ihrer Nachbarn besteht (…), sondern in der Erfüllung ihrer Amtspflichten und in der Vollstreckung der Wünsche derer, die sie mit der höchsten Macht ausgestattet haben und denen sie ihre Herrschermacht danken.

Q3 *Aus dem politischen Testament Friedrichs II. (1752):*

Die erste Bürgerpflicht ist, seinem Vaterland zu dienen. Ich habe sie in allen verschiedenen Lagen meines Lebens zu erfüllen gesucht. (…) In einem Staat wie Preußen ist es durchaus notwendig, dass der Herrscher seine Geschäfte selbst führt. Denn ist er klug, wird er nur dem Staatsinteresse folgen, das auch das seine ist. Ein Minister dagegen hat, sobald seine eigenen Interessen in Frage kommen, stets Nebenabsichten. Er besetzt alle Stellen mit seinen Kreaturen, statt verdienstvolle Leute zu befördern, und sucht sich durch die große Zahl derer, die er an sein Schicksal kettet, auf seinem Posten zu befestigen. (…)

Eine gut geleitete Staatsregierung muss ein ebenso fest gefügtes System haben wie ein philosophisches Lehrgebäude. Alle Maßnahmen müssen gut durchdacht sein, Finanzen, Politik und Heerwesen auf ein gemeinsames Ziel steuern: nämlich die Stärkung des Staates und das Wachstum seiner Macht. Ein System kann aber nur aus einem Kopfe entspringen; also muss es aus dem des Herrschers hervorgehen (…). Der Herrscher ist der erste Diener des Staates. (…) Man fordert von ihm, dass er werktätig für das Wohl des Staates arbeite und wenigstens die Hauptgeschäfte mit Sorgfalt leite.

Q4 *An den französischen Gelehrten d'Alembert schrieb Friedrich II. später:*

Denken wir uns eine beliebige Monarchie mit zehn Millionen Einwohnern. (…) Prüfen wir nun, wie viele davon geistig träge (…) sind, so wird die Rechnung ungefähr ergeben, dass von einem so genannten zivilisierten Volke kaum 1000 Personen gebildet sind. Deshalb ist es „verlorene Mühe", die Menschheit aufklären zu wollen, ja, oft ist es ein gefährliches Unterfangen.

1 *Zähle die Reformen auf, die es unter Friedrich II. gab (VT).*

2 *Vergleiche Friedrich II. von Preußen mit Ludwig XIV. von Frankreich. Achte dabei auf ihr Regierungsmotto, ihr Verhältnis zu den Gesetzen und ihre politischen Ziele (VT, Q3).*

3 *Welche Merkmale des aufgeklärten Absolutismus werden im politischen Testament Friedrichs II. erwähnt und in seinen Maßnahmen verwirklicht (VT, Q3)?*

4 *Welche Irrtümer hält der junge Friedrich II. den Fürsten vor? Wie sieht er die Rolle des Volkes (Q2)?*

5 *Überlege, ob Friedrich sich im Alter an seine Jugendideale gehalten hat (Q2, Q4 und VT auf S. 34/35).*

6 Aufklärung in der Literatur

Q1 *„Nathan der Weise"* wird noch heute in vielen Theatern gespielt (Foto aus einer Inszenierung eines Berliners Theaters, 2009).

Lessings „Nathan der Weise"

Auswirkungen zeigte die Aufklärung auch im Bereich von Kunst und Literatur. Die Schriftsteller der Aufklärung wollten ihr Publikum belehren. Dabei versuchten sie, die aufklärerischen Ideen in ihren Werken darzustellen. Ein wichtiger Vertreter jener Epoche ist Gotthold Ephraim Lessing. Er begründete mit seinen Werken das „bürgerliche Trauerspiel": Erstmals machte er Bürgerliche anstelle von Adligen und Königen zu Hauptpersonen seiner Stücke. Dadurch übte er nicht nur Kritik an den absoluten Herrschern seiner Zeit, sondern griff auch die Stellung der Kirche an.

1779 schrieb er sein letztes Werk: „Nathan der Weise". Es behandelt die Frage nach der „richtigen" Religion.

Im Zentrum des Stücks steht Lessings Anliegen, dem Publikum die Gleichheit der Anhänger der drei Weltreligionen vor Gott aufzuzeigen. Der Wert einer Religion werde dabei durch menschliche Qualitäten entschieden. Dies spiegelt den Toleranzgedanken der Aufklärung wieder. Held des Stückes ist der reiche jüdische Kaufmann Nathan, der als weiser und großzügiger Mensch charakterisiert wird. Er setzt sich für Toleranz zwischen Christen, Juden und Muslimen ein. Schauplatz ist das durch die drei großen Religionen geprägte Jerusalem. Lessings Stück löste bei vielen Zeitgenossen Empörung aus. Juden hatten zu dieser Zeit in Deutschland die Stellung einer unterdrückten Minderheit.

Mendelssohn – ein jüdischer Aufklärer

Als Vorbild für die Figur des Nathan diente Lessing sein Freund Moses Mendelssohn, ein jüdischer Seidenfabrikant aus Berlin. Bekannt wurde Mendelssohn als Gelehrter, Philosoph und Schriftsteller, der die Ideen der Aufklärung vertrat. Er schrieb nicht in jüdischer Sprache, sondern in einem Deutsch, das als sehr schön galt. Seinem jüdischen Glauben blieb er dabei immer treu, betrachtete ihn aber als seine private Angelegenheit.

Doch wie viele Menschen jüdischen Glaubens wurde auch Mendelssohn immer wieder wegen seiner Religion benachteiligt oder angegriffen. Auch wenn Mendelssohn sich gegen die Benachteiligungen der jüdischen Bevölkerung wehrte, setzte er doch auf die Verständigung zwischen Juden und Christen. So machte er es sich zur Aufgabe, seine jüdischen Mitbürger im Sinne der Aufklärung „zu erziehen". Sie sollten aus ihrem rein jüdischen Lebenskreis heraustreten und sich in das übrige gesellschaftliche Leben in Deutschland eingliedern. Er setzte sich außerdem dafür ein, dass die Juden als gleichberechtigte Staatsbürger leben konnten.

Kritik am Absolutismus

Auch andere Schriftsteller dieser Zeit griffen zur Feder gegen den Absolutismus. Gottfried August Bürger kritisierte in seinem Gedicht „Der Bauer. An seinen Durchlauchtigen Tyrannen" die Unterdrückung der Bauern durch die Fürsten. Das in einer fiktiven Anrede verfasste lyrische Werk stellt den Machtanspruch von Gottesgnaden in Frage. Die Repräsentanten des Absolutismus werden offen als Tyrannen angesprochen: „Gott spendet Segen aus; du raubst! Du nicht von Gott, Tyrann!".

2 *Gotthold Ephraim Lessing (Mitte) mit Johann Kaspar Lavater (rechts) bei Moses Mendelssohn* (Kupferstich von S. Maier, um 1860). Das Bild zeigt die Mendelssohn'sche Wohnung in Berlin; in der Tür steht Mendelssohns Ehefrau Fromet Gugenheim. Moses Mendelsohn stammte ursprünglich aus Dessau. Mit 14 Jahren trennte er sich von seiner Familie und zog nach Berlin. Seinen jüdischen Familiennamen „ben Mendel" deutschte er ein.

3 *Über Religion und Vernunft schreibt Mendelssohn in einem Brief:*

Aber ich selbst kann die Wahrheit nicht anders als nach meiner Überzeugung annehmen und ich gestehe, dass mir die angeführten Sätze (in der Bibel) den ersten Gründen menschlicher Erkenntnis schnurstracks zu widersprechen scheinen. Ich kann sie meiner Überzeugung nach mit dem, was mich Vernunft und Nachdenken von dem Wesen der Gottheit und ihren Eigenschaften gelehrt hat, nicht in Harmonie bringen und bin also gezwungen, sie zu verwerfen.

4 *Von Beleidigungen und Angriffen berichtet Mendelssohn 1780 einem Freund:*

Allhier, in diesem sogenannten duldsamen Land, lebe ich gleichwohl so eingeengt durch wahre Intoleranz, so von allen Seiten beschränkt, dass ich meinen Kindern zuliebe mich in eine Seidenfabrik (…) einsperren muss. Ich ergehe mich zuweilen des Abends mit meiner Frau und meinen Kindern. „Papa", fragt die Unschuld, „was ruft uns jener Bursche dort nach? Warum werfen sie mit den Steinen hinter uns her? Was haben wir ihnen getan?" „Ja, lieber Vater", spricht ein anderes, „sie verfolgen uns immer in den Straßen."

5 *Auch der Freiherr Christian Wilhelm von Dohm, ein Freund Mendelssohns, forderte die Gleichberechtigung der Juden:*

Unseren fest gegründeten Staaten muss jeder Bürger willkommen sein, der die Gesetze beobachtet und durch seinen Fleiß den Reichtum des Staates vermehrt. (…) Auch der Jude hat auf diesen Genuss der bürgerlichen Gesellschaft (…) Anspruch. Seine Religion macht ihn derselben nicht unwürdig, da er bei strengster Befolgung derselben ein sehr guter Bürger sein kann. (…) Nur verfolgungssüchtige Priester haben Märchen von den Juden gesammelt, die nur ihre eigenen beweisen.

1 Erkläre, was das Neue und Besondere an Lessings Haltung war (VT). Warum ist sie kennzeichnend für die Aufklärung?

2 Fasse Mendelssohns Einstellung und Gedanken zusammen: als Philosoph, als Jude sowie als „Erzieher" seiner jüdischen Mitbürger (VT, Q3, Q4).

3 Zeige auf, welchen Benachteiligungen Mendelssohn, seine Familie und alle anderen Menschen jüdischen Glaubens in Deutschland ausgesetzt waren (VT, Q4).

4 Wie begründet Freiherr von Dohm seine Forderung nach der Gleichstellung der Juden (Q5)? Erkläre.

7 Methode
Das Alltagsleben in der vorindustriellen Zeit an Stationen erarbeiten

Du hast auf den vorherigen Seiten viel über die Epoche der Aufklärung gelernt. Sind die Ideen der Philosophen auch umgesetzt worden? Hat sich der Alltag der Menschen dadurch verändert?

Bilde dir zu dieser Frage an den fünf folgenden Lernstationen deine eigene Meinung. Du solltest sie in einer abschließenden Diskussion in der Klasse mit guten Argumenten vertreten können.

So arbeitet ihr an Stationen

1. SCHRITT: Stationen vorbereiten
Baut das Klassenzimmer nach den Anweisungen der Lehrerin/des Lehrers um. Jede Station sollte doppelt vorhanden sein. Nummeriert die Lernstationen.
Legt ein aufgeschlagenes Schulbuch (Zeitreise Band 3) mit der entsprechenden Doppelseite auf den Tisch.
An jeder Station liegt zudem die jeweilige Aufgabe (diese Doppelseite des Buches).

So könnte euer Laufzettel aussehen:

Lernstation	Hauptaufgaben	Zusatzaufgaben
1 Ständische Ordnung in der vorindustriellen Zeit		
2 …	✗	
3 …	✗	✗
4 …		
5 …	✗	

2. SCHRITT: Laufzettel vorbereiten
Fertigt einen persönlichen Laufzettel an. So könnt ihr kontrollieren, welche Stationen ihr schon bearbeitet habt. Heftet euren Laufzettel in euren Geschichtsordner ein. Die Reihenfolge der Stationen könnt ihr frei wählen.

3. SCHRITT: An den Stationen arbeiten
Die Lernstationen behandeln verschiedene Aspekte des Lebens in der vorindustriellen Zeit. Ihr könnt die dort gestellten Aufgaben in Einzel-, Partner- oder Gruppenarbeit lösen.
Euer Arbeitstempo bestimmt ihr selbst. Die Hauptaufgaben an den fünf Stationen solltet ihr in der zur Verfügung stehenden Zeit bearbeiten. Bei den Zusatzaufgaben könnt ihr je nach Zeit und Interesse entscheiden.

4. SCHRITT: Ergebnisse präsentieren und Meinungen austauschen
Vergleicht zunächst eure Arbeitsergebnisse. Diskutiert anhand eurer Ergebnisse dann folgende Frage: Hat die Aufklärung Auswirkungen auf den Alltag der Menschen gehabt?

Lernstation 1
Ständische Ordnung in der vorindustriellen Zeit

Material	Aufgaben
DS 8 VT, Q2 VT	**Hauptaufgaben:** 1. Zeichne anhand der Informationen im Verfassertext eine Ständepyramide in deinen Ordner. Die Randgruppen gehören nicht zur Gesellschaft, somit auch nicht in die Ständepyramide. Versuche, sie dennoch in deine Zeichnung zu integrieren. 2. Wie konnte man die Angehörigen der unterschiedlichen Stände in der Öffentlichkeit erkennen? Gab es auch Unterschiede bei der Anrede? Schreibe die Lösungen in deinen Ordner.
VT	**Zusatzaufgabe:** Versetze dich in die Lage eines armen Tagelöhners, der seine erste Nacht in der Stadt im Armenhaus verbringen muss. Beschreibe in eigenen Worten, warum du dein Dorf verlassen hast und was du vom Leben in der Stadt erwartest.

Lernstation 2
Leben und Arbeiten in der Stadt und auf dem Land

Material	Aufgaben
DS 9	**Hauptaufgaben:**
VT, Q4	1. Das Leben in den Städten spielte sich auf dem Marktplatz ab. Zeichne eine Tabelle in deinen Ordner mit allen Personen, die sich dort trafen und trage dann ein, welche Aufgaben sie hatten. Denk dabei an Händler, Kaufleute, Beamte, Bauern, Ratsherren, Musikanten, Fahrende, …
VT, Q2	2. Die Menschen auf dem Land versorgten sich selbst mit Nahrungsmitteln. Wie kam es dennoch immer wieder zu Hungersnöten? Schreibe deine Antwort in deinen Ordner.
VT, Q1, Q4	**Zusatzaufgabe:** Du lebst in einem kleinen Dorf nahe der Stadt. Heute darfst du zum ersten Mal deinen Vater auf den Markttag in der Stadt begleiten. Beschreibe mit eigenen Worten deine Eindrücke von der Stadt und dem Treiben auf dem Marktplatz.

Lernstation 3
Nur Folter und Galgen? – Rechtsfindung und Rechtsvollstreckung

Material	Aufgaben
DS 10	**Hauptaufgaben:**
VT, Q2	1. Schuldig oder unschuldig? Du bist Richter an einem Landgerichtshof. Vor dir steht ein Mann, der des Raubes beschuldigt wird. Welche Möglichkeiten der Rechtsfindung und Rechtsprechung stehen dir zur Verfügung? Beschreibe dein Vorgehen und verfasse ein Urteil.
Q3	2. Im Jahre 1682 wurde in München ein „Zuchthaus" eingerichtet. Führe in einer Tabelle mögliche Insassen und ihre Straftaten auf.
Q4	**Zusatzaufgabe:** Informiere dich über das Schicksal der Margareta Brandt. Verfasse anschließend einen Brief an den zuständigen Richter, in dem du ihm darlegst, dass die Rechtsprechung nicht mehr zeitgemäß ist.

Lernstation 4
Weite Wege, schlechte Karren

Material	Aufgaben
DS 11	**Hauptaufgaben:**
VT, Q2	1. Erstelle eine Liste in deinem Ordner und führe alle Probleme auf, die ein Reisender zu Fuß, mit der Kutsche oder zu Wasser haben konnte.
Q3	2. Du hast dich entschieden, deine nächste Reise mit der Postkutsche zu unternehmen. Was könnte dich erwarten? Schreibe deine Erlebnisse auf.
ADS	**Zusatzaufgabe:** Skizziere eine Karte mit den wichtigsten Reiserouten in Deutschland in deinen Ordner.

Lernstation 5
Information und Bildung in der vorindustriellen Zeit

Material	Aufgaben
DS 12	**Hauptaufgaben:**
VT, Q2	1. Einige Ideen der Aufklärung wurden in der Bildung verwirklicht. Zeige auf, wie sich die Ansichten zur Schule änderten.
VT, Q1, Q6	2. Der Alltag eines Schülers im 18. Jahrhundert ist mit deinem kaum zu vergleichen. Stelle Gemeinsamkeiten und Unterschiede in einer Tabelle heraus.
DS 12 VT	**Zusatzaufgabe:** Du gehst morgen den ersten Tag in die neu errichtete Schule. Deine Eltern sind nicht sehr begeistert, da sie dich für die Arbeit auf dem elterlichen Hof als Arbeitskraft nicht entbehren wollen. Führe Argumente auf, welche eine Schulbildung für dich zu einem Gewinn machen können. Du möchtest deine Eltern überzeugen!

8 Ständische Ordnung in der vorindustriellen Zeit

ständische Ordnung
Gesellschaftsordnung im Absolutismus, in der die Bevölkerung in unterschiedliche Ränge eingeteilt war. Adel und Klerus standen in der Hierarchie ganz oben. Am Ende der gesellschaftlichen Ordnung befanden sich die Bauern.
Rechtlose Randgruppen, standen außerhalb der Gesellschaft.

Die ständische Ordnung

Während der Zeit des Absolutismus und schon Jahrhunderte zuvor war die Gesellschaft in Stände gegliedert. Die Menschen wurden in die Stände hineingeboren und hatten kaum Möglichkeiten, in der Rangordnung aufzusteigen. Diese *ständische Ordnung* wurde von allen akzeptiert, denn sie galt den Menschen als gottgewollt. Auch die Zeit der Aufklärung konnte an der ständischen Ordnung zunächst nicht rütteln. Dabei widersprach die strenge Rangordnung doch den Ideen der Aufklärung, nach denen jeder Mensch frei und gleich sei.

Das ständische Leben

So blieb auch in der Zeit nach der Aufklärung die Gesellschaft bis ins 19. Jahrhundert hinein streng von oben nach unten gegliedert. An der Spitze standen Klerus und Adel. Darunter folgten die nichtadligen Bürger, Kaufleute, Handwerker und Soldaten. Am unteren Ende schließlich hatte die große Gruppe der Bauern die wenigsten Rechte. Am Rande oder sogar außerhalb der Gesellschaft und somit weitgehend rechtlos lebten Bettler, Gaukler, Fahrende aber auch Juden und so genannte Zigeuner. Begründet wurde diese Ausgrenzung durch deren Herkunft oder Religion, deren Aussehen oder auch deren Lebensweise.

Q1 *Londoner Bettlerin mit zwei Kindern* (Zeichnung um 1688)

Die Schranken zwischen den Ständen waren nur schwer zu überwinden. Manchmal ermöglichte eine Heirat den Zugang zu einem höheren Stand. Nur selten konnte ein Bürgersohn durch ein Studium aufsteigen und im Dienste eines Fürsten einen Adelstitel erhalten. Allerdings gab es auch innerhalb eines Standes große Unterschiede: Zum städtischen Bürgertum gehörten sowohl studierte Ärzte und Anwälte als auch Händler und Kaufleute.
Mit Kleiderordnungen versuchten die Regierenden in Stadt und auf dem Land die Unterschiede der Stände auch nach außen sichtbar zu machen. Diese Ordnungen schrieben vor, welcher Stand welche Kleidung tragen durfte. Auch wurden die Personen der einzelnen Stände unterschiedlich angeredet. Die Bauern wurden geduzt. Rief ein Adliger einen Bürger zu sich, hieß es: „Komme Er her!“ Vorgesetzte oder Adlige wurden mit „Ihr“ angesprochen.

Armut in Stadt und Land

Die meisten Menschen lebten in dieser Zeit auf dem Land. Auch hier gab es Unterschiede zwischen den Großbauern, Amtleuten, Pfarrern, Landarbeitern, Tagelöhnern und Leibeigenen. Weil die Einkommensverhältnisse immer schlechter wurden, waren Ende des 18. Jahrhunderts etwa zwei Drittel der ländlichen Bevölkerung nicht mehr in der Lage, sich ausreichend zu ernähren. Viele wanderten in die Städte in der Hoffnung, hier Arbeit zu finden. Häufig hatten sie kein Glück. Mancher landete für kurze Zeit im Armenhaus und erhielt eine geringe Unterstützung aus der Armenkasse. Das war ein Problem für die Städte, denn die Kosten trug die Stadtkasse. Die Städte versuchten, bedürftige Menschen schnell los zu werden. Mit dem Bau von Hospitälern versuchten wohltätige Bürger oder auch Äbte und Pfarrer, die große Not zu lindern. Diese Häuser waren im Mittelalter als Krankenhäuser eingerichtet worden. Nun nahmen sie neben Kranken auch arme und alte Menschen auf.

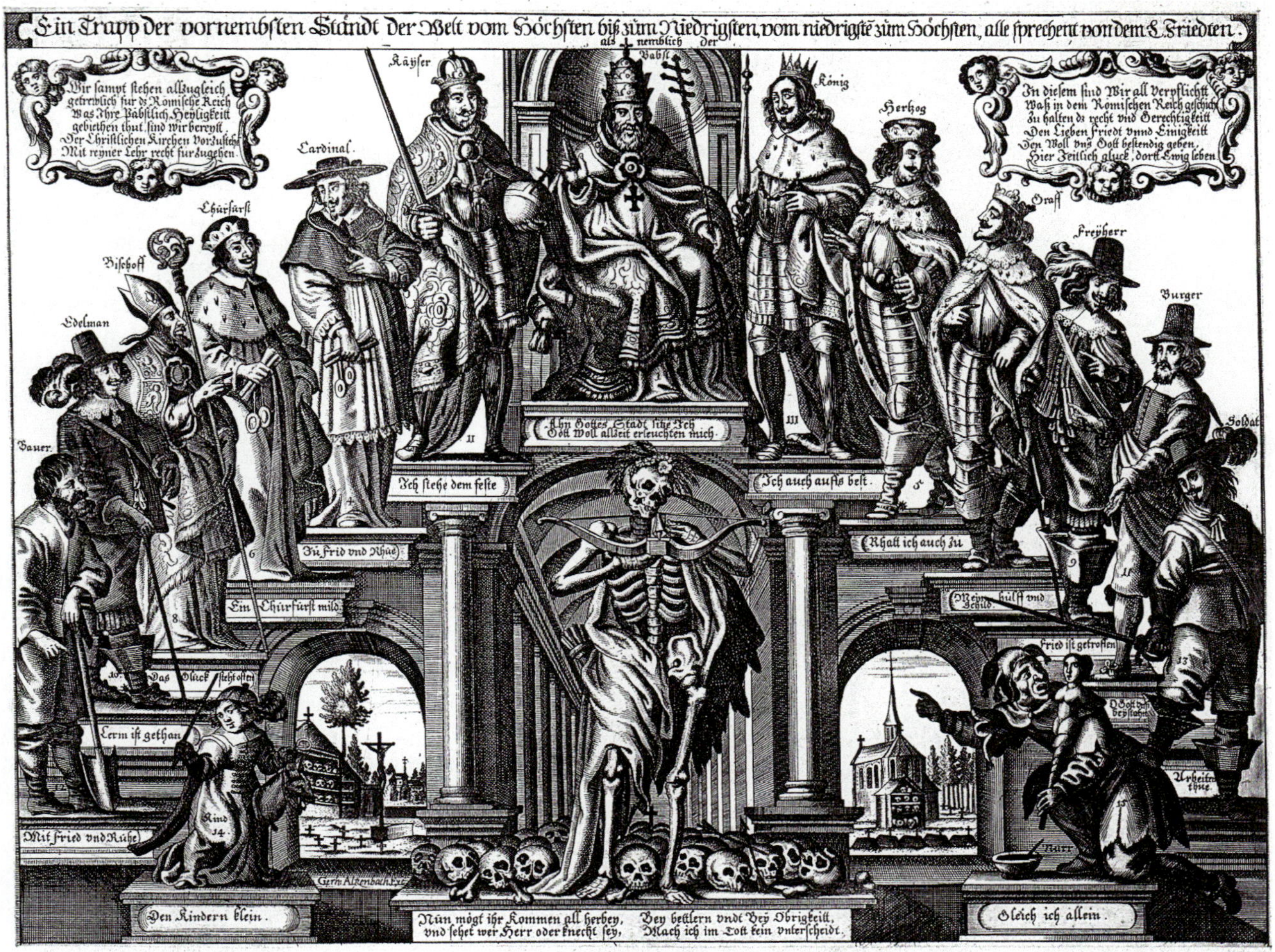

Q2 *Ständehierarchie* (Kupferstich aus dem 17. Jahrhundert von Gerhard Altzenbach). Dieses Bild wurde in Köln auf einem Flugblatt veröffentlicht. – Welche Bedeutung hat wohl der Tod?

Q3 *Im 18. Jahrhundert wurden Menschen, die keinem ehrbaren Beruf nachgingen, aus der Gesellschaft ausgegrenzt. In Württemberg zählte eine Verordnung aus dem Jahr 1747 solche Personengruppen auf:*

Fremde und einheimische Vaganten und Bettler, Landstreicher, Deserteure, Hackbrettler, Sackpfeifer und dergleichen, herumziehende Spielleute, fahrende Schüler, Scheuren-Krämer, welche sonderlich mit allerhand geringen Sachen z. B. Zahnstierer, Zahnpulver, Arzneien, Haar-Puder, Blumensträußen, Schuhschwärze, gedruckten Liedern, die sie wohl auch absingen, und dergleichen herumgehen, Taschenspieler, Gaukler, Tierführer, Quacksalber, (...) mit keiner fürstlichen Konzession versehene Kollektanten, unbekannte Fremde, im Land nicht ansässige Bürstenbinder, Kessler.

Q4 *Aus einer Kastenordnung*[1] *von 1559:*

Damit den Einwohnenden dürftigen armen Leuten desto stattlicher und reichlicher geholfen / und andere Beschwerlicheit und Unrat / so von den fremden Bettlern und Vagabunden bisher an vielen Orten und Enden offensichtlich und beschwerlich / begegnet ist / verhütet werden mögen / So wollen und gebieten wir ernstlich / dass alle Vagabunden (...) / weder auf den Jahrmärkten / noch zu andern Zeiten nicht gelassen / darinnen gar nicht geduldet / denn diese im Schein angemaßter Armut allerlei Brand / Mord / Raub / Diebstahl und Verräterei anrichten und üben / zudem mit ihrer Faulheit / gleich wie die Hummel / dem arbeitsamen Bienlein den armen Bedürftigen das Brot vor dem Mund abzuschneiden verstanden.

1 Kasten = Almosenkasten

1 *Erkläre die Ständeordnung im Absolutismus (VT, Q2). Welche Personen stehen an welcher Stelle? Woran erkennst du, um welchen Stand es sich handelt?*

2 *Liste alle Personen aus Q3 auf, die keinem „ehrbaren Beruf" nachgingen. Versuche zu erklären, was diese Menschen taten.*

3 *Wie ging man früher mit Randgruppen um (VT, Q4)? Überlegt, ob es heute auch noch Randgruppen in der Gesellschaft gibt.*

9 Leben und Arbeiten in der Stadt und auf dem Land

Q1 *Landbewohner bei der Feldarbeit* zeigt das Gemälde „Monatsbild März" des niederländischen Malers Peter Candid von 1612. – Welche landwirtschaftlichen Tätigkeiten kannst du erkennen?

Das Leben in der Stadt

Die meisten deutschen Städte des 17. und 18. Jahrhunderts waren aus heutiger Sicht relativ klein. Nur wenige Städte hatten mehr als 10 000 Einwohner, darunter Köln, Nürnberg, Ulm, München und Augsburg.
Das Zentrum der Städte waren ihre Märkte. Sie bildeten den Mittelpunkt für Handel und Handwerk. Hier trafen sich die Menschen, machten Geschäfte, priesen ihre Waren an und informierten sich über Neuigkeiten.
Adel, Kaufleute und Handwerker nahmen großen Einfluss auf die Belange der Stadt. Erst im Zug der Aufklärung wuchs der Einfluss des aufgeklärten Bürgertums. So übernahmen nach und nach Beamte wichtige Aufgaben in der Verwaltung. Ausbildung und Leistung ersetzte an mancher Stelle die Herkunft und den sozialen Status.
Auch wurden immer mehr städtische und kirchliche Schulen und sogar Universitäten gegründet, die Wissen und Bildung verbreiteten. Weiterhin nahm die Zahl der gedruckten Zeitungen stetig zu. Ansbach, Bayreuth, München oder Würzburg, bedeutende Residenzstädte, wurden zu Zentren der Aufklärung.

Die Veränderungen in den Städten und das Aufblühen städtischer Kultur führten jedoch zu keiner Verbesserung der Lebensbedingungen der untersten Gesellschaftsschicht: Dienstboten, Tagelöhner und auch die Angehörigen der sozialen Randgruppen wie Bader, Dirnen, Henker oder Totengräber fristeten ein armseliges Leben in den Vorstädten. Unter hygienisch unzureichenden Bedingungen und mangels ausreichender Ernährung waren sie besonders anfällig für Krankheiten. Besonders hart traf die städtische Bevölkerung die Zeit der Missernten.

Das Leben auf dem Land

Fast 80 % der Bevölkerung lebte bis weit ins 19. Jahrhundert in Dorfgemeinschaften auf dem Land. Zu diesen gehörten nicht nur Bauern, sondern auch Handwerker, Tagelöhner, Heimarbeiter, Mägde und Knechte. Die Menschen passten ihren Lebens- und Arbeitsrhythmus der Natur an. Sie richteten sich weitgehend nach den Jahreszeiten. Harte Arbeit unter einfachsten Bedingungen prägte den Alltag. Die Arbeit in der Landwirtschaft auf dem Feld und im Wald musste ohne die Hilfe von Maschinen verrichtet werden. Einfache „Häusler", Besitzer einer kleinen Hofstelle mit höchstens zwei Kühen, versuchten durch Zusatzarbeiten als Erntehelfer oder Schiffer ihren Verdienst zu verbessern. Angesehener und wirtschaftlich besser gestellt waren Handwerker wie der Schmied oder der Schreiner, denn die Bewohner benötigten ihre Dienste. Mit der Zunahme von Manufakturen im 18. Jahrhundert bot sich eine neue Verdienstmöglichkeit: Heimarbeit. Alle Mitglieder einer Familie arbeiteten als Lohnarbeiter z. B. im Leinengewerbe, in dem sie Tuche webten.
Die Grundherrschaft wurde erst Mitte des 19. Jahrhunderts abgeschafft. Bis dahin waren viele Bauern rechtlich an ihren Grundherrn gebunden, sie waren also unfrei. Dessen Mitspracherecht reichte weit in ihr Privatleben hinein, z. B. wenn es um einen Wohnortwechsel oder eine Heirat ging.

Q4 *Blick auf den Marktplatz* (Das Gemälde von Hendrick van Steenwyck zeigt den Markt einer niederländischen Hafenstadt um 1600). – Beschreibe das Markttreiben aus der Sicht eines Bauern, der erstmals in die Stadt kommt und dort seine Waren verkaufen möchte. Gehe dabei auch auf die Kleidung der Stadtbewohner und die Gebäude ein.

Missernten in den Jahrzehnten nach dem Dreißigjährigen Krieg	
1660–1663	1760–1762
1691–1693	1766–1768
1698–1699	1770–1773
1709–1712	1780–1784
1724–1725	1787–1790
1739–1741	1793–1795
1755–1757	1799–1800

D1 *Missernten* führten nach dem Dreißigjährigen Krieg immer wieder zu Hungerkatastrophen, in denen viele Menschen starben. Die oben stehenden Zeitabschnitte waren Hungerperioden in Deutschland.

Q2 *Aus dem Bericht eines Amtsarztes über eine Hungersnot im Jahr 1773:*

Die Patienten lagen ohne Hoffnung. Heu, Gartenfrüchte, Gemüse, Obst waren verdorben. Der wenige Vorrat wurde nass in die Scheune gebracht, das Geströtze (Spreu) konnte fast zu keinem Futter gebraucht und die ausgedroschenen Körner vor der Vermoderung nicht gerettet werden. (…) Auf drei Jahre dauernde Missernten folgte (…) eine unglaubliche Teuerung. Fürchterliche Not, äußerster Hunger bedrückte die arme Bevölkerung. (…) Kein Wunder also, dass die Elenden, um das armselige Leben zu erhalten, auf viehische naturwidrige Speisen – ich versteh darunter den Gebrauch des Grases, der Disteln, Kleienbrei, geröstete Haferspreu, Wicken und andere Früchte – verfallen mussten. Ja, die Not zwang sie sogar zu jener den Füchsen zur Fütterung dienenden Kost. Dieses waren ungewohnte Nahrungsmittel und sie hatten wesentlichen Einfluss auf das, was wir Fieber nennen.

Q3 *Die „Müllabfuhr", wie sie 1826 von einer Stadtverwaltung geregelt wurde:*

1. Jeden Morgen wenn der Kotwagen* zu erwarten ist, soll der Gassenkot zusammengefegt werden (…).
2. Unter den zusammengefegten Gassenkot ist kein Kummer [Schutt] zu mengen, sondern jeder muss diesen auf eigene Kosten wegschaffen. Auskehricht muss aus den Häusern auf den Wagen geschüttet werden.
3. Glühende Torfasche und Kohlen auf die Gasse oder in die Mistgrube zu schütten ist (…) verboten.
4. Zerbrochene Bouteillen [Flaschen], Topfscherben, Aas und dergleichen auf die Straße zu werfen ist (…) untersagt.

* „Kot" ist ein älteres Wort für „Schmutz"

1. *Vergleiche das Leben in der Stadt und auf dem Land (VT, Q1–Q4).*
2. *Erläutere, inwieweit die Menschen des 17. und 18. Jahrhunderts von der Natur abhängig waren (VT, D1, Q2).*
3. *Wähle eine Person aus Q1 und berichte aus deren Sichtweise über das Leben auf dem Land. Nutze auch den VT.*

10 Nur Folter und Galgen? – Rechtsfindung und Rechtsvollstreckung

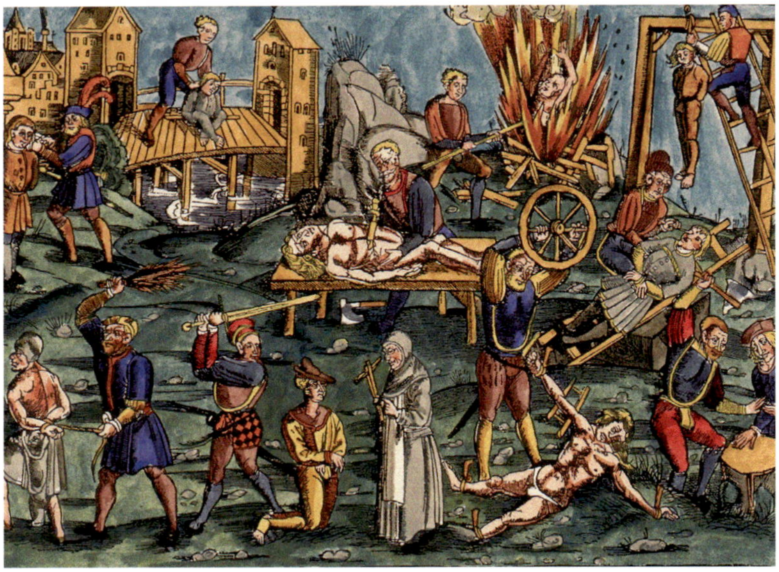

Q 1 *Hinrichtungen im 16. Jahrhundert* (Augsburger Holzschnitt von 1512)

A–Z

Folter
Bei der Folter werden einem Menschen schwere körperliche Schmerzen zugefügt, um ein Geständnis oder eine Auskunft zu erzwingen. Bis ins 18. Jahrhundert wurde die Folter in Strafprozessen angewandt. Heute gilt sie als menschenverachtende Praxis. In manchen Staaten wird sie trotzdem noch angewandt, um politische Gegner zu verfolgen und zu unterdrücken.

Schuldig oder unschuldig?
Das Zusammenleben der Menschen in der vorindustriellen Zeit war auch damals schon durch Gesetze geregelt. Verstieß jemand gegen diese Gesetze, wurde er bestraft.
Nach der Rechtsverfassung des 16. und 17. Jahrhunderts hing die Frage von Schuld oder Unschuld eines Verbrechers von seinem Geständnis ab. Niemand konnte aufgrund von Indizien bestraft werden. Wurde jemand eines Verbrechens angeklagt, wurde der Prozess von einem gelehrten Juristen durchgeführt. Bereits seit dem 16. Jahrhundert war dieses Verfahren durch die „Carolina", die „Peinliche Halsgerichtsordnung Kaiser Karls V." genau geregelt. Wo ein Geständnis fehlte, da versuchte man mithilfe der „peinlichen Befragung" Klarheit zu gewinnen – der Angeklagte wurde *gefoltert*.

Von der Folter ...
Die Methoden, der vermeintlichen Wahrheit auf die Spur zu kommen, waren unglaublich grausam: Zunächst wurden dem Angeklagten die Folterinstrumente gezeigt und deren Wirkungsweise vom Henker erläutert. Gestand der Angeklagte nicht, wurden beispielsweise die Daumenschrauben zunächst „nur" angelegt. Meist war die Angst des Angeklagten vor den drohenden Schmerzen nun schon so groß, dass er gestand.
Bei schwerwiegenden Anklagen, wie Mord, Raub oder angeblicher Hexerei und Zauberei, zögerte man auch nicht, Geständnisse durch Folter zu erreichen. Die meisten Menschen gestanden allerdings sehr schnell.
Auf das Geständnis folgte das Urteil. Körperstrafen oder Hinrichtungen wurden öffentlich vollzogen, um mögliche Nachahmungstäter abzuschrecken und um zu zeigen, dass Verbrechen gesühnt werden. Für die Bevölkerung waren Hinrichtungen ein Spektakel, das man sich nicht entgehen lassen durfte.

... zum Gefängnis
Mit den Gedanken der Aufklärung änderte sich auch das Rechtsempfinden. Das Bewusstsein, dass die Folter unmenschlich sei, setzte sich immer mehr durch. Doch erst gegen Ende des 18. Jahrhunderts wurde das Strafrecht verändert. Anstelle der grausamen Körperstrafen wurden zunehmend Freiheitsstrafen verhängt. Verbrechen, die gegen die Sittlichkeit und Moral der Zeit verstießen, wurden dabei meist genauso hart bestraft wie Diebstahl und Mord. Diese schweren Verbrechen wurden überwiegend von Männern begangen.
Aber auch Frauen tauchen in den Prozessakten der damaligen Zeit auf, vor allem wegen einer Anklage: Das Töten ihres neugeborenen Kindes nach einer ungewollten, unehelichen Schwangerschaft. Manche verzweifelte junge Frau sah darin den einzigen Ausweg, öffentlicher Schmach und einer Verurteilung wegen „unzüchtigen Verhaltens" zu entgehen. Uneheliche Kinder galten in der damaligen Gesellschaft nämlich als Schande.

Q2 *Die „Peinliche Halsgerichtsordnung Kaiser Karls V." von 1532 (Auszüge):*

Gotteslästerung

106. Wenn jemand (...) mit seinen Worten Gott (...), die Allmächtigkeit Gottes, seine heilige Mutter, die Jungfrau Maria schändet, der soll (...) verhaftet, in Ketten gelegt und an Leib, Leben und Gliedern (...) gestraft werden.

Zauberei

109. Wenn jemand den Leuten durch Zauberei Schaden oder Nachteil zufügt, soll man ihn mit dem Tod bestrafen, und dies soll durch das Feuer geschehen.

Vergewaltigung

119. Wenn jemand einer unbescholtenen Ehefrau, Witwe oder Jungfrau mit Gewalt und gegen ihren Willen ihre Jungfräulichkeit oder weibliche Ehre nimmt, der hat das Leben verwirkt und soll, wie ein Räuber, mit dem Schwert vom Leben zum Tod gerichtet werden.

Raub

126. Ein boshaftiger [vorsätzlicher], überführter Räuber soll (...) mit dem Schwert gestraft werden.

Q3 *Verordnung über die Einrichtung eines „Zuchthauses" in München im Jahr 1682:*

Damit unheilvolles Gesindel vertrieben, übermütige Herrendiener, schlechte Ehegatten und schlechte Dienstboten, liederliche Handwerksburschen, nichtsnutzige Lehrjungen und sträfliche Schüler in besserem Zaum, Gehorsam und Respekt gegen ihre Herrschaften, Meister und Lehrer gehalten, die ungeratenen Kinder gegen ihre Eltern zu besserem Gehorsam gebracht werden, faule Handlanger und Tagwerker, die lieber feiern, als um Lohn arbeiten, zur Buße, Arbeit und besserem Lebenswandel gebracht werden oder an einen solchen Ort gesetzt werden, an dem sie niemand mehr belästigen, hat Ihre Kurfürstliche Durchlaucht beschlossen, ein Zuchthaus in München errichten zu lassen. (...) Darin sind bereits schlimme Leute untergebracht und werden bei schlechtem Essen und harter Arbeit mit Rutenzüchtigung oder auf anderem Weg empfindlich bestraft. Auch diejenigen, die gegen Geistliche und Weltliche allerhand Lügen aufbringen und die diese Verordnung schmähen, gehören hier hinein.

Q4 *Margareta Brandt – ein Frauenschicksal im 18. Jahrhundert:*

Susanna Margareta Brandt, eine 22-jährige verwaiste Tochter eines Soldaten, diente seit längerem in einer Frankfurter Herberge. Sie galt als zuverlässig, fleißig und tugendhaft. Als Ende 1770 der Bedienstete eines holländischen Kaufmanns in der Herberge übernachtete, bedrängte er sie, mit ihm zu schlafen. Sie gab seinem Werben nach. Als sie kurz danach eine Schwangerschaft vermuten musste, versuchte sie, dies allen Mitbewohnern zu verheimlichen.

Nachdem Margareta ihr Kind allein auf dem Abort zur Welt gebracht hatte, erschlug sie es und verließ heimlich die Herberge. Das tote Kind wurde kurz darauf von der Wirtin entdeckt und die Kindsmörderin daraufhin steckbrieflich gesucht. Nach zwei Tagen stellte sie sich allerdings selbst, getrieben von „Gewissensangst". Es folgten Verhöre und der Prozess, in welchem Margareta zum Tode verurteilt wurde. Am 14. Januar 1772 wurde sie öffentlich mit dem Schwert hingerichtet.

Susanna Margareta Brandt war die letzte Frau, die in Deutschland wegen Kindsmord hingerichtet wurde.

Q5 *Ledige Mütter wurden hart bestraft* (Kupferstich von Daniel Chodowiecki, Ende des 18. Jahrhunderts).

1. *Liste die Straftaten auf, die im VT und in Q2 bis Q4 genannt werden. Welche Strafen standen auf diese Delikte?*
2. *Überlege, warum sich gerade gegen Ende des 18. Jahrhunderts die Strafpraxis änderte (VT).*
3. *Recherchiere im Internet, ob es heute noch Staaten gibt, in denen gefoltert wird.*

11 Weite Wege, schlechte Karren

Q1 *Offene, ungefederte Postwagen aus Korbgeflecht verkehrten bis weit ins 19. Jahrhundert.* Die Reisenden saßen auf Holzbänken, die Füße auf den Gepäckstapeln (Aquarell von Georg E. Opitz, um 1825).

Reisen zu Land …

Reisen war in der vorindustriellen Zeit eine Qual. Gute Straßen, Brücken oder Wegweiser gab es so wenig wie Herbergen, in denen die Menschen ausruhen konnten. Der Zustand der wenigen Straßen war schlecht, Schlaglöcher wurden notdürftig mit Erde und Reisig aufgefüllt. Bei Regen verwandelten sich die Wege in Schlammwüsten. Nur vereinzelt waren die Straßen gepflastert.

Die meisten Menschen gingen zu Fuß, weil sie sich nichts Besseres leisten konnten. Viele Menschen liefen gar barfuß, aus Armut, wegen der Hitze oder wegen des unbequemen Schuhwerks. Sie kamen nur langsam voran. Aber auch wer genug Geld hatte, um mit einer Kutsche zu reisen, war nicht viel schneller, denn mehr als 40 Kilometer am Tag schaffte man auf den schlechten Wegen nicht. Reisen war zudem auch gefährlich, denn nicht selten wurden Reisende von Räubern überfallen und ausgeraubt.

Daher reisten die wenigsten Menschen zum Vergnügen. Die meisten waren aus beruflichen Gründen unterwegs. Dabei mussten sie an Stellen, die man nur schwer umgehen konnte, z. B. Brücken und Flussläufe, Zölle, Straßengebühren oder Wassergelder bezahlen.

Eine wichtige Neuerung im Straßenbau war der Bau von Kunststraßen, den „Chausseen". Sie besaßen einen festen Untergrund aus Steinen und waren so breit gebaut, dass auch Gegenverkehr möglich war. Nach dem Vorbild Frankreichs wurden diese Straßen im 18. Jahrhundert zunächst in süddeutschen Staaten, später auch in anderen deutschen Ländern, angelegt.

… und auf dem Wasser

Für den Transport von Waren über weite Strecken war am besten der Wasserweg geeignet. Der Rhein und die Donau waren bereits im Mittelalter als Transportwege genutzt worden. Gesteuert wurden die Schiffe von einem erfahrenen Schiffer, da die größeren Flüsse nicht begradigt waren und oft ihren Lauf innerhalb eines Jahres änderten. Die Lademenge eines Schiffes erreichte nur auf den größeren Flüssen und Kanälen 100 Tonnen und mehr. Aber auch auf kleineren Flüssen war es möglich, Waren zu transportieren – allerdings in geringeren Mengen. Insgesamt umfasste das System der Flüsse, auf denen Schiffe Waren befördern konnten, ungefähr 6000 Kilometer.

Mit der Postkutsche unterwegs

Zu einem relativ verlässlichen Transportmittel entwickelten sich in der vorindustriellen Zeit die Postkutschen. Durch ein immer enger werdendes Netz an Postämtern ließen sich immer mehr Orte und Stationen anfahren. Dies geschah bald nach einem festgelegten Fahrplan. Um 1800 benötigte eine Postkutsche für den Weg von Berlin nach Frankfurt etwa 65 Stunden.

In Bayern ist die Entwicklung des Postwesens eng mit dem fürstlichen Haus Thurn und Taxis verbunden, das es seit 1615 als kaiserliches Erblehen ausführte. Anfang des 19. Jahrhunderts ging das Postwesen auf das Königreich Bayern über. Immer mehr Postämter entstanden im Land. Von dort aus brachten reitende Boten die Post in umliegende Ortschaften.

Q4 *Die überschwemmte Landstraße* – so sahen im 17. Jahrhundert die besseren Fahrwege aus. Die ungefederten Wagen, Fracht- und Personenwagen zugleich, waren mit Lederplanen bespannt (Gemälde von Jan Brueghel d. Ä., 1614).

Q2 *Ein Reisender aus Schweden beklagt sich 1805 beim sächsischen Kurfürsten:*

Lassen Eure Kurfürstliche Durchlaucht sich das Fuhrwerk, welches von Jena nach Halle geht, vorzeigen. Sie werden selbst finden, dass es keinen Stuhl, keinen bequemen Sitz, keine Bedeckung, kurz weder die geringste Bequemlichkeit, Sicherheit noch Schutz darbietet; man ist in Lebensgefahr auf demselben, besonders zur Nachtzeit, wo so leicht die Reisenden der Schlaf überfällt und er wegen Mangel an Lehnen, an Sitz, Stuhl jeden Augenblick befürchten muss, vom Wagen herunterzufallen und zwischen den Rädern auf schreckliche Weise verstümmelt zu werden.

Q3 *Der Bericht der Schriftstellerin Johanna Schopenhauer (1766–1838) von ihrer Reise durch Westfalen 1787 schildert die Schwierigkeiten, die damals mit einer Kutschfahrt verbunden sein konnten:*

Hilfreiche Bauern begleiteten uns oft große Strecken weit, um unsern Wagen an recht gefährlichen Strecken vor dem Umfallen zu bewahren oder mit langen Hebebäumen ihn aus den Löchern zu lüften, in die er versank. In den (...) Nachtquartieren lauschte ich Nächte hindurch dem traulichen Gepiepe gesellig mich umtanzender Mäuse, in den vereinzelt liegenden Posthaltereien, wo wir anhielten, um Pferde zu wechseln, und ich aus dem Wagen stieg, um von der langwierigen Session[1] in demselben mich zu erholen (...). Übrigens war es unmöglich, hier aufrecht zu gehen oder zu stehen, ohne zu ersticken, denn wegen der unter dem Dache zum Räuchern aufgehängten Schinken und Speckseiten, dem weltberühmten Erzeugnis dieses Landes, war das Gebäude mit keinem Schornsteine versehen und eine undurchdringlich dicke Rauchsäule senkte bis etwa zwei Ellen über dem Fußboden sich von oben herab, die den ganzen übrigen Raum ausfüllte. (...) Wir reisten ab, anfangs ging alles herrlich bis ungefähr eine Viertelstunde vor der Stadt, dann aber empfing uns die grässlichste aller westfälischen Chausseen, die unsere Geduld und unseren Wagen bis jetzt auf die Probe gestellt hatten, eine Sammlung der größten ganz unbehauenen sorglos übereinander hingeworfenen Feldsteine bildete diesen Weg, so mag vor der Schöpfung die Welt ausgesehen haben! Schritt für Schritt krochen die Pferde vorwärts, bis endlich unser Wagen es müde wurde. Ein heftiger Stoß, ein lauter Krach, und da lagen wir mit einer zerbrochenen Achse bei einbrechender Nacht und heftig strömendem Regen mitten im Wege. Guter Rat war hier teuer, weit und breit kein Gasthof, kein schützendes, nicht mit Rauch angefülltes Obdach.

1 Session: Sitzungsperiode, auch Zeitabschnitt

1 Beschreibe, wie die Menschen im 18. Jahrhundert reisten und ihre Waren transportierten. Wovon waren sie abhängig, welche Schwierigkeiten konnten auftreten (VT, Q1–Q4)?

2 Untersuche die Karte auf der Auftaktdoppelseite (S. 48) und zeige auf, wie die Hauptverkehrswege verliefen. Was bedeutete dies für Reisen und den Transport von Waren?

3 Reisen früher – Reisen heute. Stelle eine Tabelle auf und vergleiche folgende Punkte: Transportmittel, Dauer, Bequemlichkeit, Sicherheit. Berücksichtige dabei eigene Erfahrungen und recherchiere fehlende Informationen im Internet.

4 Du planst mit deiner Familie eine Reise nach Wien. Wie lange braucht ihr: a) mit der Bahn? b) mit dem Auto? c) zu Fuß? Nutze den Atlas und das Internet für deine Antworten.

5 Gibt es heute noch Menschen, die nur zu Fuß unterwegs sind?

12 Information und Bildung in der vorindustriellen Zeit

Q1 *Unterricht in einer Dorfschule:* Die Schülerzahl in einer Klasse war sehr groß. Auf diesem Gemälde von Johann Peter Hasenclever nach einer Vorlage aus dem Jahr 1784 unterrichtet ein Schulmeister eine Klasse unterschiedlich alter Schüler. Die Lehrer an solchen Dorfschulen hatten keine spezielle Ausbildung. Lesen und Schreiben fiel ihnen häufig selbst schwer. Sie erhielten einen sehr geringen Lohn und arbeiteten deshalb häufig nebenbei als Organisten oder Küster.

Aufklärung macht Schule

Die Aufklärung ebnete mit ihrem neuen Menschenbild den Weg in die moderne Gesellschaft. Nun bekam auch die Erziehung eine neue Bedeutung. Bislang hatte man Kinder als kleine Erwachsene angesehen: Sie lernten im elterlichen Haushalt mit oder wurden in Schulen gedrillt.

Nun begannen Pädagogen sich speziell mit Kindern zu beschäftigen: mit ihrer Entwicklung, ihrem Verhalten und ihren Fähigkeiten. Sie gingen davon aus, dass die Kindheit ein eigener Lebensabschnitt ist und Kinder deshalb anders als Erwachsene behandelt werden müssen.

Beim Lernen sollte auf die Bedürfnisse und speziellen Fähigkeiten der Kinder Rücksicht genommen werden. Der Drill und das sture Auswendiglernen sollten durch ein eher spielerisches Lernen ersetzt werden, die Inhalte sollten für Kinder sinnvoll sein. Es wurden bald neue Schulen gegründet, die diesen Ideen folgten.

Aber nur wenige Kinder konnten diese modernen Schulen auch besuchen. Die meisten Kinder wurden in Dorfschulen unterrichtet, in überfüllten Klassen und von schlecht ausgebildeten Lehrern. Deren Unterricht beschränkte sich auf einfaches Lesen, Schreiben, Rechnen, Singen und Bibelkunde.

Schule für alle ...

Als im 18. Jahrhundert die Schulpflicht eingeführt wurde, war dies eine große Errungenschaft. Die meisten Fürsten legten in ihren Staaten fest, dass Kinder vom fünften bis zum 14. Lebensjahr zur Schule gehen mussten. Die Einführung der Schulpflicht erfüllte im absolutistischen Staat jedoch auch einen bestimmten Zweck.

Die Volksbildung sollte Wirtschaft und Militär unterstützen. In der Schule sollten aus den Untertanen tüchtige Handwerker, Kaufleute, Beamte und Soldaten werden, die treu und gehorsam ihrem Herrscher dienten.

Die bayerischen Schulen wurden noch bis zur Mitte des 18. Jahrhunderts überwiegend von den Kirchen getragen, erst dann wurden sie nach und nach staatlich. Um 1800 gab es in Bayern über 8000 Dörfer, davon besaßen ca. 6000 bereits eigene Schulhäuser.

... aber nicht jeden Tag

Obwohl die Schulpflicht für alle Kinder verbindlich war, konnte von einem regulären Schulbesuch keine Rede sein. Auf dem Land gingen die Kinder bis weit ins 19. Jahrhundert hinein ganz unregelmäßig zur Schule, denn im Sommer wurden sie meistens zu landwirtschaftlichen Arbeiten auf dem Hof der Eltern gebraucht.

Viel Schule, wenig Freizeit

Die wichtigsten weiterführenden Schulen waren die Lateinschulen. Als Hauptfächer wurden Latein und Religion unterrichtet, denn die Kinder sollten auf ein späteres Studium vorbereitet werden. Der Tagesablauf war streng geregelt: Unterricht von 7 bis 18 Uhr, dazu kamen noch regelmäßige Kirchgänge. Die Schüler mussten sich außerdem noch an manchen Feierlichkeiten beteiligen, beispielsweise bei Kirchweihfesten auftreten.

Q6 *Unterricht in einer Bürgerschule zu Beginn des 19. Jahrhunderts:* Die Kosten für die Schule und das Gehalt des Lehrers mussten die Eltern häufig selbst tragen.

Q2 *Auch der aufgeklärte König Friedrich II. von Preußen erließ für seinen Staat ein Schulgesetz, worin folgende Punkte festgelegt waren:*

Es wird auf folgende Weise [Schule] gehalten: In der ersten Vormittagsstunde wird ein Lied gesungen. Nach dem Gesang wird gebetet. Nach dem Gebet wird ein Stück aus dem Katechismus erklärt. In der anderen Vormittagsstunde wird das Lesen, Buchstabieren und das ABC vorgenommen. In der dritten Vormittagsstunde wird geschrieben und buchstabiert, ingleichen werden die Buchstaben gelernt.

Q3 *Auf eine freie Schulmeisterstelle bewarben sich 1729 ein Schuster, ein Weber, ein Schneider, ein Kesselflicker und ein Unteroffizier. Der 50-jährige Weber wurde letztlich gewählt. Dazu steht im Prüfungsprotokoll:*

Hat gesungen (…); doch Melodie ging ab in viele andere Lieder, Stimme sollte stärker sein, quäkte mehrmalen, so doch nicht sein muss. Gelesen Josua 19, 1–7 mit zehn Lesefehlern; buchstabierte Josua 18, 23–26 ohne Fehler. Dreierlei Handschriften gelesen – schwach und mit Stocken; (…) dictando [Diktat] geschrieben – fünf Fehler; des Rechnens auch nicht kundig.

Q4 *K. H. Neumann schrieb 1811 über die „Verbesserung des Landschulwesens in der Preußischen Monarchie“:*

Überall entweihten verdorbene Schneider, Garnweber, Tischler und abgedankte Soldaten das heilige Geschäft der Erziehung, die Bildung des Volks war in den Händen unwissender, roher, kraftloser, unsittlicher, halb verhungerter Menschen, die Schulen waren zum Teil wirkliche Kerker und Zuchthäuser. (…) Damit die Kinder lesen und den Katechismus auswendig und einige wenige ein paar Buchstabenreihen abmalen lernten: Dazu sollten die Kleinen 7 bis 8 Stunden in engen, dunklen und ungesunden Höhlen zusammengepresst und oft grausam misshandelt werden. Und doch lernten die Mehresten nicht einmal lesen, geschweige denn denken und vernünftig handeln. (…) War es bei diesen Umständen ein Wunder, dass die Masse des Volks in dem gepriesenen Zeitalter der Aufklärung wenig oder gar keine Fortschritte in seiner Bildung machte? (…) War es ein Wunder, dass die Lehrer mit Unlust (…) arbeiteten (…)?

Q5 *Jean-Jacques Rousseau schrieb 1762 über die Kindererziehung:*

Nie aber darf Zwang, sondern immer nur Lust oder das Verlangen [am Lernen] die Aufmerksamkeit [des Schülers] hervorbringen. Seid also stets auf der Hut und hört auf, bevor die Langeweile eintritt; denn es ist bei weitem nicht so wichtig, dass das Kind etwas lerne, als es wichtig ist, dass es nichts ungern tue. Dringt das Kind selbst mit Fragen in euch, so antwortet ihm so viel, als nötig ist, seine Wissbegier zu unterhalten, nicht aber, dass sie befriedigt wird. Stellt die Fragen seiner Fähigkeit gemäß! Es soll nicht dadurch Kenntnisse besitzen, dass ihr sie mitgeteilt habt, sondern dadurch, dass es sie selbst gefunden hat.

1 *Vergleiche Q1 und Q6. Wie verhalten sich die Kinder, wie sind sie gekleidet, wie werden die Lehrer dargestellt? Beschreibe auch die Räume, in denen der Unterricht stattfindet.*
2 *Zu welchen Erkenntnissen kamen die Philosophen bei ihrer Beschäftigung mit den Bedürfnissen von Kindern? Was hältst du von Rousseaus Ansichten (Q5)? Vergleiche seine Forderungen mit dem heutigen Unterricht.*
3 *Vergleiche den Stundenplan aus Q2 mit deinem Stundenplan. Was fällt dir auf?*
4 *Liste auf, welche Punkte des preußischen Schulwesens in Q4 kritisert werden. Nimm dazu Stellung.*

13 Abschluss

Europa im Zeitalter von Barock und Aufklärung

Brüder Asam
Künstler und Baumeister des Barock (Ende 17. bis Mitte 18. Jahrhundert)

Johann Balthasar Neumann
Baumeister des Barock (1687–1753)

Gian Lorenzo Bernini
Bildhauer und Architekt des Barock (1598–1680)

Johann Sebastian Bach
Komponist (1685–1750)

Isaac Newton
Physiker (1642–1727)

Galileo Galilei
italienischer Astronom und Mathamatiker (1564–1642)

Immanuel Kant
Philosoph (1724–1804)

John Locke
Philosoph (1652–1704)

Charles de Montesquieu
Schriftsteller und Philosoph (1679–1755)

Jean-Jaques Rousseau
Philosoph (1712–1778)

Barocker Glanz in Europa

Schloss Versailles vor den Toren von Paris wirkte sich auf die Bauweise in ganz Europa aus. Auch in Deutschland errichteten Fürsten, Fürstbischöfe und Reichsäbte im 17. und 18. Jahrhundert prächtige Schlösser, Residenzen, Klöster und Kirchen.
Von Italien verbreitete sich in dieser Zeit ebenfalls ein neuer Baustil in Europa: der Barock. Gebäude und Gegenstände zeichnen sich durch runde Formen, viele Verzierungen, Schnörkel und Vergoldungen aus. So unterstützte der neue Baustil die Fürsten und Bischöfe dabei, vor anderen Herrschern sowie vor ihren eigenen Untertanen und den Gläubigen zu glänzen.
Dagegen war das Leben der einfachen Menschen in den Städten und auf dem Land sehr hart. Viele Städte waren nach dem Dreißigjährigen Krieg zerstört, Häuser und Stadtmauern verfallen. Auf dem Land kam es häufiger zu Missernten, Kleinbauern verarmten und es drohten Hungersnöte. Viele Menschen zogen deshalb in die Städte, doch einigen blieb nichts anderes übrig, als ihr Leben auf der Straße als Bettler, Gaukler oder auch Räuber zu fristen. Als Randgruppe waren sie aus der ständischen Gesellschaft ausgeschlossen.

Die Aufklärung

Der Mensch soll seinen Verstand benutzen – das ist der wichtigste Grundsatz einer neuen Denkweise, die sich im 17. und 18. Jahrhundert verbreitete. Philosophen, Gelehrte und Forscher entwickelten ein neues Menschenbild. Demnach waren alle Menschen gleichberechtigt, sollten frei ihre Meinung sagen und ihre Religion ausüben können. Gesetze sollten für alle gleich sein – auch

für die Fürsten und den König. Sämtliche Vorrechte des Adels sollten abgeschafft werden.
Besonderen Anklang fanden die Aufklärer deshalb bei Männern und Frauen im Bürgertum. Sie hatten immer noch weniger Rechte als der Adel, obwohl mittlerweile das Bürgertum zur treibenden Kraft in der Wirtschaft und im kulturellen Leben geworden war.
Die neuen Gedanken setzten viele Veränderungen in Gang: In der Medizin, der Physik und Biologie wurden das Experimentieren und Naturbeobachtungen wichtig. Pädagogen reformierten die Erziehung, das Schulwesen und den Unterricht.

Aufgeklärter Absolutismus

Die Ideen der Aufklärung beeinflussten auch Friedrich II. von Preußen. Er regierte zwar immer noch als absolutistischer Herrscher, bezeichnete sich aber selbst als „erster Diener seines Staates". Friedrich führte einige Reformen durch, um seinen Staat im Inneren zu stärken: Er initiierte eine Rechtsreform der Gerichtsverfassung, gewährte weitreichende Religionsfreiheit und führte die allgemeine Schulpflicht ein.

- **17./18. Jh.** Prächtige Barockbauten entstehen in Bayern.
- **17./18. Jh.** Die Ideen der Aufklärung verbreiten sich in Europa.
- **1724–1804** Der Philosoph Immanuel Kant prägt mit seinen Gedanken und Schriften die Aufklärung.

Aufklärendes Rätsel

In den vergangenen Unterrichtsstunden hast du viel über den Baustil des Barock, die Aufklärung, ihre Auswirkung auf die Menschen und die Lebensbedingungen in der vorindustriellen Zeit gelernt. Überprüfe nun anhand des Rätsels dein Wissen. Schreibe die Lösungswörter in dein Heft und unterstreiche die in Klammern genannten Buchstaben. Bringe diese in die richtige Reihenfolge und du erhältst ein Lösungswort.

1. Der aus dem Portugiesischen abgeleitete Begriff bedeutet „unregelmäßige, ovale Perle". Er bezeichnet einen neuen Stil. (6)
2. In welcher Stadt wurde eine Residenz erbaut, in deren Treppenhaus eine Kutsche vorfahren konnte? (8)
3. In seinem Werk spielt die religiöse Toleranz eine bedeutende Rolle. (1)
4. Trennung der Staatsmacht in drei Teile. (13)
5. Mit Hilfe von … wollte man Geständnisse erzwingen. (6)
6. Die Menschen lebten zur Zeit des Absolutismus in … eingeteilt. (3)
7. Zu diesem Stand gehörten Händler, Kaufleute, aber auch „Gebildete" wie Professoren, Lehrer und Juristen. (8)
8. Er sah sich als erster Diener des Staates. (1)
9. Bettler, Gaukler, Verbrecher und Fahrende lebten außerhalb der Gesellschaft. Sie gehörten in der vorindustriellen Zeit einer … an. (2)
10. Er formulierte den Leitsatz der Aufklärung: „Habe Mut, dich deines eigenen Verstandes zu bedienen!" (3)

A-Z

Erkläre diese Grundwissenbegriffe:

Barock
(S. 50)

Aufklärung
(S. 54)

„Zeitalter der Vernunft"
(S. 54)

Gewaltenteilung
(S. 56)

Volkssouveränität
(S. 56)

Auch diese Begriffe sind wichtig:

aufgeklärter Absolutismus
(S. 58)

ständische Ordnung
(S. 64)

1740–1786
Friedrich II. regiert als aufgeklärter Monarch in Preußen.

Mitte 18. Jh.
Der Aufklärer Jean-Jacques Rousseau trägt erheblich zur Reformierung der Kindererziehung bei.

1779
Gotthold Ephraim Lessing verfasst mit „Nathan der Weise" ein typisches Werk für die Literatur der Aufklärung.

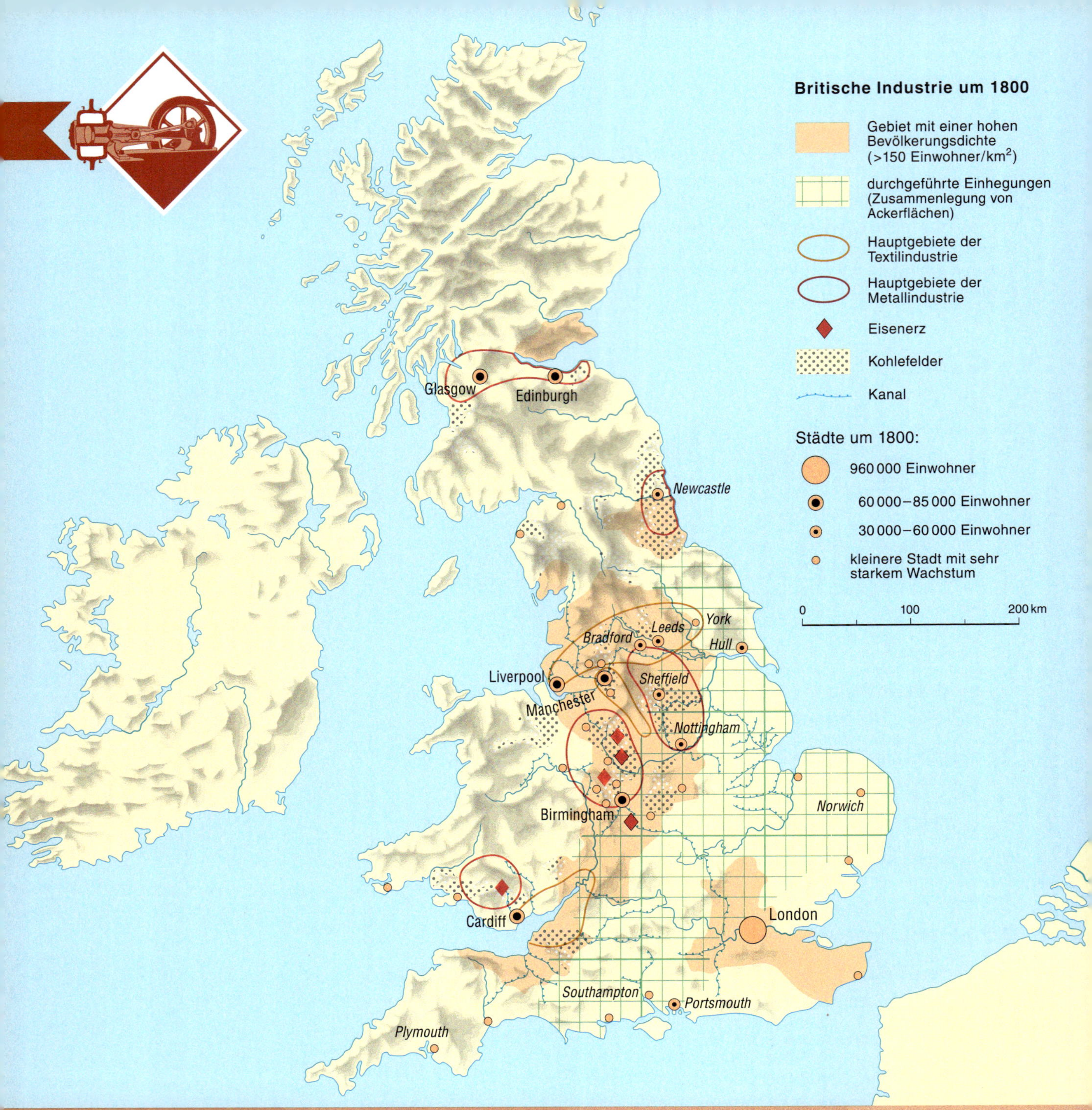

1607

Englische Siedler gründen Virginia, die erste Kolonie in Nordamerika.

ab Mitte des 18. Jhs.

Die Konflikte zwischen den Siedlern in Nordamerika und dem Mutterland England nehmen zu.

1769

James Watt lässt sich seine Erfindung einer Dampfmaschine patentieren.

ab 1775

Der Unternehmer Matthew Boulton vermarktet die Dampfmaschine und macht sie so zu einem Erfolg.

Auf dem Weg in die Moderne

Ein Ausschuss unter Thomas Jefferson übergibt am 4. Juli 1776 dem Kontinentalkongress in Philadelphia den Entwurf der Unabhängigkeitserklärung zur Unterschrift.

Im Internet surfen, mit Lasertechnik operieren, per Flugzeug um den Erdball reisen – so wie alle diese Dinge heute ganz selbstverständlich sind, waren sie vor 200 Jahren noch undenkbar. Erst durch die Industrialisierung ist unsere Welt so modern geworden, wie wir sie heute kennen. Wann aber begann diese Entwicklung, welche Kräfte haben sie vorangetrieben? Wie hat der Fortschritt das Leben der Menschen verändert? Und welche Probleme haben die Neuerungen gebracht?

Neben den industriellen Neuerungen besiedelten die Europäer einen bis dahin wenig bekannten Kontinent: Nordamerika. Diese Siedlungsbewegung wurde so stark, dass die Ausgewanderten einen eigenen Staat forderten. Es kam zur Gründung der Vereinigten Staaten von Amerika. In diesem neuen Staat gab es keine Vorrechte mehr für den Adel, dafür aber eine Verfassung, die Rechte der Bürger festschrieb. Der Anfang einer modernen Demokratie war gemacht.

1776

Am 14. Juli erklären die englischen Kolonien ihre Unabhängigkeit.

1789

George Washington wird zum ersten Präsidenten der USA gewählt.

1790–1860

Die weißen Amerikaner besiedeln den gesamten Kontinent und vertreiben die amerikanischen Ureinwohner.

1861–1865

Nach dem Bürgerkrieg zwischen Nord- und Südstaaten wird in den USA die Sklaverei abgeschafft.

1 Der Aufbruch ins Industriezeitalter

industrielle Revolution
Dieser Begriff beschreibt die Anfangsphase der Industrialisierung. Der Schritt zur Industriegesellschaft brachte so viele technische, wirtschaftliche und soziale Umwälzungen, dass wir heute von einer Revolution sprechen. Die Industrialisierung begann im 18. Jahrhundert und hat bis heute fast alle Länder der Erde erfasst.

Zeitreise Online-Link 427030-0003

Alltagsleben ohne Technik?
Ohne Technik wäre unser Leben nicht denkbar: Autos, Busse und Bahnen bringen uns morgens zur Arbeit und in die Schule. Flugzeuge und Schnellzüge lassen uns weit entfernte Ziele in wenigen Stunden erreichen. Ohne elektrischen Strom funktionieren weder Kühlschrank noch Computer. Unser heutiger technischer Entwicklungsstand ist jedoch nicht selbstverständlich. Er steht inmitten eines Prozesses, der vor rund 250 Jahren in England begann.

England schreitet voraus
Zu Beginn des 18. Jahrhunderts war von Fortschritt und Wandel in Europa noch wenig zu spüren. Im Leben der Menschen hatte sich über Jahrhunderte nichts geändert. Die meisten lebten als Bauern, Handwerker oder Tagelöhner auf dem Land. Während des 18. Jahrhunderts konstruierten englische Erfinder erste Maschinen, welche die Arbeit der Handwerker erleichterten. Innerhalb weniger Jahrzehnte änderte sich nun nicht nur die Arbeitswelt der Menschen grundlegend, sondern ihre ganze Lebensweise: Die *industrielle Revolution* begann.

Die Textilindustrie ist Vorreiter
Im 18. Jahrhundert wuchs die Bevölkerung in England von fünf auf über neun Millionen. Es wurde immer schwieriger, alle Menschen mit Kleidung zu versorgen, zumal sich die Herstellungstechnik über Jahrhunderte kaum verändert hatte. Die Wolle wurde auf Spinnrädern zu Garn gesponnen und dann auf Webstühlen zu Stoff verarbeitet. Beides war mühsame Handarbeit.
In dieser Zeit wurde ein neuer Stoff sehr begehrt: die Baumwolle. Sie trug sich angenehmer, kostete weniger Geld und ließ sich leichter waschen als Seide oder Schafwollstoffe. Bald konnten die alten Spinnräder die Nachfrage nach dem neuen Stoff nicht mehr decken. Die Herstellung von Garn dauerte einfach zu lange. 1733 gelang eine Verbesserung des Webstuhls, der die Geschwindigkeit des Webens verdoppelte. Garn wurde also nun noch knapper. Die Lösung dieses Problems hatte der Weber James Hargreaves. Er erfand 1764 eine handbetriebene Maschine, die „Spinning Jenny". Sie lieferte in gleicher Zeit sechzehnmal so viel Garn wie ein einzelnes Spinnrad. Eine weitere Verbesserung erzielte der Erfinder Richard Arkwright, indem er die Spinnmaschinen nicht mehr mit Muskelkraft, sondern wie eine Mühle von Wasserkraft antreiben ließ. Er stellte die Maschinen in großen Räumen auf, wo Arbeiter sie bedienten. So entstanden die ersten Fabriken.

Watts große Erfindung
Die Zahl der neuen Textilmaschinen stieg so rasch an, dass man nach einer neuen, stärkeren Antriebskraft suchte. Einem jungen Mechaniker namens James Watt aus dem schottischen Glasgow gelang es 1769, eine leistungsstarke Dampfmaschine zu konstruieren, die mit Kohle befeuert wurde. Später veränderte er seine Maschine so, dass die Auf- und Abbewegung des Kolbens in eine Drehbewegung umgewandelt wurde. So konnten auch andere Maschinen angetrieben werden. Um 1850 produzierten 750 Arbeiter einer Baumwollfabrik so viel Garn wie 200 000 Heimarbeiter 100 Jahre zuvor. 50 000 Spindeln drehten sich gleichzeitig – angetrieben von nur einer Dampfmaschine.

Q1 *Heimarbeit im 18. Jahrhundert* (englisches Gemälde, um 1750). Das Garn wurde gekocht, aufgespult und gesponnen. Spinnräder dieser Art gab es seit dem 15. Jahrhundert.

Q2 *Maschinelles Spinnen* (Gemälde um 1834)

D1 *Erfindungen im 18. Jahrhundert:*
1705 Thomas Newcomen erfindet eine Kolbendampfpumpe, die in Bergwerken zum Herauspumpen des Grundwassers verwendet wird.
1733 Der Weber John Kay erfindet das „fliegende Weberschiffchen“, das die Produktion des Webstuhls und damit die Nachfrage nach Garn verdoppelt.
1764 James Hargreaves erfindet die „Spinning Jenny“. Tausende Heimarbeiterinnen und -arbeiter werden arbeitslos.
1769 Richard Arkwright konstruiert eine von Wasser angetriebene Spinnmaschine.
1769 James Watt meldet das erste Patent auf seine Dampfmaschine an.
1782 Watt konstruiert eine Dampfmaschine, die die Kolbenbewegung in eine Drehbewegung umsetzt.

D2 *Einfuhr von Rohbaumwolle nach Großbritannien, Angaben in Tonnen:*

Jahr	Menge
um 1700	ca. 600 t
um 1720	ca. 1 100 t
1764	1 935 t
1780	8 000 t
1801	25 000 t
1815	50 000 t
um 1825	ca. 100 000 t
1849	346 000 t

Q3 *Garnrollen in einer automatisierten Textilfabrik* (Foto, 2009)

D3 *Schnitt durch eine Dampfmaschine:* Der Dampf strömt abwechselnd durch das rechte und linke Einlassventil in den Zylinder ein. Dadurch wird der Kolben in eine gleichmäßige Bewegung versetzt.

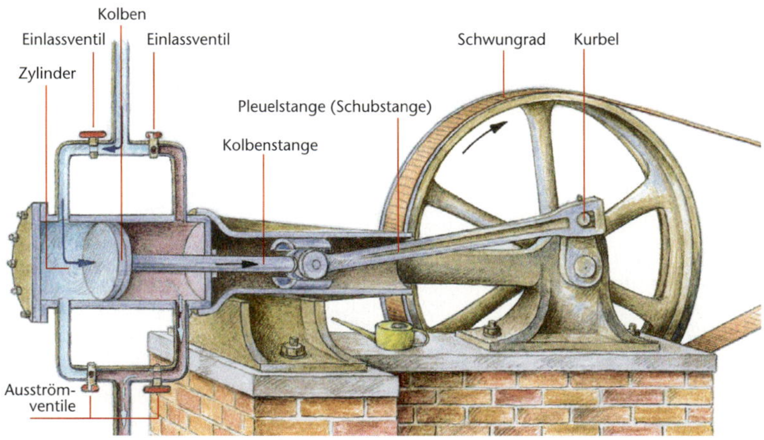

1. *Zeige anhand der Textilherstellung, wie eine Erfindung die nächste nach sich zog (VT, D1).*
2. *Beschreibe mithilfe Q1 bis Q3, wie sich die Herstellung von Textilien wandelte. Inwiefern veränderten die technischen Neuerungen auch die Rolle des Menschen in der Arbeitswelt?*
3. *Diskutiert in kleinen Gruppen die Vor- und Nachteile unterschiedlicher Arbeitskräfte: Muskelkraft (Mensch/Tier), Windenergie, Wasserkraft, Dampfmaschine.*
4. *Setzt folgende Szene in ein Rollenspiel um: Der Besitzer einer Textilfabrik erklärt seinen Arbeitern mithilfe einer Zeichnung (D3), wie die Maschine funktioniert. Aber die Arbeiter haben viele Fragen und Befürchtungen.*

Zeitreise multimedial
Das lange 19. Jahrhundert: Wirtschaft – „Dampf bewegt die Welt“

2 Warum gerade England?

Q 1 *Maschineneinsatz und künstlicher Dünger* revolutionierten auch die Landwirtschaft (zeitgenössischer Stich).

Kapital
Unter Kapital versteht man Geld- und Sachmittel wie Gebäude, Maschinen oder auch Grundstücke, die zur Erzeugung von Gütern eingesetzt werden.

Investition
Wer investiert, legt Geld in Sachvermögen wie Maschinen, Firmen oder auch in Forschungen an, um daraus langfristig Gewinne zu erzielen.

Adam Smith (1723–1790)
Begründer des Wirtschaftsliberalismus: Der Staat soll sich möglichst wenig um wirtschaftliche Dinge kümmern. Wirtschaft soll Sache der Unternehmer sein.

Erfinder und Unternehmer

Die Nachfrage nach Watts Erfindung war groß, aber ihm fehlte das *Kapital*, um seine Maschine herstellen zu können. Matthew Boulton, ein reicher Eisenfabrikant aus Birmingham, erkannte wiederum, dass mit Dampfmaschinen viel Geld zu verdienen war. Er schloss einen Vertrag mit Watt und übernahm alle anfallenden Kosten. Während nun der eine die Dampfmaschine ständig verbesserte, kümmerte sich der andere um deren Herstellung und Verkauf.
Wie Watt fanden viele Erfinder Geldgeber für ihre Projekte. In England war genügend Kapital vorhanden, denn Kaufleute hatten durch den Handel mit den Kolonien große Gewinne erzielt. Dieses Kapital *investierten* sie in neue, Gewinn versprechende Vorhaben. Jenes wirtschaftliche Denken war eine wesentliche Triebfeder der Industrialisierung. Theoretisch untermauert wurde es von den wirtschaftsliberalen Ideen des Schotten *Adam Smith*.

Die Landwirtschaft verändert sich

Lebten um 1750 knapp sechs Millionen Menschen in England, waren es um 1800 schon über neun Millionen. Das lag auch an neuen medizinischen Erkenntnissen, die etwa Seuchen von der Insel verdrängten. So stieg die Lebenserwartung der Menschen.
Dies hatte große Auswirkungen auf die Landwirtschaft, denn die Menschen mussten mit Nahrungsmitteln versorgt werden. Wegen der gestiegenen Nachfrage nach Getreide, Fleisch, Milch und Fett lohnte es sich jetzt, in die Landwirtschaft zu investieren. Grundbesitzer legten kleine, verstreut liegende Äcker zusammen, bearbeiteten ihre Böden z. B. durch Fruchtwechsel intensiver und kauften bessere Landmaschinen. Kleinere Bauern konnten sich das nicht leisten und mussten ihre Höfe verkaufen. Sie zogen in die Städte, wo sie ihre Arbeitskraft der Textilindustrie anboten.

„Schwarzes Gold" – die Kohle

Um die Maschinen für die industrielle Produktion herzustellen, brauchte man viel Eisen. Eisenerz gab es reichlich, aber das Holz, um es zu schmelzen, war knapp und teuer. An die Stelle des Holzes trat die Kohle, die in England reichlich vorhanden war und dank Watts Erfindung auch aus tiefen Schächten gefördert werden konnte. Denn Dampfmaschinen trieben Pumpen an, die den Grundwasserpegel senkten und Stollen entwässerten. So wurde die Kohle zum wichtigsten Energieträger für die Eisenerzeugung und den Betrieb von Dampfmaschinen.

Maschinen verändern die Welt

Schon bald dienten Dampfmaschinen überall als Antrieb. Sie waren Tag und Nacht einsatzbereit, liefen ausdauernd und gleichmäßig. Dadurch bestimmten sie das Arbeitstempo der übrigen Maschinen – und der Menschen. Wer Maschinen besaß, konnte mehr und günstiger produzieren. Die Heimarbeiter und Handwerkerfamilien waren gegen diese Konkurrenz machtlos. Da die Maschinen nicht mehr auf Wasserkraft angewiesen waren, mussten die Fabriken auch nicht mehr in Flusstälern liegen. Die Fabrikanten zogen mit ihren Betrieben in die Städte, wo es genügend Arbeitskräfte gab. Hohe Fördertürme und rauchende Schornsteine bestimmten fortan das Bild in den neuen Industriezentren – und führten zu neuen Problemen: der Umweltverschmutzung und dem „Energiehunger" der Maschinen.

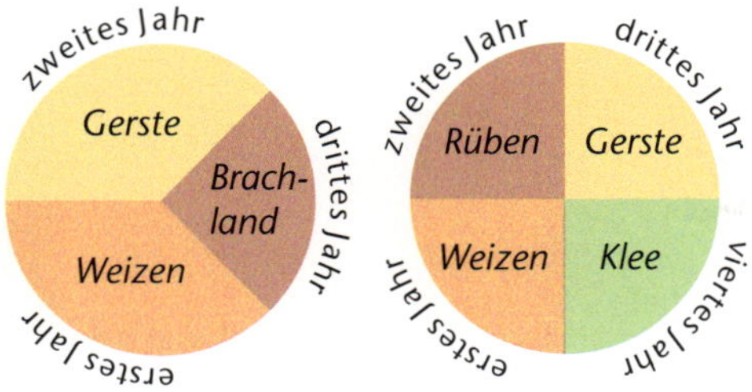

D1 *Modernisierungsschub in der Landwirtschaft: Der Fruchtwechsel löst die mittelalterliche Dreifelderwirtschaft ab.*

	1700	1750	1800	1850
London	575	675	959	2363
Liverpool	5–7	22	82	376
Manchester	8–9	18	75	303

D2 *Verstädterungsprozess (Einwohner in Tausend):* Durch den Zustrom vom Land und das Bevölkerungswachstum standen den neuen Industriezentren genügend Arbeitskräfte zur Verfügung.

Q4 *Einsatz einer frühen Dampfmaschine zum Antrieb von Pumpen in einem englischen Kohlenbergwerk* (Gemälde eines unbekannten englischen Künstlers, 1792). – Beschreibe, welche „Kräfte" am Werk sind, um Kohle zu fördern und zu transportieren. Welche Bildelemente weisen in die Zukunft, welche in die Vergangenheit?

Q2 *Der Unternehmer Matthew Boulton erklärte 1769 James Watt seine Motive, mit ihm eine gemeinsame Firma für den Bau von Dampfmaschinen zu gründen:*

Zwei Motive begeistern mich, Ihnen meine Hilfe anzubieten, und zwar meine Zuneigung zu Ihnen und zu einem lukrativen, sinnvollen Projekt. Um den größtmöglichen Gewinn zu erzielen, dachte ich, eine Fabrik in der Nähe der meinen zu errichten, an meinem Kanal, wo ich alle für die Herstellung von Maschinen notwendigen Einrichtungen erstellen würde und von wo aus wir die ganze Welt mit Maschinen aller Größen versorgen könnten. Ich finde es nicht lohnend, nur für drei Grafschaften zu produzieren, wohl aber die ganze Welt zu beliefern.

Q3 *Die Lehre von der freien Wirtschaft entwickelte der Schotte Adam Smith 1776:*

Da nun aber der Zweck jeder Kapitalanlage Gewinnerzielung ist, so wenden sich die Kapitalisten den rentabelsten Anlagen zu, d. h. denjenigen, in denen die höchsten Gewinne erzielt werden. Indirekt wird aber auf diese Weise auch die Produktivität der Volkswirtschaft am besten gefördert. Jeder glaubt nur sein eigenes Interesse im Auge zu haben, tatsächlich aber erfährt so indirekt auch das Gesamtwohl der Volkswirtschaft die beste Förderung. (...) Welche Kapitalanlage wirklich die vorteilhafteste ist, das kann jeder Einzelne besser beurteilen als etwa der Staat.

Q5 *Warum die Industrialisierung in England begann – der Historiker David Landes schreibt dazu:*

Lag es etwa daran, dass sich die Wege zu sozialem Aufstieg in England von denen in den aristokratischen Monarchien Kontinentaleuropas unterschieden, dass sich hier begabte Menschen stärker dem kommerziellen Leben sowie der planerischen und erfinderischen Tätigkeit widmeten als in traditionalistischen Gesellschaften? Erstaunlich ist, dass die meisten Erfinder von Textilmaschinen der Mittelklasse entstammten. John Kay war der Sohn eines wohlhabenden Bauern, (...) Edmund Cartwright [Erfinder des mechanischen Webstuhls] war der Sohn eines Adligen und Absolvent von Oxford. Im 18. Jahrhundert bedeutete es für die Kinder aus guten Familien keine Erniedrigung, bei Webern und Tischlern in die Lehre zu gehen.

1. *Wie konnte England zur ersten Industrienation der Welt werden? Liste die Gründe in einer Tabelle auf (VT, D1, D2, Q2, Q5).*
2. *Beschreibe die Partnerschaft von Erfindern und Unternehmern wie Watt und Boulton mithilfe folgender Begriffe: Tüftler, geniale Erfindung, fehlendes Kapital, Unternehmer, Investition, Kapital, Produktion, Risiko, Gewinnbeteiligung.*
3. *Erläutere, was Adam Smith unter der freien Marktwirtschaft verstand. Wessen Interessen vertrat er damit (Q3)?*
4. *Manche Menschen nannten die Dampfmaschinen „eiserne Engel", andere „schwarze Teufel". Erläutert die Bezeichnungen und diskutiert in Kleingruppen Vor- und Nachteile dieser Entwicklung (VT, Q4).*

3 Englische Siedler gründen Kolonien

Q1 *Die Halbinsel Manhattan kaufte der Holländer Peter Minnewit den Indianern 1626 für ganze 24 Dollar ab.* So viel hatte er für die Glasperlen, Messer und Beile bezahlt, die er den Indianern gab (Stich aus dem 19. Jahrhundert). Minnewit gründete auf Manhattan die Siedlung Neu-Amsterdam und machte sie zur Hauptstadt einer niederländischen Kolonie. 1664 unterwarfen Engländer sie der britischen Herrschaft und nannten die Stadt New York.

Die Weißen kommen nach Nordamerika

Mitte des 16. Jahrhunderts unternahmen Abenteurer aus den südamerikanischen Kolonien Erkundungsfahrten nach Nordamerika, um dort nach Gold zu suchen. Gegen Ende des Jahrhunderts kamen die ersten Kaufleute und Siedler nach. 1584 gründete der englische Seefahrer Sir Walter Raleigh an der amerikanischen Ostküste den ersten Handelsstützpunkt und nannte ihn „Virginia". Ihm folgten andere, vor allem Engländer, aber auch Franzosen, die ebenfalls Handelsniederlassungen gründeten.

„Auf nach Amerika!"

Zwischen 1607 und 1732 gründeten englische Siedler und Seefahrer an der Ostküste Nordamerikas 13 Kolonien. Hierhin wanderten zunächst Männer, Frauen und Familien aus England ein, bald aber auch Iren, Deutsche, Niederländer und Franzosen. Die meisten kamen, weil es in ihren Heimatländern für die schnell wachsende Bevölkerung nicht mehr genug Ackerland und Arbeit gab. Andere wurden wegen ihrer politischen Ansichten oder ihrer Religion verfolgt, so zum Beispiel die englischen Puritaner (vgl. S. 40). Von ihnen landeten im Jahr 1620 102 Frauen und Männer mit dem Schiff „Mayflower" an der nordamerikanischen Küste und gründeten dort die Kolonie Massachusetts.
Doch auch in der Neuen Welt erwartete die Siedler ein hartes Leben: Ungewohntes Klima, Sümpfe und giftige Pflanzen, unbekannte Krankheiten und fehlende Lebensmittel führten dazu, dass viele Menschen in den ersten Jahren starben.

Siedler und Einheimische

Die ersten Siedler waren von den nordamerikanischen Ureinwohnern freundlich aufgenommen worden. Als sie vom Hungertod bedroht waren, brachten die Indianer sogar Lebensmittel und zeigten ihnen, wie man Maisfelder anlegte. Andere Europäer trafen auf kriegerische Stämme oder forderten den Zorn der Indianer heraus, weil sie ihnen Land und Jagdgebiete wegnahmen, ohne ihnen etwas dafür zu geben.

Frei und selbstständig

Die Zahl der weißen Siedler wuchs schnell: Um 1750 lebten schätzungsweise 1,5 Millionen Europäer in den 13 englischen Kolonien. Mit dem Anbau von Getreide, Reis, Mais, Tabak und Baumwolle, aber auch durch Fisch- und Holzreichtum, Handel und Gewerbe kamen viele Bewohner der Kolonien zu Wohlstand. Das machte sie selbstbewusst und stolz auf ihre Leistung. Die Regierung im Mutterland England räumte den Siedlern in Nordamerika zunächst beträchtliche Selbstbestimmungsrechte ein. Das sollte die Besiedlung der neuen Kolonien attraktiver machen. Die Kolonisten hatten daher in der Anfangszeit viele politische Freiheiten und konnten sich weitgehend selbst verwalten.

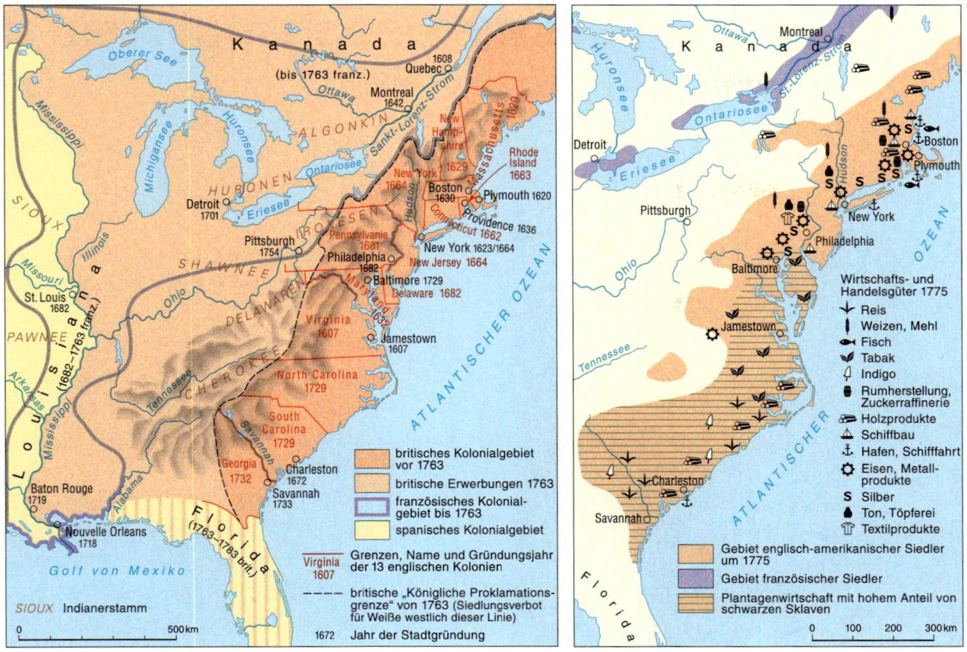

D1 *Die englischen Kolonien in Nordamerika*

Q2 *Im Jahr 1642 beschuldigten die holländischen Siedler von der Manhattan-Halbinsel die Indianer, ihnen ein Schwein gestohlen zu haben. Wie die Holländer gegen die Indianer vorgingen, berichtet ein Augenzeuge:*

An der Mutterbrust trinkende Säuglinge wurden mit Bajonetten durchstochen und aus den Armen der Mütter gerissen und ins Wasser geworfen. Andere Kinder warf man lebend in die Flammen. Babys, die in kleinen Tragkörbchen schliefen, wurden mit Säbeln in Stücke gehackt, den schreienden Eltern und Großeltern hieb man Glieder vom Leib, stach sie nieder oder schlug ihnen die Schädel ein.

Q3 *Der Häuptling der Manhattan-Indianer, Metacoment, rief seine Stammeskrieger zur Gegenwehr auf:*

Es ist unmöglich, mit diesen weißhäutigen Raubmenschen in Frieden zu leben. Man kann sich nur von ihnen zerstören lassen oder versuchen, sie selbst zu zerstören. Das ist aber nur möglich, wenn wir einen Krieg nicht so führen, wie wir es gewöhnt sind, sondern wie sie ihn selbst führen, also einen Krieg aus dem Hinterhalt und mit dem Willen, alles, was eine weiße Haut besitzt, zu töten.

Q4 *Der schwedische Naturforscher Pehr Kalm, der 1753 bis 1761 die englischen Kolonien bereiste, schrieb:*

Jeder, der Gott als den Schöpfer, Erhalter und Herrscher aller Dinge anerkennt und nichts gegen den Staat oder gegen den allgemeinen Frieden lehrt oder unternimmt, kann sich hier frei niederlassen, kann bleiben und seinem Gewerbe nachgehen, auch wenn seine religiösen Grundsätze noch so merkwürdig sind. Niemand wird hier wegen irriger Lehren, denen er nachhängt, belästigt, wenn er die oben genannten Grenzen nicht überschreitet. Und er wird durch die Gesetze so in seiner Person und seinem Eigentum geschützt und genießt solche Freiheiten, dass man von einem Bürger hier geradezu sagen kann, er lebe in seinem Haus wie ein König. Es würde schwer fallen, jemanden zu finden, (…) der in größerer Freiheit leben kann.

1. *Beschreibe den Ablauf der Besiedlung von Nordamerika (VT, D1).*
2. *Stelle dar, wie sich das Zusammenleben von weißen Siedlern und den indianischen Einwohnern entwickelte (VT, Q2, Q3).*
3. *Welche Vorteile genossen die Siedler in den Kolonien gegenüber ihren Landsleuten in Europa (VT, Q4)?*
4. *Arbeite anhand von D1 und D2 heraus, wie sich die Nord- und Südstaaten voneinander unterschieden.*

	Nordstaaten	Südstaaten
Klima	kühl-gemäßigt	subtropisch
Wirtschaft	Handel, Handwerk, Kleinbauern	Baumwoll- und Tabakplantagen
Gesellschaft	breite Mittelschicht: Kaufleute, Handwerker	Großgrundbesitzer, Sklaven
Religion	calvinistisch	katholisch

D2 *Lebensverhältnisse in den nördlichen und in den südlichen Kolonien*

4 Der Kampf um die Unabhängigkeit

Q1 *Das Massaker von Boston, 1770* (zeitgenössischer Stich). Als die englische Regierung neue Steuern auf Tee, Blei, Glas und Farben einführte, kam es in Boston zu einem Zusammenstoß zwischen Siedlern und englischen „Rotröcken". Dabei wurden fünf Kolonisten getötet.

Die Abhängigkeit von England

Mit der Zeit verschlechterte sich das Verhältnis zwischen den Bewohnern der Kolonien und ihrem Mutterland. Das gestiegene Selbstbewusstsein und der Stolz auf die erreichten Leistungen der Siedler standen im scharfen Gegensatz zu ihren eingeschränkten Rechten: Sie waren weiterhin Engländer, der Grund und Boden war englisches Territorium, ihre Rechte und Pflichten wurden vom englischen Mutterland bestimmt. Vor allem die Wirtschaftspolitik der Kolonien wurde von England streng reglementiert: Fertigwaren aus den Kolonien wurden bei der Einfuhr nach England hoch besteuert, Rohstoffe kauften die Engländer dagegen billig in Nordamerika ein. Waren wie Zucker oder Tabak durften die Kolonien ausschließlich nach England ausführen, die Herstellung von Eisenwaren war ihnen per Gesetz untersagt. Immer neue Steuern und Zölle erhob die englische Regierung, um vom Reichtum der Kolonien zu profitieren. 1765 wurden sogar alle Drucksachen und Dokumente besteuert. Außerdem wurden die Siedler gezwungen, für die Versorgung der englischen Armee in ihren Kolonien aufzukommen.

Die Kolonisten sollten zwar alle Belastungen der Engländer tragen, durften aber keine Abgeordneten ins Parlament entsenden. Somit blieb es ihnen verwehrt, über Steuern und Zölle mitzubestimmen. Die Kolonisten forderten die Rücknahme der Steuern und entschlossen sich, englische Waren zu boykottieren. „No taxation without representation" – „Keine Steuern ohne eigene Vertreter im Parlament", so lautete ihre Losung.

Konflikt mit dem Mutterland

Die britische Regierung zog daraufhin zwar einige Steuergesetze zurück, bestand aber auf dem Recht, die Kolonien zu besteuern. Ein weiteres Gesetz, der „Tea-Act", brachte dann das Fass zum Überlaufen. Der englischen Ostindien-Kompanie wurde darin das alleinige Recht zugestanden, Tee zollfrei in Nordamerika zu verkaufen. Das war das Signal für gewaltsamen Widerstand. 1773 stürmten einige Kolonisten, als Indianer verkleidet, im Bostoner Hafen englische Schiffe und warfen 342 Kisten mit Tee ins Wasser, die für Siedler in der Kolonie Massachusetts bestimmt waren. Als „Boston-Tea-Party" ging dieser Überfall in die Geschichte ein.

Die Kolonisten wagen den Kampf

England schickte daraufhin Truppen und erklärte die Kolonisten zu Rebellen. Diese erkannten, dass sie eine gemeinsame Organisation brauchten, wenn sie ihre Interessen durchsetzen wollten. Alle Kolonien entsandten daher Vertreter zu einem Kontinentalkongress, um über eine gemeinsame Reaktion gegenüber der englischen Regierung zu beraten. Als britische Truppen 1775 bei Lexington ein Waffenlager der Rebellen fanden, kam es zu Gefechten. Daraufhin gründeten die Kolonisten eine Armee und wählten den Tabakpflanzer George Washington zu ihrem Befehlshaber. Es kam zum Krieg zwischen Mutterland und Kolonien.

Q4 *Frauen und Männer kämpfen für die Unabhängigkeit* (zeitgenössischer Stich). In der Mitte sieht man Molly Pitcher bei einem Gefecht im Jahr 1778. Ihr Mann ist vor wenigen Augenblicken als Kanonier gefallen; an seiner Stelle hat sie nun die Kanone geladen.

Q2 *Darf ein Herrscher abgesetzt werden? Dazu schrieb der Engländer John Locke:*

Die Vernunft lehrt allen Menschen, dass wir alle gleich und unabhängig sind, dass daher keiner dem anderen in Bezug auf sein Leben und sein Eigentum schaden soll. Wenn wir betrachten, in welchem Zustand sich die Menschen von Natur befinden, so sehen wir: Dies ist ein Zustand völliger Freiheit (...). Gebraucht der Herrscher die Gewalt gegen das Volk ohne Vollmacht und im Gegensatz zu dem Vertrauen, das in ihn gesetzt wurde, (...) so hat das Volk das Recht, die Gewalt durch Gewalt zu beseitigen. Unter allen Umständen ist es das richtige Hilfsmittel gegen ungesetzliche Gewalt, ihr mit Gewalt zu begegnen.

Q3 *Aus einer Flugschrift des Amerikaners Thomas Paine, 1776:*

Ich fordere den hitzigsten Vertreter der Aussöhnung auf, nur einen einzigen Vorteil zu zeigen, der diesem Kontinent aus der Verbindung mit England erwächst. (...) Die Nachteile und der Schaden aber, die wir durch eine Verbindung erleiden, sind unzählbar (...). Denn jede Unterwerfung unter oder Abhängigkeit von Großbritannien wird geradewegs darauf abzielen, diesen Kontinent in europäische Kriege und Zänkereien zu verwickeln, uns in Gegensatz zu Nationen zu setzen, die sonst unsere Freundschaft suchen würden. (...) Da Europa unser Handelsmarkt ist, sollten wir keine partiellen politischen Verbindungen mit dem einen oder anderen Teil eingehen. (...)

Alles, was richtig oder vernünftig ist, spricht für eine Trennung. Das Blut der Erschlagenen, die jammernde Stimme der Natur rufen überlaut: Es ist Zeit, voneinander zu scheiden. Selbst die Entfernung, die der Allmächtige zwischen England und Amerika gelegt hat, ist ein starker und natürlicher Beweis, dass die Oberherrschaft des einen über den anderen nie die Absicht des Himmels war (...). Es hat etwas Absurdes an sich, anzunehmen, ein Kontinent solle ständig durch eine Insel regiert werden. In keinem Fall hat die Natur Satelliten größer als ihre Hauptplaneten gemacht.
Da England und Amerika in dieser Beziehung die gewöhnliche Ordnung der Natur umkehren, ist es offensichtlich, dass sie zu verschiedenen Systemen gehören: England zu Europa, Amerika zu sich selbst.

1 Erkläre, aus welchem Grund sich in den 13 nordamerikanischen Kolonien eine Unabhängigkeitsbewegung bildete (VT).

2 Nenne die Argumente, die Paine in Q3 für eine Unabhängigkeit Amerikas anführt.

3 Vergleiche die Bilder Q1, Q4 und Q5 und beschreibe, wie sich die Situation der Kolonisten änderte.

Q5 *Boston Tea Party von 1773.* Als Indianer verkleidete Siedler warfen Tee ins Hafenbecken, um gegen die ungerechte Besteuerung der Kolonien zu protestieren.

5 Die erste moderne Demokratie

Q1 *George Washington (1789–1797)* war der erste US-amerikanische Präsident.

Verfassung
Grundordnung eines Staates. Darin sind die Befugnisse der Staatsorgane, gewisse Staatsziele und die Grundrechte des Einzelnen festgeschrieben. In Europa und Amerika wurden ab dem 18. Jahrhundert geschriebene Verfassungen vor allem von den Bürgern erkämpft.

Grundrechte/ Menschenrechte
Jeder Mensch hat von Natur aus Rechte, die ihm nicht genommen werden können. Dazu zählen die Rechte auf Freiheit, auf körperliche Unversehrtheit sowie auf den Schutz seiner Würde.

Thomas Jefferson (1743–1826)
Verfasser der amerikanischen Unabhängigkeitserklärung und dritter Präsident der Vereinigten Staaten (1801–1809)

Engländer werden Amerikaner

Am 4. Juli 1776 erklärten Vertreter aller Kolonien in Philadelphia ihre Unabhängigkeit von England. Diese Unabhängigkeitserklärung nahmen das englische Parlament und der König nicht hin. Der bereits zuvor ausgebrochene Krieg zwischen dem Mutterland und den Kolonien verschärfte sich. Andere europäische Staaten wie Frankreich, Spanien und die Niederlande griffen nun in den Konflikt ein und unterstützten die Kolonisten. Dies verhalf den Siedlern zum Sieg. 1781 gab sich England geschlagen und erkannte zwei Jahre später die Unabhängigkeit seiner ehemaligen Kolonien an.

Auf dem Weg zu einem neuen Staat

Nach dem Sieg über das einstige Mutterland standen die Kolonisten vor der Frage der neuen Staatsorganisation. Schon im Krieg gegen England war deutlich geworden, dass es nicht einfach sein würde, alle Einzelstaaten einer gemeinsamen politischen Leitung zu unterstellen. Einige Kolonien hatten sich nur in geringem Umfang an den Kosten für den Krieg beteiligt. Zudem existierten unterschiedliche wirtschaftliche und gesellschaftliche Interessen. In den Nordstaaten prägten Handwerker, Bauern, Kaufleute, Anwälte und Juristen das Bild, im Süden besonders die Plantagenbesitzer. Zudem befürchteten die kleineren Staaten, von den großen und bevölkerungsreichen benachteiligt zu werden. Wirtschaftliche Einbrüche durch den Krieg verschärften die Situation zusätzlich. Jeder Staat war hoch verschuldet.
In dieser Lage trafen sich gewählte Vertreter aller 13 Einzelstaaten 1787 in Philadelphia, um die Probleme zu lösen und eine *Verfassung* auszuarbeiten. Einige Fragen waren besonders umstritten: Sollten die USA ein *Staatenbund*, ein *Bundesstaat* oder ein *Zentralstaat* sein? Wer sollte politisches Mitspracherecht erhalten? Und: Wie konnte Machtmissbrauch verhindert werden?

Eine neue Verfassung

Das Problem „Staatenbund oder Bundesstaat" berührte die zentrale Frage nach der Souveränität der einzelnen Staaten. Nach heftigen Debatten fanden die Abgeordneten eine Lösung: den Föderalismus. Bundesregierung und Einzelstaaten sollten sich die Aufgaben teilen: Während der Bund für Außenpolitik, Verteidigung, Währung und Welthandel zuständig sein sollte, entschieden die Einzelstaaten wie bisher über Justiz, Polizei, Erziehung, Verkehr und Wirtschaft. Sie erhielten aber auch ein Mitspracherecht in Bundesangelegenheiten. Auch die Mitsprache der Bürger wurde geregelt. Das Wahlrecht wurde an den Besitz gebunden, sodass zunächst nur 10 % der männlichen Erwachsenen mitentscheiden durften.
Machtmissbrauch sollte durch die Teilung der politischen Macht in drei voneinander unabhängige Gewalten verhindert werden: Legislative (gesetzgebende Gewalt), Exekutive (ausübende Gewalt) und Judikative (richterliche Gewalt). Zudem sollten Kontrollen und gleichgewichtige Zuständigkeiten zwischen den drei Staatsgewalten (checks and balances) verankert werden.
Alle diese Bestimmungen wurden in die neue Verfassung (vgl. S. 88) aufgenommen, die im September 1787 verabschiedet wurde. Vier Jahre später wurde die Verfassung durch erste Zusätze ergänzt. Diese garantieren bis heute die *Grundrechte*.

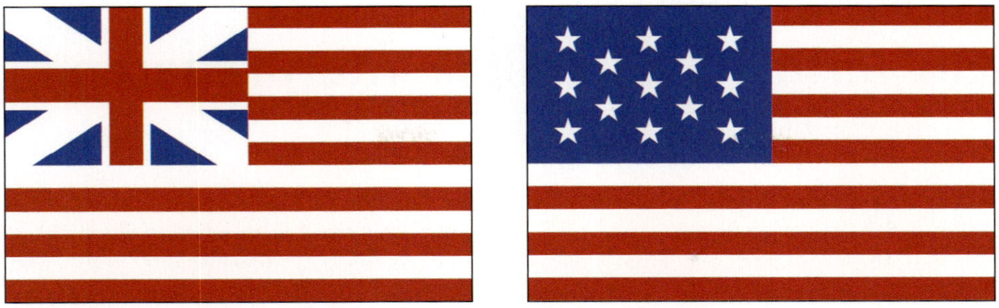

D1 *Die nordamerikanische Flagge 1775 (links) und 1789 (rechts).* – Erkläre die Veränderungen.

Q2 *Die Unabhängigkeitserklärung der 13 englischen Kolonien wurde unter der Leitung von Thomas Jefferson ausgearbeitet. Am 4. Juli 1776 wurde sie in Philadelphia unterzeichnet. Sie beginnt mit den Menschenrechten:*

Folgende Wahrheiten erachten wir als selbstverständlich: dass alle Menschen gleich geschaffen sind; dass sie von ihrem Schöpfer mit gewissen unveräußerlichen Rechten ausgestattet sind; dass dazu Leben, Freiheit und das Streben nach Glück gehören; dass zur Sicherung dieser Rechte Regierungen unter den Menschen eingesetzt werden, die ihre rechtmäßige Macht aus der Zustimmung der Regierten herleiten; dass, wenn immer irgendeine Regierungsform sich als diesen Zielen abträglich erweist, es das Recht des Volkes ist, sie zu ändern oder abzuschaffen und eine neue Regierung einzusetzen und ihre Gewalten solchermaßen zu organisieren, wie es ihm zur Gewährleistung seiner Sicherheit und seines Glückes am ratsamsten erscheint.

Q3 *John Adams, der Nachfolger George Washingtons als US-Präsident, meinte zum Wahlrecht:*

Theoretisch ist nicht zu bestreiten, dass die einzige ethische Grundlage von Herrschaft die Zustimmung des Volkes ist. Aber wie weit sollen wir dieses Prinzip auslegen? Sollen wir sagen, dass jeder Einzelne in der Gemeinschaft jedem Gesetz ausdrücklich zustimmen muss? Ist es nicht wahr, dass alle Menschen in allen Gesellschaften, die keinerlei Eigentum haben, zu wenig vertraut mit öffentlichen Angelegenheiten sind, um sich ein Urteil bilden zu können, und dass sie zu abhängig von anderen Menschen sind, um einen eigenen Willen zu haben?

Q4 *Die „Virginia Bill of Rights" wurde Teil der Verfassung. Sie enthält die Grund- und Menschenrechte:*

Abschnitt 1: Alle Menschen sind von Natur aus frei und unabhängig und besitzen bestimmte angeborene Rechte. (...) Und zwar den Genuss des Lebens und der Freiheit, die Mittel zum Erwerb und Besitz von Eigentum und das Erstreben und Erlangen von Glück und Sicherheit.

Abschnitt 2: Alle Macht ruht im Volke und leitet sich folglich von ihm her; die Beamten sind nur seine Bevollmächtigten und Diener und ihm jederzeit verantwortlich. (...)

Abschnitt 5: Die gesetzgebende und die vollziehende Gewalt des Staates sollen von der richterlichen getrennt und unterschieden sein. (...)

Abschnitt 6: Die Wahlen der Abgeordneten, die als Volksvertreter in der Versammlung dienen, sollen frei sein. (...)

Abschnitt 12: Die Freiheit der Presse ist eines der starken Bollwerke der Freiheit und kann nur durch despotische Regierungen beschränkt werden. (...)

Abschnitt 15: Eine freie Regierung und die Segnungen der Freiheit können einem Volke nur erhalten werden durch strenges Festhalten an der Gerechtigkeit, Mäßigung, Enthaltsamkeit, Sparsamkeit und Tugend und durch häufiges Zurückgreifen auf die Grundprinzipien. (...)

Abschnitt 16: Die Religion oder die Ehrfurcht, die wir unserem Schöpfer schulden, und die Art, wie wir sie erfüllen, können nur durch Vernunft und Überzeugung bestimmt sein und nicht durch Zwang oder Gewalt; daher sind alle Menschen gleicherweise zur freien Religionsausübung berechtigt, entsprechend der Stimme ihres Gewissens (...).

Staatenbund
In einem Staatenbund besitzt jeder Staat die volle Souveränität (Unabhängigkeit). Der Zusammenschluss dient nur der Verwirklichung gemeinsamer Ziele.

Bundesstaat
In einem Bundesstaat werden die Aufgaben zwischen einer zentralen Regierung und den Länderregierungen geteilt.

Zentralstaat
In einem Zentralstaat unterliegen alle Landesteile einer zentralen Regierung.

1. *Diskutiert gemeinsam die Vor- und Nachteile verschiedener Staatsformen (VT, Begriffe).*
2. *Vergleiche Q2 und Q2 auf S. 85. Wie hängen beide miteinander zusammen?*
3. *Überlege mit deinem Banknachbarn, ob die Begründung für das Wahlrecht (VT, Q3) unseren heutigen Maßstäben entspricht.*
4. *Sind die Grundrechte aus Q4 auch in der Bundesrepublik gültig? Wo sind diese zu finden?*
5. *Erkläre, warum die USA als „erste moderne Demokratie" bezeichnet werden kann (VT, Q2, Q4).*

6 Methode
Ein Verfassungsschema interpretieren

Teilung der Gewalten in den USA
Als die Abgeordneten der Einzelstaaten 1787 über die Form des zukünftigen Staates verhandelten, war eine Frage besonders umstritten: Sollten die USA in Zukunft ein Staatenbund oder ein Bundesstaat sein?
Das Ergebnis war ein Kompromiss. Nach dem Modell des französischen Aufklärers Montesquieu wurden die Gewalten klar geteilt: Die gesetzgebende Gewalt (Legislative) liegt beim Kongress. Er setzt sich aus zwei Häusern zusammen, die die Interessen des Bundesstaates und der Einzelstaaten berücksichtigen. In den Senat entsendet jeder Staat zwei Senatoren. Die Abgeordneten des Repräsentantenhauses werden direkt aus jedem Bundesstaat gewählt; wie viele es sind, hängt von der Bevölkerungszahl des Staates ab.
Der Präsident als Chef der ausführenden Gewalt (Exekutive) wird indirekt von den Bürgern gewählt. Er ist anders als ein deutscher Bundeskanzler nicht auf eine Mehrheit im Parlament, also im Kongress angewiesen. Das gibt ihm große Macht und Unabhängigkeit. Der Präsident ist Staatsoberhaupt und Regierungschef.
Der Oberste Gerichtshof entscheidet als richterliche Gewalt (Judikative), ob Gesetze mit der Verfassung übereinstimmen.

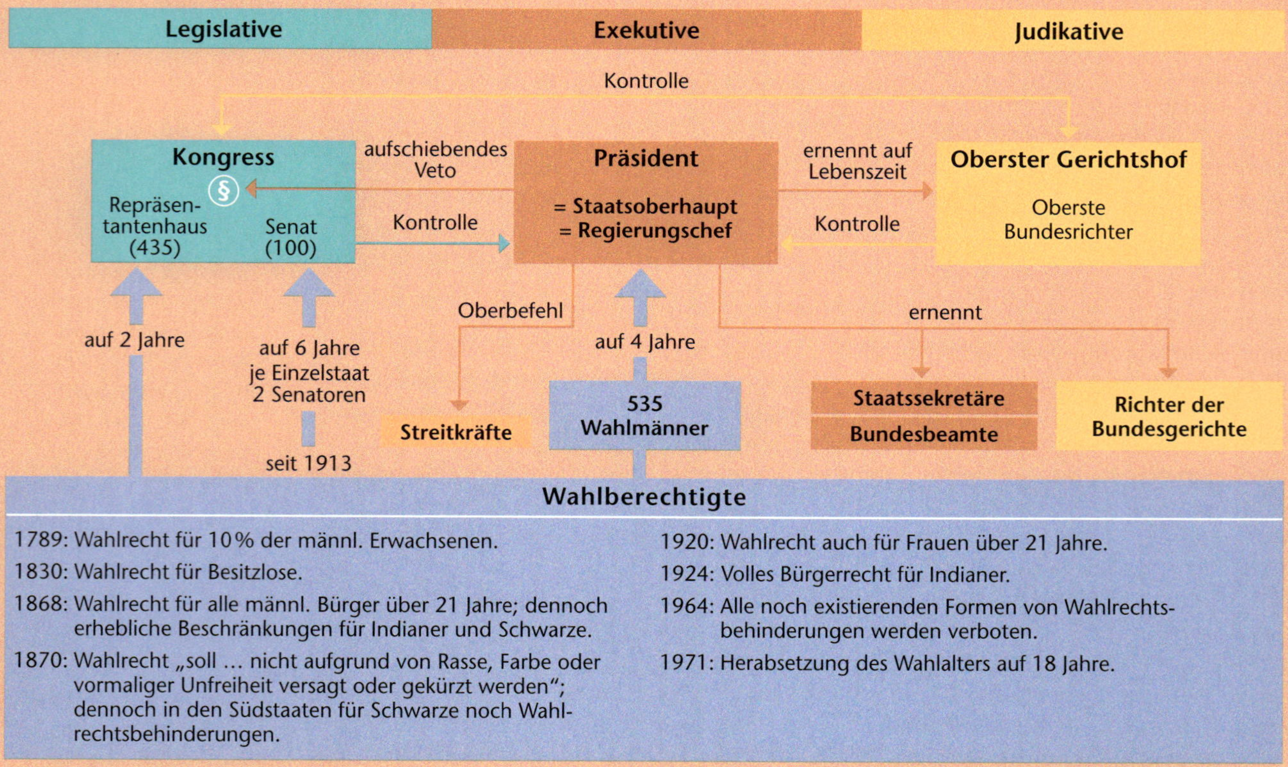

D 1 *Die Verfassung der USA.* Sie besteht seit 1787 in ihren wesentlichen Elementen. Durch sogenannte „Zusätze“ ist sie allerdings immer wieder ergänzt worden. Das geschah 1791 zum ersten Mal, als die Grundrechte der Bürger formuliert wurden. Dazu gehörten Glaubens-, Presse- und Versammlungsfreiheit, die Unverletzlichkeit der Person, des Eigentums und der Wohnung.

D 2 *Wer spricht hier?* – Ordne die Sätze den richtigen Personen im Schaubild D1 zu.

„Wir sind auf Lebenszeit ernannt, damit wir völlig unabhängig die Regierung kontrollieren können."

„Wir werden alle vier Jahre von den Bürgerinnen und Bürgern gewählt. Unsere einzige Aufgabe besteht darin, den Präsidenten zu wählen."

„Wir sind zusammen 535 Männer und Frauen, auf zwei Häuser aufgeteilt."

„Wir sind von den Bürgerinnen und Bürgern unseres Bundesstaates für sechs Jahre gewählt worden, damit wir uns an der Gesetzgebung beteiligen."

„Ich ernenne die obersten Richter, damit sie meine Amtsführung kontrollieren."

„Auch wenn wir im Staate nichts direkt entscheiden können, so besitzen wir doch die eigentliche Macht. Wir bestimmen nämlich in regelmäßigen Abständen neu, wer für uns Gesetze macht und wer sie ausführt."

„Ich regiere die Vereinigten Staaten von Amerika."

Methodische Arbeitsschritte

Das Schema nach Gruppen und Personen zerlegen:

1. Wie ist das Schema gegliedert? Lassen sich verschiedene Blöcke, Farben und Symbole erkennen?
2. Wie sind die Blöcke miteinander verbunden? Welche Richtung und Bedeutung haben Pfeile und Linien?
3. Gibt es Begriffe, die du im Lexikon nachschlagen musst?

Verfassungsmerkmale Machtausübung, Gesetzgebung und Rechtsprechung:

4. Wer darf Gesetze vorschlagen? Wer arbeitet sie aus? Wer erlässt sie?
5. Wer sorgt dafür, dass Regierung und Bürger sich an die Gesetze halten?
6. Wer regiert den Staat, d. h. übt Macht mithilfe der Gesetze aus?
7. Wer kann durch seinen Einspruch dafür sorgen, dass ein Gesetz vorläufig nicht in Kraft treten darf? Wer darf Gesetze sogar rückgängig machen?
8. Gibt es Grundrechte, die kein neues Gesetz verletzen darf?

Verfassungsmerkmal Wahl:

9. Welche Ämter werden durch Wahl besetzt, welche nicht?
10. Wer darf wählen, wer nicht? Wer darf gewählt werden?

Verfassungsmerkmale Machtverteilung und Machtkontrolle:

11. Welche Macht haben die verschiedenen Personen bzw. Gruppen im Staat? Wo ist besonders viel Macht konzentriert?
12. Wo sind „Sicherungen" in der Verfassung eingebaut, damit Einzelne ihre Macht nicht missbrauchen können (z. B. um eine Diktatur zu errichten)?

1 Untersuche das Verfassungsschema der USA und stelle die demokratischen Elemente heraus. Nenne aber auch die Einschränkungen, die bis 1924 bestanden.

2 Welche Aufgaben im Staat erfüllen die drei Gewalten? Wodurch ist sichergestellt, dass keine zu viel Macht hat?

3 Die „Väter" der amerikanischen Verfassung mussten sich zwischen einem Bundesstaat und einem Staatenbund entscheiden. Welche Vorteile, welche Nachteile sind mit dem jeweiligen System verbunden?

4 Wie heißt der jetzige Präsident der USA? Wer war sein Vorgänger?

7 Die Weißen erobern Amerika

Q1 *Zug der Tränen* (Gemälde von Robert Lindeneux, 1942): Die amerikanische Armee vertrieb im Winter 1838/1839 etwa 15 000 Cherokees gewaltsam aus ihrer angestammten Heimat und siedelte sie in einem Reservat an. Mehr als 4 000 Indianer starben auf dem Zug, weil die Armee keine Rücksicht auf Kranke und Schwache nahm.

Westwärts!
Nicht nur die Nachrichten über Goldfunde in Kalifornien zogen viele Amerikaner von der Ostküste bald in Richtung Westen, sondern auch die Hoffnung, im Westen des Kontinents Land erwerben zu können. Die Aussicht auf ein neues Leben in einem freien Staat veranlasste im 19. Jahrhundert zudem Millionen Menschen, in die USA auszuwandern.
Die Besiedlung des riesigen Landes westlich der 13 Staaten an der Ostküste erfolgte in drei Schüben: Den Trappern, die auf der Suche nach Pelztieren das Land durchstreiften, folgten Siedler, die als Farmer leben wollten. Die Trapper vermittelten zwischen ihnen und den einheimischen Indianern. Die meisten Menschen kamen aber mit dem dritten Schub: Die amerikanische Regierung übertrug ihnen Land, auf dem sie Kirchen, Schulen, Geschäfte und Handwerksbetriebe bauten. Die Niederlassungen entwickelten sich zu dauerhaften Siedlungen und kleinen Städten.

Indianervölker werden verdrängt ...
Leidtragende der Besiedlung waren die vielen verschiedenen Indianerstämme, die weit verstreut in dem riesigen Land lebten. Sie ernährten sich vor allem von der Jagd und der Landwirtschaft.
Durch die Besiedlung des Westens wurden die Indianer aus ihren angestammten Lebensräumen vertrieben. Die Jagd der Siedler auf Büffel und anderes Wild vernichtete die Existenzgrundlage der Indianer, und der Ausbau des Eisenbahnnetzes zerschnitt und zerstörte ihr Land.

... und vernichtet
In unzähligen Kämpfen setzten sich die Indianer zur Wehr, doch sie waren den Weißen nicht gewachsen. Denn die amerikanischen Siedler waren gut mit Waffen ausgerüstet und erhielten häufig Unterstützung durch die Armee. In mehr als 30 großen Indianerkriegen und zahllosen kleinen Kämpfen wurden die Ureinwohner Amerikas weitgehend ausgerottet. Schließlich richtete die amerikanische Regierung *Reservate* ein, die den Indianern als Lebensraum zugewiesen wurden. Doch zu diesem Zeitpunkt waren von ursprünglich etwa einer Million Indianern nur noch 200 000 am Leben.

Und heute?
Entgegen den vertraglichen Abmachungen wurde der Lebensraum der Indianer immer weiter eingeschränkt. Immer wieder wurden Verträge gebrochen, weil die Siedler schon bald Land beanspruchten, das den Indianern zugesagt worden war.
Die amerikanische Regierung versuchte zunächst, sie in die Gesellschaft der Weißen einzugliedern, und erkannte ihnen 1924 die Bürgerrechte zu. Doch dies gelang nur zum Teil, denn die Indianer kämpften – und kämpfen auch heute noch – für ihre Eigenständigkeit. Das Vorgehen der weißen Siedler bei der Besiedlung des Landes wurde dagegen zum „Pioniergeist" verklärt und in Romanen und Filmen verherrlicht.

A-Z

Reservat
Durch Verträge traten die Indianer den Weißen ihr Land ab. Teile davon wurden ihnen als Lebensraum „reserviert". Von den heute rund eine Million Indianern leben ca. 40 % in Reservaten.

Q2 *Büffeljagd* (Teil aus einem Gemälde von George Catlin, 1844). Die Büffeljagd war Lebensgrundlage vieler Indianerstämme. Mit der Ausrottung der Büffel durch die Siedler wurden die Indianer dieser Grundlage beraubt.

Q3 *In einem „Reiseführer" von 1837 über die USA wird geschildert, wie sich die Besiedlung der westlichen Gebiete vollzog:*

Die meisten Ansiedlungen im Westen haben drei Klassen von Siedlern erlebt, die, wie die Wellen des Ozeans, eine nach der anderen herangerollt sind. Zuerst kommt der Pionier, der seine Familie in der Hauptsache mit der natürlichen Vegetation und seiner Jagdbeute ernährt. Er benutzt primitive, meist selbst hergestellte Ackergeräte und Werkzeuge und legt nur ein Maisfeld und einen Küchengarten an (...). Er baut sein rohes Blockhaus (...) und wohnt hier, bis er sein Land einigermaßen kultiviert hat und das Wild knapper wird (...).

Die nächste Klasse der Neusiedler kauft das Land, fügt ein Feld nach dem anderen hinzu, legt Wege an und baut primitive Brücken über die Flüsse, errichtet Häuser aus behauenen Baumstämmen mit verglasten Fenstern und Ziegel- oder Steinschornsteinen, legt hier und da Obstgärten an, baut Mühlen, Schulen, Gerichtsgebäude usw. und zeigt dabei das äußere Bild und die Formen eines schlichten bescheidenen zivilisierten Lebens. Dann kommt eine neue Welle: die Leute mit Kapital und Sinn für organisierte Unternehmen (...). Aus dem kleinen Dorf wird eine ansehnliche Gemeinde oder eine Stadt. Man errichtet große Häuser aus Ziegelsteinen, bearbeitet große Felder, Obstplantagen und Gärten, richtet Colleges ein und baut Kirchen. Feine Wollstoffe, Seide, Strohhüte, Schleifen und alle anderen Luxusartikel, Frivolitäten und Moden halten ihren Einzug.

Q4 *Wem gehört das Land?*

a) In einer amerikanischen Zeitung hieß es im Jahre 1845:

Die reichen und schönen Täler von Wyoming sind dazu bestimmt, von der angelsächsischen Rasse in Besitz genommen zu werden. (...) Die Indianer müssen der immer weiter vorrückenden und immer mehr anschwellenden Flut der Einwanderer weichen oder sie wird sie hinwegspülen. Das Geschick der Einwanderer ist in Lettern geschrieben, die nicht zu missdeuten sind. Der gleiche unerforschliche Gebieter, der Rom zum Untergang verurteilte, hat die Vernichtung der roten Menschen in Amerika beschlossen.

b) Häuptling Joseph (1840–1904) vom Stamm der Nez Perés schrieb:

Nie habe ich gesagt, dass das Land mir gehört (...). Nur der kann über das Land verfügen, der das Land geschaffen hat. Ich beanspruche nur das Recht, auf meinem Land zu leben, und euch gestehe ich das Recht zu, auf eurem Land zu leben. (...) Ich habe einige der weißen Häuptlinge gefragt, woher sie das Recht haben, dem Indianer zu sagen, er müsse sich an einem bestimmten Platz aufhalten (...). Sie können mir keine Antwort geben.

1 Beschreibe, wie die Weißen den amerikanischen Kontinent besiedelten (VT, Q3).

2 Welche Folgen hatte die Besiedlung für die indianische Bevölkerung (VT, Q1, Q2)?

3 Lies Q4a und gib mit eigenen Worten wieder, wie der Verfasser argumentiert. Beurteile anschließend seine Aussagen.

4 Wem gehört nach dem Indianerhäuptling Joseph das Land (Q4b)?

5 Überlege, wie heute in Western-Filmen die Indianer und wie die Cowboys und die weißen Siedler dargestellt werden. Wer sind die „Guten" und wer die „Bösen"?

8 Sklaven in einem demokratischen Staat?

Q1 *Illustration aus dem Roman „Onkel Toms Hütte"* (deutsche Ausgabe von 1853). Vor dem Kauf überprüfen Plantagenbesitzer die Gesundheit der Sklaven.

Diskriminierung
Benachteiligung einzelner Personen oder ganzer Gruppen durch den Staat oder andere Gruppen und Personen

Abraham Lincoln (1809–1865)
Präsident der USA von 1860 bis 1865. Er schaffte die Sklaverei ab und legte in den USA die Grundlagen für einen modernen Industriestaat. 1865 starb er an den Folgen eines Attentats.

Sklavenhaltung im Süden

Neben den Indianern wurde in den USA eine zweite Gruppe *diskriminiert:* die Sklaven. Reiche Grundbesitzer in den Südstaaten bewirtschafteten riesige Plantagen, auf denen sie billige Lohnarbeiter, aber vor allem schwarze Sklaven für sich arbeiten ließen. Im Süden war das Klima günstig, um Tabak, Baumwolle, Zuckerrohr und Reis anzubauen. Die Rohstoffe wurden in die Nordstaaten und nach Europa weiterverkauft.
Sklavenhändler machten in Afrika regelrecht Jagd auf einheimische Frauen, Männer und Kinder. Sie trieben sie zusammen und verfrachteten sie auf Schiffen nach Amerika. Dort wurden sie wie Vieh auf Sklavenmärkten verkauft.
Zwar war der Import von Sklaven schon 1807 verboten worden, doch die Plantagenbesitzer wollten auf diese billigen Arbeitskräfte nicht verzichten. Beim Kauf nahmen sie keine Rücksicht auf Familien, trennten Männer von ihren Frauen oder rissen Geschwister auseinander. Auf den Plantagen wurden die Sklaven häufig von brutalen Aufsehern bewacht und konnten nach Belieben weiterverkauft, bestraft, ausgepeitscht oder sogar getötet werden.

Handel und Industrie im Norden

Die Nordstaaten, die über eine breit gefächerte Wirtschaft mit Handwerk und Industrie verfügten, lehnten die Sklaverei ab und forderten deren Abschaffung. 1852 veröffentlichte die Schriftstellerin Harriet Beecher-Stowe den Roman „Onkel Toms Hütte", in dem sie die Unterdrückung der Schwarzen anprangerte. Der Roman, der bis heute zur Weltliteratur gehört, gab den Nordstaaten neue Argumente gegen die Sklaverei. Der Konflikt zwischen Nord- und Südstaaten spitzte sich zu. Dies lag vor allem daran, dass die Südstaaten, deren Wirtschaft auf der Sklaverei beruhte, sich in ihrer wirtschaftlichen und politischen Unabhängigkeit bedroht fühlten.

Amerikaner bekämpfen Amerikaner

Als 1860 mit *Abraham Lincoln* ein entschiedener Gegner der Sklaverei zum Präsidenten gewählt wurde, erklärten die Südstaaten ihren Austritt aus den USA. Sie gründeten die „Konföderierten Staaten von Amerika". Lincoln war nicht bereit, die Spaltung zu tolerieren. 1861 brach ein Bürgerkrieg aus, der mit brutaler Gewalt geführt wurde. 1863 verkündete Lincoln die Sklavenbefreiung und zwei Jahre später musste der militärisch unterlegene Süden kapitulieren. Die Sklaverei wurde abgeschafft.
Die Schwarzen waren fortan jedoch keineswegs gleichberechtigt. Ihre Benachteiligung, etwa bei der politischen Mitsprache, beim Einkommen oder den Bildungschancen hielt noch jahrzehntelang an. Erst 1954 wurde die Rassentrennung für verfassungswidrig erklärt. Viele weiße Amerikaner waren dennoch gegen die formale Gleichberechtigung der farbigen Bevölkerung. Doch ab 1964 verbot ein Gesetz jede Diskriminierung. Mittlerweile demonstrierten die Schwarzen vehement für ihre Rechte. Der Bürgerrechtler Martin Luther King trug maßgeblich zur Aufhebung von Rasseschranken und Diskriminierung bei. Er leitete den „Marsch auf Washington", eine Massendemonstration mit über 200 000 Teilnehmern. 1968 wurde King von einem Attentäter ermordet.

Q2 *Ein ehemaliger Sklave berichtet, wie er und seine Familie verkauft wurden:*

Meine Brüder und Schwestern wurden zuerst versteigert, einer nach dem anderen, während mich meine Mutter, gelähmt vor Schmerz, bei der Hand hielt. Dann kam sie an die Reihe und sie wurde an Mr. Riley verkauft. Als für mich Geld geboten wurde, drängelte sich meine Mutter durch die Menge und warf sich Mr. Riley zu Füßen. Halb von Sinnen aus Angst, von allen ihren Kindern getrennt zu werden, flehte sie ihn an, so wie es nur eine Mutter kann, doch mich zu kaufen. So wäre wenigstens ihr jüngstes Kind bei ihr. Der Mann machte sich mit brutalen Schlägen und Tritten von ihr los. Meine Mutter sah ich nie wieder.

Q3 *Über das Ziel des Bürgerkrieges äußerte sich Präsident Abraham Lincoln gegenüber der New Yorker Zeitung „Tribune":*

Mein höchstes Ziel in diesem Ringen ist die Rettung der Nation, nicht die Bewahrung oder Abschaffung der Sklaverei. Wenn ich die Union retten könnte, ohne einen einzigen Sklaven zu befreien, dann würde ich es tun; und wenn ich sie dadurch retten könnte, dass ich alle Sklaven befreite, dann würde ich es tun; und wenn ich sie retten könnte, indem ich einige Sklaven befreite und andere nicht, dann würde ich auch das tun.

Q4 *In seiner Proklamation der Sklavenbefreiung sagte Präsident Lincoln 1863:*

Und kraft meiner Macht (...) ordne ich an und verkünde, dass alle in den angeführten Staaten und Teilen von Staaten als Sklaven gehaltenen Personen frei sind und fortan bleiben sollen; und dass die Vollzugsorgane der Vereinigten Staaten, einschließlich der Militär- und Marinebehörden, die Freiheit besagter Personen anerkennen und gewährleisten.

Q5 *1865 besuchte Präsident Lincoln den Südstaatenstaat Richmond. Admiral Porter, der ihn begleitete, schrieb:*

An der Anlegestelle stand ein kleines Haus, hinter dem etwa zwölf Neger mit Spaten gruben. Ihr Anführer war ein sechzigjähriger Alter, der sich, als wir landeten, aufrichtete und eine Hand über die Augen legte. Dann ließ er seinen Spaten fallen und sprang auf uns zu. „Gesegnet sei Gott", rief er. „Da kommt der große Messias. Ich ihn sofort erkennen, er schon in meinem Herzen lebt lange Jahre. Und nun er ist gekommen, um zu befreien seine Kinder aus der Knechtschaft." Er fiel vor dem Präsidenten auf die Knie und küsste ihm die Füße. Die anderen folgten seinem Beispiel und in einer Minute war Mr. Lincoln von diesen Leuten umringt, die sein Bild, das sie von Fotografien kannten, in ihrem Herzen getragen hatten und seit Jahren nach ihm ausschauten als ihrem Retter, der sie aus ihrer Gefangenschaft befreien würde.

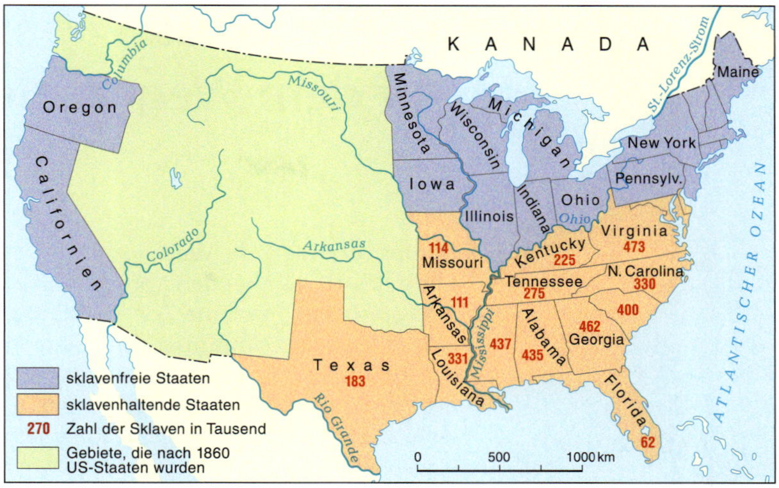

D1 *Verbreitung der Sklaverei in den USA um 1860 in Tausend.* – Erkläre die Ausdehnung und den Umfang der Sklaverei.

Q6 *Die Sklavenfrage (Lithografie aus der satirischen Zeitschrift „Punch" von 1856).* – Beschreibe und erläutere die Karikatur. Wen stellen die Personen links und rechts dar? Versuche auch, die Bildunterschrift zu übersetzen.

THE DIS-UNITED STATES—A BLACK BUSINESS.

TIPP

Den Roman „Onkel Toms Hütte" gibt es heute auch als Jugendbuch (Harriet Beecher-Stowe, Arena-Verlag, 1997).

1. *Stelle die Positionen gegenüber, wie Nord- und Südstaaten zur Sklaverei standen (VT).*
2. *Beschreibe das Leben eines Sklaven auf einer Plantage (VT, Q2).*
3. *Erläutere, wie es zum amerikanischen Bürgerkrieg kam (VT, Q6).*
4. *Worum ging es Abraham Lincoln vor allem? Lies dazu Q3 und Q4.*
5. *Überlege gemeinsam mit deinem Banknachbarn, warum Sklaven noch lange Zeit diskriminiert und als Menschen „zweiter Klasse" behandelt wurden.*

9 Abschluss
Auf dem Weg in die Moderne

Adam Smith
Begründer des Wirtschaftsliberalismus
(1723–1790)

James Watt
Ingenieur und Erfinder
(1736–1819)

George Washington
erster Präsident der USA
(1787–1797)

Thomas Jefferson
Verfasser der Unabhängigkeitserklärung,
Präsident der USA
(1801–1809)

Abraham Lincoln
Präsident der USA während des Bürgerkrieges
(1861–1865)

Dampf verändert die Welt

Mitte des 18. Jahrhunderts brach in England eine neue, moderne Zeit an: Mit der Erfindung der Dampfmaschine begann das Industriezeitalter. Als James Watt 1769 die Dampfmaschine entwickelte, ahnte er wohl kaum, wie sehr er damit innerhalb einer Generation Leben und Arbeitswelt der Menschen verändern würde. Der Siegeszug der Dampfmaschine wurde begleitet von weiteren Erfindungen, die den Arbeitsprozess beschleunigten. Während die ersten Fabriken entstanden, verloren etliche kleine Werkstätten, Handwerksbetriebe und Heimarbeiter ihre Arbeit. Städte entwickelten sich zu Industriestandorten. Die Produktion in der Landwirtschaft stieg durch den Maschineneinsatz schlagartig an, viele Landarbeiter aber verloren ihren Arbeitsplatz und flüchteten in die immer schneller wachsenden Städte.

13 Kolonien gegen England

Anfang des 17. Jahrhunderts gründeten englische Siedler in Nordamerika Kolonien. Sie waren aus ihrem Heimatland ausgewandert, weil sie in der Fremde auf ein besseres Leben hofften. Im Laufe der Zeit nahm der Zustrom auf den neuen Kontinent immer mehr zu. Neben Engländern kamen auch Siedler aus anderen Staaten, Deutsche etwa oder Franzosen. Sie alle genossen ein weitgehend freies und selbstständiges Leben in den Kolonien, räumte das Mutterland England den Kolonisten doch zunächst beträchtliche Selbstbestimmungsrechte ein. Doch mit der Zeit verschlechterte sich das Verhältnis zwischen Kolonisten und der englischen Obrigkeit. Diese versuchte nämlich zunehmend, vom Reichtum der Kolonien zu profitieren, und erließ hohe Steuern. Die Siedler akzeptierten die Bevormundung durch das Mutterland nicht, zumal sie nicht im dortigen Parlament vertreten waren und folglich politisch nicht mitbestimmen konnten. Gemeinsam erhoben sich die Kolonisten gegen die englische „Fremd"-Herrschaft. Sie griffen zu den Waffen und kämpften für die Unabhängigkeit.

Neuer Staat mit moderner Verfassung

Am 4. Juli 1776 erklärten sich die Kolonisten schließlich für unabhängig und gründeten einen neuen Staat: die Vereinigten Staaten von Amerika. Ihr erster Präsident wurde George Washington.
Das Ziel der Kolonisten war es gewesen, Freiheit und Gleichheit für alle Einwohner in den USA zu verwirklichen. Deshalb schrieb die Verfassung des neuen Staates erstmals in der Geschichte auch die Gewaltenteilung, politische Mitbestimmung und die Menschenrechte fest. Dies war der Anfang der modernen Demokratie, doch manche Ungerechtigkeit blieb noch Jahrhunderte bestehen. So zählten Indianer und Farbige lange Zeit als Menschen zweiter Klasse – für sie galten die Menschenrechte nicht.

- **Beginn des 17. Jahrhunderts**
  Englische Siedler gründen Kolonien in Nordamerika. Dort leben sie über Jahrzehnte recht selbstständig und frei.
- **Mitte des 18. Jahrhunderts**
  Erfindungen in der Textilindustrie beschleunigen den Arbeitsprozess.
- **1769**
  Mit der Dampfmaschine revolutioniert James Watt die Arbeitswelt. Waren können künftig maschinell in kürzerer Zeit und in größerer Menge hergestellt werden.
- **4. Juli 1776**
  Die Kolonien in Nordamerika erklären ihre Unabhängigkeit. Sie wollen nicht mehr vom Mutterland England reglementiert werden.

Moderne Zeiten

Wähle eine der folgenden Aufgaben und bearbeite sie in Einzelarbeit (Aufgabe 1) oder Partnerarbeit (Aufgabe 2).

1) Während einer Reise nach England sieht ein deutscher Kaufmann Ende des 18. Jahrhunderts erstmals eine Dampfmaschine. In einem Brief an einen Kollegen in Deutschland beschreibt er ihm diese neue Maschine. Verfasse diesen Brief und gehe dabei sowohl auf wirtschaftliche Möglichkeiten als auch auf befürchtete Probleme ein.

2) Stelle dir vor, du bist ein Reporter im 18. Jahrhundert und sollst einen weißen Siedler in den USA über seine Erfahrungen interviewen. Besonders interessiert dich dabei, auf welche Schwierigkeiten er bei der Besiedlung des Kontinents stößt und wie er diesen begegnet. Befrage dazu deinen Nachbarn, der in die Rolle des Siedlers schlüpft.

In einem zweiten Durchgang tauscht ihr die Rollen. Nun berichtest du deinem Nachbarn aus der Perspektive eines Indianers, wie du die Besiedlung durch die Weißen erlebst.
Erstellt aus den Interviews eine Reportage. Eure Ergebnisse könnt ihr dann als „Presseschau" im Klassenzimmer präsentieren.

Erkläre diese Grundwissenbegriffe:

Unabhängigkeitserklärung der USA
(S. 86/87)

Verfassung
(S. 86)

Grundrechte/ Menschenrechte
(S. 86)

Auch diese Begriffe sind wichtig:

industrielle Revolution
(S. 78)

Staatenbund
(S. 87)

Bundesstaat
(S. 87)

Zentralstaat
(S. 87)

■ **1787**
Die Verfassung der USA tritt in Kraft. Es ist die erste Verfassung einer modernen Demokratie, in der die Menschenrechte und die Gewaltenteilung festgeschrieben wurden.

■ **1790–1860**
Bei der Besiedlung des amerikanischen Kontinents werden die Indianer rücksichtslos vertrieben, in Reservate umgesiedelt und getötet.

■ **1861–1865**
Ein Bürgerkrieg zwischen den Nord- und den Südstaaten bricht in den USA aus. Präsident Abraham Lincoln führt die Nordstaaten zum Sieg und schafft die Sklaverei ab.

1789 stürmten die Menschen in Paris die Gefängnisfestung Bastille und entfesselten damit eine große Revolution: Die alten Vorrechte der Adligen und Geistlichen wurden abgeschafft, der König wurde abgesetzt und schließlich hingerichtet. Stattdessen gaben sich die französischen Bürger eine neue Verfassung. Viele Völker Europas folgten dem Beispiel der Franzosen, sodass die Französische Revolution schließlich die gesamte europäische Staatenwelt veränderte.

5. Mai 1789

Die Generalstände treten zusammen.

20. Juni 1789

Die Nationalversammlung beschließt, eine neue Verfassung auszuarbeiten.

26. August 1789

Die Nationalversammlung beschließt die Menschen- und Bürgerrechte.

1791

Die französische National-versammlung verabschiede eine neue Verfassung.

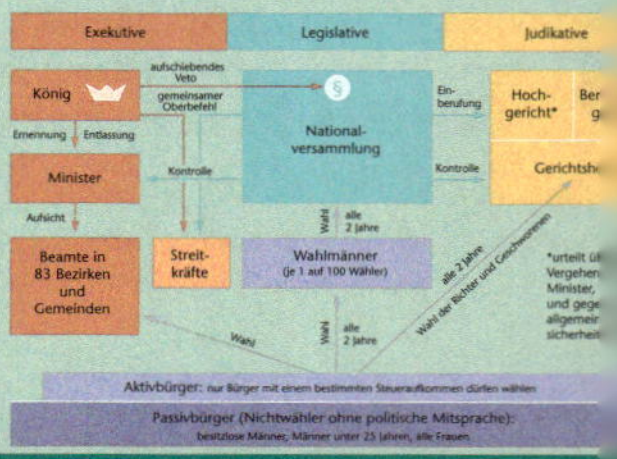

Die Französische Revolution

Der Sturm auf die Bastille am 14. Juli 1789 (zeitgenössischer Stich). Die alte Festung wurde als Staatsgefängnis und Waffenmagazin genutzt. Obwohl in der Bastille im Juli 1789 nur noch wenige Gefangene saßen, wurde ihre Erstürmung zum Symbol der Revolution.

21. Januar 1793

König Ludwig XVI. wird hingerichtet.

1793/94

Die Schreckensherrschaft der Jakobiner

1799–1804

Der General Napoleon Bonaparte übernimmt die Macht und krönt sich 1804 zum Kaiser von Frankreich.

bis 1812

Napoleon dehnt seine Herrschaft über weite Teile Europas aus.

1 Die Krise des französischen Absolutismus

Q1 *„Hoffen wir, dass das Spiel bald ein Ende nimmt“*, seufzt der Bauer. Aus seiner Tasche hängen Zettel, auf denen die Salz-, Tabak- und Kopfsteuer, Abgaben und Dienste genannt werden; auf der Hacke steht: „Mit Tränen getränkt“. Auf den anderen Zetteln steht: „Bischof, Abt, Herzog, Graf, Pension, Großspurigkeit“ und auf dem Degen: „Gerötet vom Blut“ (französische Karikatur aus dem Jahr 1789).

Vorrechte von Adel und Geistlichkeit

1774 wurde Ludwig XVI. König von Frankreich. Zu dieser Zeit hatte das Land einen langen Wirtschaftsaufschwung hinter sich. Viele Bürger waren durch Handel, Bankgeschäfte, Schifffahrt oder einen eigenen Betrieb reich geworden. Doch im Staat galten sie nicht viel. Wenn wichtige Positionen in der Verwaltung oder Offiziersstellen in der Armee zu besetzen waren, bekamen Adlige den Vorzug. Viele Adlige wollten sich jedoch nur Titel, Einkommen und Rechte sichern. Die Pflichten, die damit verbunden waren, nahmen sie nicht ernst.

Neben dem Adel war der Klerus mächtig und einflussreich. Den Reichtum der Kirche genossen vor allem hohe Geistliche, die meist aus dem Adel stammten. Die Grenzen der traditionellen *Ständegesellschaft* aus Adel, Klerus und drittem Stand prägten das Leben.

Ein ungerechtes Steuersystem

In der Ständeordnung bildete der Klerus den ersten Stand: Reiche Bischöfe und Äbte kamen aus dem Adel, arme Landpfarrer stammten meist aus Handwerker- und Bauernfamilien. Zum zweiten Stand gehörte der Adel, dessen Mitglieder ebenfalls in den unterschiedlichsten wirtschaftlichen Verhältnissen lebten. Diese ersten beiden Stände waren im Vergleich zum dritten Stand *privilegiert*, denn weder Klerus noch Adel mussten direkte Steuern bezahlen.

Den größten Teil der Steuereinnahmen brachten folglich die Mitglieder des dritten Standes auf. Reiche Bankiers und Händler gehörten dazu, Handwerker, Unternehmer und Beamte, aber auch Bauern. Die Oberschicht des dritten Standes übertraf die Adligen nicht selten an Reichtum. Doch obwohl der dritte Stand am meisten zum Steueraufkommen beitrug, hatte er keine Möglichkeit, im Staat mitzubestimmen.

Frankreich in Not

Als König Ludwig XVI. den französischen Thron bestieg, war das Land trotz des Wirtschaftsaufschwungs tief verschuldet. Die vielen Kriege seit Sonnenkönig Ludwig XIV. und das aufwändige Leben in Versailles waren kostspielig. Nach wie vor lebte die adlige Hofgesellschaft über ihre Verhältnisse, veranstaltete rauschende Feste und verschwendete täglich ganze Vermögen. Gleichzeitig unterstützte Frankreich die nordamerikanischen Kolonisten in ihrem Unabhängigkeitskrieg gegen England, was noch einmal viel Geld kostete (vgl. S. 86).

Um mehr Steuern einnehmen zu können, schlugen die Finanzminister des Königs Reformen vor. Die Ausgaben für den Hof sollten drastisch reduziert und das Steuersystem umgestaltet werden. Doch Adel und Klerus wehrten sich, denn sie wollten ihre Privilegien nicht verlieren.

Gegen Ende der 1780er-Jahre verschlechterte sich zudem die wirtschaftliche Lage: In den Städten waren viele Menschen ohne Arbeit. Gleichzeitig stieg der Brotpreis seit 1787 ständig an, nachdem Überschwemmungen, Dürreperioden und ein strenger Winter zu Missernten geführt hatten. Handwerker und Bauern hungerten, und ihre Wut auf den Adel und den König wuchs.

Zeitreise Online-Link 427030-0004

A-Z

Ständegesellschaft
Die Einteilung der Gesellschaft in Adel, Klerus und Bürgertum. Die Zugehörigkeit zu einem bestimmten Stand war bei Adel und Bürgertum in der Regel durch die Geburt vorgegeben.

Privilegien
Sonderrechte für einzelne Personen oder Personengruppen im Staat

Q3 *Austernfrühstück* (Gemälde von Jean Francois de Troy, 1645–1730). In vielen Einzelheiten gelang es dem Maler, den Luxus absolutistischer Feste darzustellen.

1. *Welche Stände verkörpern die drei Männer in der Karrikatur Q1? Begründe deine Meinung, indem du Kleidung, Haltung und Texte auswertest.*
2. *Betrachte Q3: Was erfährst du über die Lebensweise der adligen Gesellschaft?*
3. *Vergleiche die Balkendiagramme in D2. Was sagen sie über die Ständegesellschaft in Frankreich aus? Berechne den Anteil der ersten beiden Stände an der Gesamtbevölkerung in Prozent.*
4. *Beurteile die Einnahmen und Ausgaben des französischen Staates in D1. Warum drohte ohne Erhöhung der Steuern ein Staatsbankrott?*

Q2 *Durch ein gerechteres Steuersystem wollte Finanzminister Calonne die Einnahmen erhöhen. 1787 erklärte er:*

Was bleibt, um einen entsetzlichen Fehlbetrag zu decken und das ersehnte Gleichgewicht im Staatshaushalt herzustellen? (…) Die Missbräuche. Ja, meine Herren, in den Missbräuchen selber findet sich ein Schatz von Reichtümern, die der Staat zurückfordern darf und zurückfordern muss, um die Ordnung wieder herzustellen. Die Missbräuche werden verteidigt durch persönliche Interessen, Einfluss, Vermögen und alte Vorurteile (…). Das sind die [Missbräuche], die auf der arbeitenden und erwerbenden Klasse lasten: die Missbräuche der Geldprivilegien, die Befreiung vom gemeinsamen Recht und all die ungerechten Bevorzugungen, die einen Teil der Steuerpflichtigen nur entlasten können, um das Los der anderen zu erschweren; die allgemeine Ungleichheit in der Erhebung der Abgaben, das ungeheure Missverhältnis in den [Steuer]leistungen der verschiedenen Provinzen und den Lasten der Untertanen ein und desselben Souveräns (Herrschers).

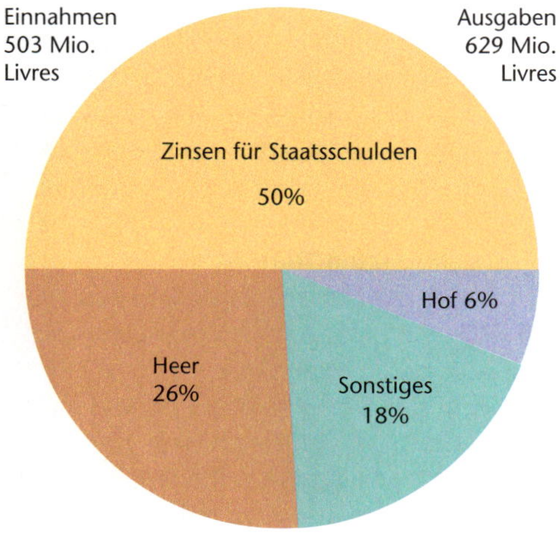

D1 *Der französische Staatshaushalt 1788*

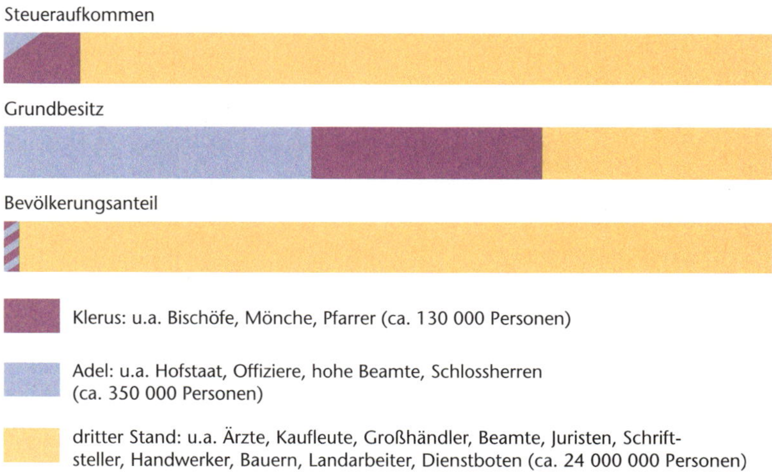

D2 *Die französische Ständegesellschaft vor 1789*

2 Die Revolution des dritten Standes

Q 1 Die Eröffnung der Generalstände (Gemälde, um 1840). Die drei Stände sitzen in geschlossenen Blöcken zu ebener Erde. Die Vertreter des dritten Standes waren vor allem Rechtsanwälte und Richter, daneben Kaufleute, Unternehmer und Großgrundbesitzer.

A-Z

Generalstände
Parlament, in dem die drei Stände zusammentraten, um über die Steuerpläne des Königs zu beschließen. Jeder Stand hatte eine Stimme. 1614 hatten sich die Generalstände das letzte Mal versammelt. Seither regierten die Könige unabhängig von ihrem Rat.

Kokarde
Abzeichen, auch Erkennungszeichen. Die Farben Blau, Weiß, Rot zeigten 1789 eine revolutionäre Gesinnung an.

Die Einberufung der Generalstände

Am 5. Mai 1789 geschah etwas Unglaubliches: Der König eröffnete im Schloss von Versailles eine Versammlung, der die gewählten Vertreter aller drei Stände angehörten. Man nannte sie die *Generalstände*.
Dies war seit 1614 nicht mehr geschehen. Die absolut herrschenden Könige hatten versucht, ohne die Mitbestimmung der Generalstände allein zu regieren. Doch Ludwig XVI. konnte nicht mehr ausweichen. Sein Versuch, die Steuern zu erhöhen und die Steuerfreiheit von Klerus und Adel abzuschaffen, war auf den Widerstand der „Parlamente" gestoßen. Dies waren Gerichtshöfe, in denen Adlige den Gesetzen des Königs durch ihre Zustimmung Gültigkeit verliehen. Nun sollten die Generalstände über die Steuerpläne beraten.
Während der Vorbereitungen der Generalstände hatten zahlreiche Dörfer und Städte Beschwerdebriefe verfasst. Sie zeigen uns noch heute deutlich, unter welchen Bedingungen die Franzosen lebten und welche Veränderungen sie forderten.

Die Nationalversammlung

Die Generalstände setzten sich aus rund 300 Geistlichen, 300 Adligen und 600 Bürgerlichen zusammen, die aus ganz Frankreich kamen. Schon bald gerieten sie in Streit darüber, ob nach Ständen oder nach Köpfen abgestimmt werden solle. Die Vertreter des dritten Standes forderten eine „Abstimmung nach Köpfen", also eine Stimmenzählung nach Anzahl der Abgeordneten. Auf diese Weise wollten sie erreichen, nicht einfach überstimmt werden zu könnnen.
Gegen den Willen des Königs luden sie die Abgeordneten der beiden anderen Stände ein, gemeinsam über eine neue Ordnung für Frankreich zu beraten. Mehrere Geistliche – vor allem aus dem niederen Klerus – und einige Adlige waren dazu bereit. Nach wochenlangen Auseinandersetzungen mit dem König erklärte sich der dritte Stand zur Nationalversammlung: zur einzigen rechtmäßigen politischen Vertretung aller Franzosen. Der König ließ daraufhin den Tagungsraum schließen. Die Abgeordneten des dritten Standes zogen nun in ein leer stehendes Ballhaus des Hofes. Dort schworen sie feierlich, nicht eher auseinanderzugehen, bis sie Frankreich eine Verfassung gegeben hatten.

Der Sturm auf die Bastille

In Paris wurde die Lage immer kritischer. Die Menschen waren unzufrieden. Viele hatten keine Arbeit und die Brotpreise stiegen immer weiter. Der König musste versuchen, die Lage zu beruhigen. Einerseits empfahl er nun den Vertretern der ersten beiden Stände, sich der Nationalversammlung anzuschließen. Andererseits ließ er am 12. Juli Truppen an den Grenzen von Paris aufmarschieren. Als sich diese Nachricht verbreitete, bildeten die Bürger Nationalgarden und plünderten Waffenmagazine. Am 14. Juli stürmten sie die Bastille, die berüchtigte Gefängnisfestung. Die Lage entspannte sich erst, als Ludwig XVI. seine Truppen zurückzog und selbst in Paris erschien. Unter dem Jubel der Bevölkerung heftete er sich eine blau-weiß-rote *Kokarde* an seinen Hut.
Ende Juli griff die Revolution auf das Land über. Bauern bewaffneten sich und vertrieben die adligen Grundherren, steckten deren Schlösser und Klöster in Brand und vernichteten die Bücher, in denen Frondienste und Abgaben festgelegt waren.

Q5 *Der Ballhausschwur am 20. Juni 1789.* Ein Jahr später erhielt der Abgeordnete und Maler Jacques Louis David den Auftrag, den Ballhausschwur in einem großen Gemälde für den Sitzungssaal der Nationalversammlung festzuhalten. Sein Entwurf, der hier als Federzeichnung abgedruckt ist, fand 1791 große Zustimmung. Die Szene hat so allerdings nicht stattgefunden, sondern wurde vom Maler besonders ausgeschmückt.

Q2 *Im Januar 1789 verfasste der Abbé Sieyès, ein Geistlicher adliger Herkunft, das Flugblatt „Was ist der dritte Stand?":*

Was ist der dritte Stand? – Alles. Was ist er bis jetzt in der politischen Ordnung gewesen?– Nichts. Was fordert er? – Endlich etwas zu sein. (...) Was braucht die Nation, um zu bestehen und zu blühen? – Private Verrichtungen und öffentliche Ämter. (...) Diese Arbeiten halten die Gesellschaft zusammen. Wer übt sie aus? Der dritte Stand. Wer wollte es noch bezweifeln, dass der dritte Stand alles umfasst, um eine vollständige Nation zu bilden? Er ist der starke und kräftige Mann, dessen einer Arm noch immer in Ketten liegt.

Q3 *Bevor der König die Generalstände einberief, ließ er Missstände aller Art in Beschwerdeheften zusammentragen. Es gab etwa 60 000 davon. Die Bauern des Dorfes Guyancourt forderten zum Beispiel:*

1. dass alle Steuern von den drei Ständen ohne irgendwelche Ausnahmen gezahlt werden, von jedem Stand gemäß seinen Kräften,
2. das gleiche Gesetz und Recht im ganzen Königreich, (...)
5. die völlige Beseitigung jeglicher Art von Zehnten in Naturalien, (...)
8. dass die Eigentumsrechte heilig und unverletzlich seien,
9. dass rascher und mit weniger Parteilichkeit Recht gesprochen werde,
10. dass alle Frondienste, welcher Art sie auch sein mögen, beseitigt werden,
11. dass die Einziehung zum Heeresdienst nur in dringenden Fällen erfolge und (...) ohne irgendwelche Ausnahme.

Q4 *Frauen des dritten Standes verfassten 1789 eine Bittschrift an den König:*

Die Frauen des dritten Standes werden fast alle ohne Reichtümer geboren; ihre Erziehung wird vernachlässigt (...). Wir bitten Euch inständig, Sire, kostenlose Schulen einzurichten, damit wir unsere Sprache von Grund auf erlernen können, die Religion und die geistlichen und sittlichen Werte (...). Ebenso [ist] es nur gerecht, ihre [der Frauen] Stimmen zu zählen, da sie doch wie die Männer dazu verpflichtet sind, die königlichen Abgaben zu zahlen und den Verpflichtungen des Handels nachzukommen. Man wird eventuell vorbringen, alles, was man ihnen gewähren könne, sei ihnen zu gestatten, sich durch Bevollmächtigte in den Generalständen vertreten zu lassen. Man könnte dem entgegnen, (...) dass weder ein Adliger einen Nichtadligen vertreten kann noch dieser einen Adligen; ebenso (...) können Frauen nur von Frauen vertreten werden.

1. *Woran erkennt man auf dem Gemälde Q1 die Abgeordneten der drei Stände? Wo sitzen der König und die Königin, wo die höchsten Würdenträger des Staates?*
2. *Stelle in einer Tabelle die Forderungen des dritten Standes zusammen. Unterscheide dabei nach den Forderungen der Bauern (Q3), der Frauen (Q4) und nach allgemeinen Forderungen (VT).*
3. *Prüfe, wobei die Flugschrift des Abbé Sieyès die Abgeordneten des dritten Standes unterstützt hat (Q2).*
4. *Stelle die Ereignisse der Revolution von der Einberufung der Generalstände bis zum Sturm auf die Bastille zusammen (VT).*

3 Methode
Karikaturen richtig deuten

Zeitreise multimedial – Das lange 19. Jahrhundert: Gesellschaft – „Karikaturen zeigen die Welt"

Das Jahr 1789
Den Franzosen gilt das Jahr 1789 bis heute als das wichtigste ihrer gesamten Geschichte. Es beendete das Zeitalter des absolutistischen Königtums und gab der großen Mehrheit des Volkes zum ersten Mal die Möglichkeit, Politik mitzugestalten. Gleichzeitig sind die Franzosen auch stolz darauf, dass ihr Land für andere zum Vorbild wurde. So ist auch der 14. Juli – der Tag, an dem Pariser Bürger die Bastille stürmten – bis heute der französische Nationalfeiertag.

Mit der Feder „aufgespießt"
Was die Menschen um das Jahr 1789 bewegt hat, können wir heute noch aus ihren Bildern ablesen. Besonders aussagekräftig sind Karikaturen. In Karikaturen drücken Zeichner ihre Meinung zu bestimmten Personen oder Ereignissen auf lustige, spöttische und besonders direkte Weise aus. Bestimmte Merkmale eines Vorgangs oder einer Person werden dabei übertrieben dargestellt und dadurch lächerlich gemacht. Mit einer Karikatur will der Zeichner also nicht einfach informieren, sondern auch Anstoß erregen und seine Zeitgenossen zum Nachdenken bringen.

Q 1 *„Wusste ich's doch, dass wir auch einmal an die Reihe kämen!"* (Französische Karikatur).

„Es lebe der gute Vater des Volkes"

„Mit Mut vollbracht"

„Friede und Eintracht"

„Um die Nation zu schützen"

Jahr der Veröffentlichung

„Es lebe der König. Es lebe die Nation." (Nation bedeutet: das ganze französische Volk, unabhängig von den sozialen Unterschieden)

die drei Stände

Kokarde mit den Farben der Revolution

„Grundsteuer"

„Gleichheit und Freiheit"

„Erleichterung für das Volk"

Q 2 *Das Ende der alten Zeit* (französische Karikatur 1789). Ordne die folgenden Begriffe in einer Tabelle:

① Hut mit Federschmuck
② Schild
③ Bischofsmütze
④ Kardinalshut
⑤ Kragen eines Geistlichen
⑥ Arm- und Schulterrüstung
⑦ Beckenschutz
⑧ Wappen
⑨ Brustpanzer
⑩ Säbel
⑪ Degen
⑫ Orden
⑬ Bischofsstab
⑭ Helm

Adel	Klerus

Methodische Arbeitsschritte

1. Aus welcher Zeit stammt die Karikatur? Wer hat sie gezeichnet?
2. Welche Szene zeigt das Bild? Welche Gegenstände, Sachverhalte, Tiere oder Personen werden abgebildet?
3. Wo weicht der Künstler oder die Künstlerin von der Wirklichkeit ab? Was ist also übertrieben oder verzerrt dargestellt?
4. Welche Symbole erkennst du? Erkläre ihre Bedeutung.
5. Gegen wen richtet sich die Kritik? Wird zum Beispiel eine Person verspottet oder werden gesellschaftliche Verhältnisse kritisiert?
6. Versuche die Aussage der Karikatur in einem Satz zusammenzufassen.
7. Überlege, welche Wirkung der Zeichner beim Betrachter erzielen wollte:
   Welches Publikum sollte angesprochen werden?
   Ergreift der Karikaturist für eine Person oder eine Sache Partei?
   Wie wirkt die Karikatur auf dich?

1 Bearbeite die Karikatur Q1 nach den methodischen Arbeitsschritten.

2 Vergleiche Q1 mit der Karikatur Q1 auf S. 98. Welche Veränderungen stellst du fest? Beachte vor allem die Aussagen der kurzen Texte und die Symbole:
– Hacke
– Kohlkopf, Vögel
– Kokarden
Wer sagt: „Es lebe der König; es lebe die Nation?“
Was soll der Begriff „Nation“ hier ausdrücken?

3 Welchem Stand gehören die jungen Männer in Q2 an? Welchen Ständen sind die Gegenstände am Boden zuzuordnen? Drücke die Aussage der Karikatur in einem Satz aus.

4 Das Jahr 1789 hat die alte Gesellschaftsordnung in Frankreich beseitigt. Welche der beiden Karikaturen drückt den Wandel deutlicher aus? Begründe deine Entscheidung.

4 Die Erklärung der Menschenrechte

Q 1 *Die Erklärung der Menschen- und Bürgerrechte vom 26. August 1789* auf einer Bildtafel der Revolutionszeit. (Die deutsche Übersetzung der Artikel ist hier in gekürzter Form in das Original eingefügt worden.)

Das Ende der Privilegien

Bauern besetzten nun die Schlösser des Landadels, raubten diese aus oder zündeten sie an. Viele Adlige fürchteten um ihr Leben und flüchteten ins Ausland. Selbst Kirchen und Klöster waren nicht mehr sicher, und auch die besitzenden Bürger fürchteten um ihr Eigentum.

Die Auflehnung der Bauern beeindruckte die Nationalversammlung. In einer Sitzung am 4. August schlug einer der reichsten Grundbesitzer Frankreichs vor, die alten Vorrechte des Adels und der Geistlichkeit abzuschaffen. In einer Welle der Begeisterung trat nun ein Adliger nach dem anderen vor und verkündete feierlich, auf seine Privilegien zu verzichten. Am frühen Morgen gab es die alte Ordnung nicht mehr. Ab sofort sollten alle Franzosen Steuern zahlen. Ebenso wurde die Leibeigenschaft der Bauern aufgehoben. Sie sollten sich von ihren Abgaben und Frondiensten freikaufen können. Bauern durften nun auch auf ihrem Besitz jagen. Der Kirchenzehnt wurde in eine allgemeine Geldsteuer umgewandelt.

Menschenrechte und neue Verfassung

„Freiheit, Gleichheit, Brüderlichkeit" lautete nun überall die Parole. Der dritte Stand hatte sich durchgesetzt. Aber er forderte mehr: Die Stände sollten ganz verschwinden. Ein Graf oder Bischof sollte nicht mehr Rechte haben als ein einfacher Bürger. Am 26. August 1789 verkündete die Nationalversammlung die Menschenrechte – die rechtliche Freiheit und Gleichheit für alle Franzosen. Damit sollten die Vorrechte des Adels und der Geistlichkeit endgültig beseitigt sein.

Die Menschenrechte bildeten die Grundlage für eine neue Verfassung, die nach langen Verhandlungen 1791 ausgearbeitet vorlag. Frankreich wurde eine *konstitutionelle Monarchie*. Damit sollten alle politischen Kräfte zufrieden gestellt werden: An der Staatsspitze stand weiterhin der König, aber die Macht war zwischen König, Nationalversammlung und den Gerichten aufgeteilt. Alle zwei Jahre sollte das Parlament, die Nationalversammlung, gewählt werden. Allerdings galt das Zensuswahlrecht, sodass nur die vermögenden Franzosen wählen konnten – das waren gerade ein Sechstel der erwachsenen Männer. Sie bestimmten jedoch auch nur Wahlmänner, die wiederum die Abgeordneten, Männer aus der vermögenden Oberschicht, wählten. Die revolutionären Unterschichten waren benachteiligt. Eine Frage blieb zudem offen: Wie würden die Menschen mit ihrer neu gewonnenen Freiheit umgehen?

2 *Zug der Frauen nach Versailles* (zeitgenössische Radierung). Am 5. Oktober 1789 zogen mehrere Tausend Frauen aus den Pariser Arbeitervierteln nach Versailles, weil sie ihre Familien nicht mehr ernähren konnten. Ihnen schlossen sich Nationalgardisten der neuen Bürgerwehr an. Die Frauen drangen in die königlichen Gemächer ein und machten den König für die Hungersnot verantwortlich. Der König musste schließlich nach Paris kommen und die Beschlüsse der Nationalversammlung anerkennen (vgl. S. 162/163).

konstitutionelle Monarchie
(von lat. constitutio = Verfassung) Herrschaftsform, in der der König an die Verfassung gebunden ist und Teile seiner Macht an eine Volksversammlung (Parlament) abgibt. Im Gegensatz zur parlamentarischen Monarchie hat der König hierbei das Recht, die Regierung abzusetzen.

3 *Die Schriftstellerin Olympe de Gouges,* mit bürgerlichem Namen Marie Aubry, besuchte die Sitzungen der Nationalversammlung, gründete eine republikanische Frauengesellschaft und verfasste politische Briefe und Streitschriften. 1793 wurde sie hingerichtet, weil sie die Führer der Revolution kritisiert hatte.

4 *Olympe de Gouges in ihrer „Erklärung der Rechte der Frau und Bürgerin", 1791:*
Art. 1: Die Frau ist frei geboren und bleibt dem Manne gegenüber gleichberechtigt. Die sozialen Unterschiede können nur auf dem allgemeinen Nutzen gegründet sein.
Art. 2: Der Zweck jeder politischen Verbindung ist die Bewahrung der natürlichen und unverjährbaren Rechte der Frau und des Mannes; diese Rechte sind Freiheit, Eigentum, Sicherheit und vor allem das Recht auf Widerstand gegen Unterdrückung.
Art. 6: Das Gesetz soll Ausdruck des Willens aller sein; alle Bürgerinnen und Bürger sollen persönlich oder über Vertreter zu seiner Entstehung beitragen, für alle sollen die gleichen Bedingungen gelten.

5 *Über das neue Wahlsystem äußerte sich der Revolutionär Jean-Paul Marat im November 1789. Marat war ein radikaler Befürworter der Revolution und erklärter Gegner der Monarchie. Er schrieb:*
Dadurch, dass die Vertretungsbefugnis (…) von den direkten Steuern abhängt, wird die Herrschaft wieder in die Hände der Reichen gelegt; und das Los der Armen, die immer unterworfen, immer unterjocht und (…) unterdrückt sind, wird sich nie mit friedlichen Mitteln verbessern lassen. (…) Im Übrigen dauert die Herrschaft der Gesetze nur so lange, wie die Völker sich ihnen zu unterwerfen bereit sind.

1 *Nenne die gesellschaftlichen Veränderungen, die die Verfügungen der Nationalversammlung brachten (VT).*
2 *Überlege, für welche Teile der Bevölkerung die Beschlüsse der Nationalversammlung von Vorteil und für welche sie von Nachteil waren (VT, Q1, Q5).*
3 *Die Ideen von 1789 finden sich heute in den Verfassungen fast aller Staaten wieder. Vergleiche mit den Artikeln 1 bis 19 des Grundgesetzes (siehe auch S. 57).*
4 *Erkläre, worin sich das Manifest der Olympe de Gouges (Q4) von der Menschenrechtserklärung (Q1) unterscheidet.*

5 Projekt
Menschenrechte heute

Menschenrechte verteidigen
Die Erklärung der Menschen- und Bürgerrechte von 1789 war ein Dokument, das vielleicht wie kein zweites gewirkt hat. Menschen in aller Welt haben seitdem dafür gekämpft, dass ihnen diese Rechte garantiert sind. Menschenrechte gehen uns alle etwas an. Daher müssen wir uns darum kümmern, dass sie auch eingehalten werden. Wenn Menschen gefoltert oder durch Terror eingeschüchtert werden, sollten wir darauf aufmerksam machen. Auch das ist ein Beitrag zum weltweiten Kampf um die Menschenrechte.

Q 1 *1948 kamen in Paris Vertreter aus den damals 48 Mitgliedsstaaten der Vereinten Nationen (United Nations Organization = UNO) zusammen. Sie veröffentlichten die „Allgemeine Erklärung der Menschenrechte“:*
Art. 1: Alle Menschen sind frei und gleich an Rechten geboren. (…)
Art. 3: Jeder Mensch hat das Recht auf Leben, Freiheit und Sicherheit der Person.
Art. 4: Niemand darf in Sklaverei und Leibeigenschaft gehalten werden. (…)
Art. 5: Niemand darf der Folter oder grausamer, unmenschlicher oder erniedrigender Behandlung oder Strafe unterworfen werden. (…)
Art. 9: Niemand darf willkürlich festgenommen, in Haft gehalten oder des Landes verwiesen werden. (…)
Art. 18: Jeder Mensch hat den Anspruch auf Gedanken-, Gewissens- und Religionsfreiheit. (…)

Q 2 *Erklärung der Rechte des Kindes. Beschluss der UNO-Vollversammlung vom 20. November 1959:*
Grundsatz 1: Das Kind erfreut sich aller in dieser Erklärung enthaltenen Rechte. Ohne jede Ausnahme und Unterscheidung oder Benachteiligung durch Rasse, Hautfarbe, Geschlecht, Sprache, Religion, politische oder sonstige Überzeugung, nationale und soziale Herkunft, Eigentum, Geburt oder sonstige Umstände, sowohl hinsichtlich seiner selbst wie seiner Familie, hat das Kind auf diese Rechte Anspruch.
Grundsatz 2: Das Kind genießt besonderen Schutz; ihm werden Gelegenheiten und Erleichterungen durch Gesetz und auf andere Weise gegeben, sich gesund und natürlich in Freiheit und Würde körperlich, geistig, moralisch, seelisch und sozial zu entwickeln. (…)

Menschenrechtsverletzungen: Eine Ausstellung planen und durchführen

1. Entscheidet euch für ein bestimmtes Thema, z. B. Folter und Misshandlung politischer Gefangener, Kinderarbeit bzw. Kindersoldaten, Unterdrückung von Minderheiten, moderne Sklaverei. Wenn ihr mehrere Themen wählt, lasst sie von verschiedenen Gruppen bearbeiten. Formuliert gemeinsam einen Titel für eure Ausstellung.
2. Überlegt, für welches Publikum die Ausstellung gedacht ist: für die eigene Klasse, die Schulgemeinschaft, einen Elternabend oder eine Abschlussfeier.
3. Sammelt Material: Zeitungsberichte, Fotos, Grafiken, Statistiken, Bücher u. a.
4. Ordnet das Material den Themen zu und bearbeitet es: Fotos muss man häufig vergrößern und eine Bildlegende dazu schreiben. Bei Texten sollte man immer überlegen, ob sie noch gekürzt werden können.
5. Für eine Ausstellung außerhalb der Klasse braucht ihr Stellwände; fragt den Hausmeister.
6. Gestaltet ein Plakat für eure Mitschüler, schreibt Einladungen für Eltern und Lehrer. Legt fest, wer die Besucher empfängt und sie durch die Ausstellung führt.

Grundsatz 3: Das Kind hat Anspruch auf einen Namen und eine Staatsangehörigkeit von Geburt an.
Grundsatz 4: (...) Das Kind hat das Recht auf ausreichende Ernährung und ärztliche Betreuung.
Grundsatz 5: Das Kind, das körperlich, geistig oder sozial behindert ist, erhält diejenige besondere Behandlung, Erziehung und Fürsorge, die sein Zustand und seine Lage erfordert. (...)
Grundsatz 7: Das Kind hat Anspruch auf unentgeltlichen Pflichtunterricht, wenigstens in der Volksschule. (...)
Grundsatz 8: Das Kind ist in allen Notlagen bei den Ersten, die Schutz und Hilfe erhalten.
Grundsatz 9: Das Kind wird vor Vernachlässigung, Grausamkeit und Ausnutzung jeder Art geschützt. Es ist in keinem Falle Gegenstand des Handels. Das Kind wird erst nach Erreichung eines geeigneten Mindestalters zur Arbeit zugelassen; nie wird es gezwungen oder wird ihm erlaubt, einen Beruf oder Tätigkeit auszuüben, die seiner Gesundheit oder Erziehung schaden oder seine körperliche, geistige oder moralische Entwicklung hemmen.

Q **3** *Moderne Sklaverei. Henriette Akofa wächst in Togo auf. Als sie fünfzehn ist, wird sie von einer Freundin der Familie mit falschen Versprechungen nach Paris gelockt. Dort wird sie jahrelang in einem Haushalt wie eine Gefangene gehalten und ausgebeutet. In ihrem Buch „Keine Zeit für Tränen" aus dem Jahr 2000 berichtet sie auch über das Schicksal anderer Mädchen:*
Celine, ein Mädchen aus Benin, war als Hausangestellte eines afrikanischen Botschafters nach Paris gekommen. Man hatte auch ihr versprochen, dass sie nur auf die Kinder aufpassen müsse, im Gegenzug könne sie die Schule besuchen. Tatsächlich aber schuftete sie den ganzen Tag im Haus und schlief auf dem Boden. Die Hausherrin beleidigte sie zuerst, dann schlug sie sie aus nichtigem Anlass. Die Schläge wurden immer schlimmer, bis ihre „Arbeitgeber" ihr eines Tages mehrere Zähne ausschlugen. (...) Einmal schüttete die Hausherrin ihr heißes Öl in die Ohren und warf sie schließlich einfach auf die Straße.

Q **4** *Über das Schicksal von Kindersoldaten berichtete UNICEF 2003:*
Für die Kommandeure sind Kinder eine ideale Verstärkung: Sie bekommen kaum Sold, sind gehorsam und begreifen oft die Gefahr, in die sie sich begeben, noch nicht. Deshalb werden sie auch an vorderster Front eingesetzt. „Sie haben mich aus meinem Dorf entführt, mich geschlagen und mir Drogen gegeben, damit ich tat, was sie wollten. Sie sagten: ‚Wenn du nicht kämpfst und unsere Feinde tötest, dann töten wir dich'", (...) erzählt Charlie aus Sierra Leone. (...) Was ihm und weiteren 10 000 Kindern zugemutet wurde, ist entsetzlich: Sie mussten Dörfer niederbrennen, wurden dazu gezwungen, Menschen Arme und Beine abzuschlagen – oft in ihrer eigenen Nachbarschaft. (...) Auch Mädchen haben die Rebellen entführt, vergewaltigt und sie gezwungen, mit ihnen zu leben. Sie wurden oft über Jahre sexuell missbraucht. Viele wurden nach den Vergewaltigungen schwanger und kehrten, selbst noch lange nicht erwachsen, mit einem Kind zurück.

Q **5** *Etwa 300 000 Kindersoldaten* werden weltweit in Konflikten eingesetzt, die meisten davon in Afrika. Sie schleppen Munition, spionieren feindliche Stellungen aus und kämpfen. Manchmal werden sie sogar gezwungen, eigene Nachbarn und Verwandte umzubringen, um ihnen eine Rückkehr in ihre Heimatdörfer unmöglich zu machen.

A-Z

Amnesty International ist eine Organisation, die sich für den Schutz der Menschenrechte einsetzt. Sie hat weltweit mehr als 1,5 Millionen Mitglieder und Förderer. Diese setzen sich für die Freilassung und Unterstützung von Personen ein, die wegen ihrer Überzeugung, ethnischen Herkunft, wegen ihres Glaubens oder Geschlechts inhaftiert sind und dabei Gewalt weder angewandt noch befürwortet haben. Darüber hinaus kämpft Amnesty International gegen Folter und Todesstrafe sowie das „Verschwindenlassen" von Menschen.

Wichtige Organisationen, die sich für die Menschenrechte einsetzen:

- UNHCR Hoher Kommissar für Menschenrechte der UNO *www.unhchr.ch*
- UNICEF Weltkinderhilfswerk *www.unicef.de*
- terres des hommes *www.tdh.de*
- Amnesty international *www.amnesty.de*

6 Frankreich wird Republik

1 *Die Kutsche mit der königlichen Familie* wird unter Bewachung der Nationalgarde nach Paris zurückgeleitet (zeitgenössischer Stich).

Republik
Staatsform, die auf der Volkssouveränität gründet, also das Volk als höchste Gewalt ansieht. Regierung und Parlament werden auf Zeit gewählt.

Jakobiner
Bezeichnung für die radikalen Revolutionäre in der Französischen Revolution. Benannt wurden sie nach ihrem Versammlungsort, dem ehemaligen Dominikanerkloster Saint-Jacques in Paris.

Die Flucht des Königs

Seit Oktober 1789 lebte die königliche Familie im Stadtschloss von Paris. Dort fühlte sie sich aber nicht sicher. Daher entschloss sich Ludwig XVI., ins Ausland zu fliehen. Von dort wollte er mit königstreuen Truppen nach Paris marschieren und die Revolution niederschlagen. In der Nacht zum 21. Juni 1791 verließ die königliche Familie heimlich die Hauptstadt. Doch 60 Kilometer vor der Grenze fiel einem Postmeister die Kutsche auf. Bei näherem Hinsehen erkannte er Ludwig XVI., als Diener verkleidet. Der König wurde unter Beschimpfungen nach Paris zurückgebracht, wo er von nun an fast wie ein Gefangener in seinem Schloss lebte.

Vor dem König waren schon rund 40 000 Gegner der Revolution ins Ausland geflohen – vor allem Adlige und Geistliche. Von England, Deutschland und Österreich aus versuchten sie, die Revolution in Frankreich zu bekämpfen. Sie forderten die europäischen Herrscher auf, für den Erhalt der alten Ordnung zu kämpfen.

Kriegsausbruch und Sturz der Monarchie

Die Herrscher von Österreich und Preußen planten nun, in Frankreich militärisch einzugreifen. Die revolutionären Ereignisse dort schienen ihre eigene Macht zu bedrohen. Zudem war der Kaiser in Wien der Schwager Ludwigs XVI. Die Franzosen bereiteten sich ihrerseits auf einen Krieg vor. Sie wollten damit einem Einmarsch ausländischer Truppen zuvorkommen und erhofften sich von einem Krieg die Ausbreitung der revolutionären Ideen in Europa.

Am 20. April 1792 erklärte Frankreich Österreich den Krieg. Anfangs erlitt die französische Armee mehrere Niederlagen gegen österreichische und preußische Truppen. Hierfür machten die Revolutionäre den König verantwortlich, der insgeheim einen Sieg der ausländischen Angreifer erhoffte. Die verbündeten Herrscher hatten gedroht, Paris zu zerstören, sollte dem König etwas zustoßen. Diese Drohung löste erst Angst, dann Empörung aus. Man warf dem König Verrat vor. Eine bewaffnete Volksmenge drang in das Schloss ein, tötete die Wachsoldaten und nahm Ludwig XVI. gefangen. Der König wurde abgesetzt und der Verschwörung mit den ausländischen Feinden angeklagt. Am 21. September 1792 erklärten die Abgeordneten Frankreich zur *Republik*. Ein neues Parlament wurde gewählt: der „Konvent".

Todesurteil gegen den König

Gegen die Bedrohung von außen meldeten sich nun immer mehr begeisterte Freiwillige, die das Vaterland verteidigen wollten. Das Nationalgefühl der Franzosen wuchs. Die erhitzte Stimmung nutzten die Anführer der Gruppe der *Jakobiner*, um die Revolution zu verschärfen. Ihre Anhänger kamen aus den unteren Volksschichten. Dort litten die Menschen Not und Hunger. Die Jakobiner gewannen nun die Oberhand. Die neu gewählte Volksvertretung verurteilte den König wegen Hochverrats zum Tode. Am 21. Januar 1793 wurde er hingerichtet, bald darauf auch die Königin, Marie Antoinette.

Dies war ein Schlag ins Gesicht der anderen Könige in Europa. Sie verbündeten sich unter der Führung Großbritanniens gegen Frankreich und verschärften den Krieg.

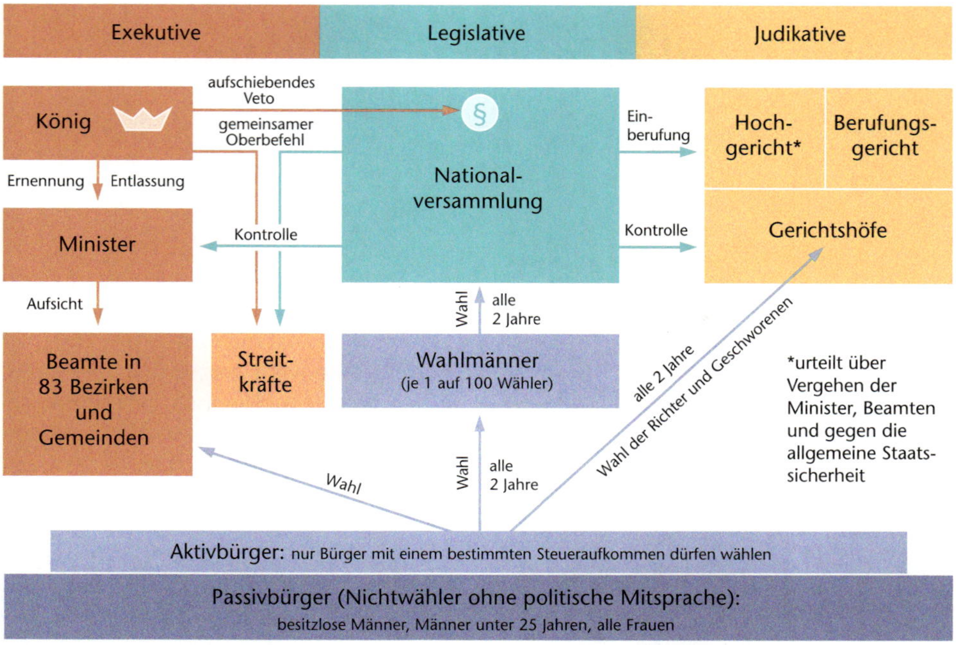

D1 *Die Verfassung Frankreichs vom 3. September 1791.* Von den 25 Millionen Einwohnern Frankreichs zählten etwa 4 Millionen zu den Aktivbürgern, nur ungefähr 50 000 Bürger zahlten so hohe Steuern, dass sie auch als Wahlmänner gewählt werden durften.

Q2 *Für den Tod des Königs stimmte auch Maximilien de Robespierre, ein junger Rechtsanwalt aus der nordfranzösischen Stadt Arras. Vor den übrigen Abgeordneten begründete er seine Entscheidung so:*

Welches ist der Entschluss, den die gesunde Politik vorschreibt, um die werdende Republik zu festigen? Dass man die Verachtung des Königtums tief in die Herzen eingrabe und alle Anhänger des Königs mit Betäubung schlage (…).

Die Völker schleudern den Blitz, das ist ihr Urteil, sie klagen die Könige nicht an, sie versenken sie in das Nichts (…). Ah, wir sind so zart gegen die Unterdrücker, weil wir ohne Erbarmen gegen die Unterdrückten sind! (…) Ludwig muss sterben, weil das Vaterland leben muss!

1. *Zeichne eine Zeitleiste für den Zeitraum von 1789 bis 1793. Trage die Ereignisse ein, die Ludwig XVI. betreffen. Wie verändert sich seine politische Stellung, wie seine persönliche Situation?*
2. *Zeige die demokratischen Elemente der Verfassung von 1791 auf (D1). Überlege, wer mit der Verfassung zufrieden sein konnte und wer nicht.*
3. *Wie begründet Robespierre in Q2 das Todesurteil gegen Ludwig XVI.?*
4. *Inszeniert eine Diskussion in der Nationalversammlung: Soll der König zum Tode verurteilt werden (VT, Q2)?*
5. *Beschreibe die Einzelheiten in der Abbildung Q3. Wie wird das Ereignis dargestellt?*

Q3 *Die Hinrichtung Ludwigs XVI.* am 21. Januar 1793 auf der Guillotine (zeitgenössischer Stich)

7 Die Revolution wird radikaler

Q 1 *Hungernde Menschen in den Pariser Elendsvierteln* (Aquarell von 1793). Wie die Menschen auf dem Bild bezahlten die einfachen Leute meist mit Papiergeld. Da die Revolutionsregierung immer mehr davon druckte, misstrauten die Menschen seinem Wert und gaben nur ungern Waren dafür her. Dadurch wurde Getreide knapp und Brot teuer.

A–Z

Levée en masse
Allgemeine Wehrpflicht, im August 1793 von den Jakobinern eingeführt, um im Krieg gegen zahlreiche europäische Mächte bestehen zu können.

„Das Vaterland ist in Gefahr"

Mit diesem Aufruf wandte sich die Nationalversammlung im Sommer 1793 an alle Franzosen. Frankreich war für einen Krieg schlecht gerüstet, denn die meisten adligen Offiziere waren geflohen. Viele marschierten sogar mit dem Feind gegen Paris.
Aufstände von königstreuen Franzosen, der erneute Vormarsch feindlicher Truppen und eine britische Seeblockade brachten die Republik an den Rand des Untergangs. Die Jakobiner versuchten, alle Kräfte zur Verteidigung des Landes zu sammeln: In der *„Levée en masse"* mobilisierten sie das Volk. Obwohl die Revolutionsarmee schlecht ausgerüstet war, drängte sie mit aller Entschlossenheit Österreicher und Preußen zurück. Die Soldaten kämpften ja auch für ihre Freiheit und nicht für einen König. Doch schon bald gewannen die gegnerischen Berufsheere wieder die Oberhand.

Jakobiner gegen Girondisten

Eine dreifache Krise bedrohte nun die Revolution: der Bürgerkrieg auf dem Land, der auswärtige Feind und die anhaltende Hungersnot. Widerstände gegen Maßnahmen der Regierung, wie die Verhaftung von Priestern, die den Eid auf die Verfassung verweigerten, nahmen zu.
Auch der Konvent zeigte sich zerstritten. Dort waren republikanisch gesinnte Abgeordnete in der Mehrheit. Am besten organisiert waren die Jakobiner. Ihre Führer Maximilien de Robespierre und Georges Danton hielten mitreißende Reden, während der Journalist Jean-Paul Marat in Zeitungsartikeln den Volkszorn gegen Königtum und Kirche lenkte. Reiche Franzosen sollten nach den Vorstellungen der Jakobiner nun Zwangssteuern bezahlen, um die hohen Staatsschulden abzubauen.
Die Gegner der Jakobiner im Konvent wehrten sich gegen eine Verschärfung der Revolution. Sie vertraten die Interessen der Bürgerinnen und Bürger mit eigenem Besitz. Anfangs waren sie auch bereit gewesen, mit dem König zusammenzuarbeiten. Da einige dieser gemäßigten Abgeordneten aus der Landschaft Gironde kamen, nannte man sie Girondisten.

Sansculotten beherrschen die Straße

Die Jakobiner stützten ihr Macht vor allem auf die Volksschichten, die nichts oder nur wenig besaßen und bisher kaum beachtet worden waren: Handwerker, Arbeiter, Marktfrauen, Wäscherinnen, Näherinnen, Tagelöhner und Kleinhändler. Die Jakobiner forderten für sie nicht nur politische Gleichberechtigung, sondern auch Brot, Kleidung und Wohnungen zu bezahlbaren Preisen. Manche Jakobiner traten bewaffnet auf und schüchterten so die Abgeordneten des Konvents ein.
Die radikalsten unter ihnen nannte man *„Sansculotten"*, weil sie die Kniehosen und Seidenstrümpfe der Reichen verachteten und stattdessen lange Hosen trugen. Sie sprachen sich mit „Bürger" an und duzten auch Fremde. Frauen und Männer zeigten ihre revolutionäre Gesinnung, indem sie blau-weiß-rot gestreifte Kleidung trugen. Dies waren die Farben der Nation.

Q5 *„Bürgerinnen" und „Bürger" des neuen Frankreich tanzen um einen „Freiheitsbaum" und singen Revolutionslieder* (zeitgenössische Radierung). Freiheitsbäume waren überall in Frankreich am 14. Juli 1790 zum Andenken an den Sturm auf die Bastille gepflanzt worden. Die rote Mütze galt seit der Antike als Zeichen der befreiten Sklaven; sie war nun die Kopfbedeckung der Sansculotten.

Sansculotte
(frz. sans = ohne; culotte = Kniehose)
Bezeichnung für die radikalen Republikaner

Q2 *Die Erziehung von Kindern sollte nach dem Willen des Jakobiners Saint-Just im Sinne der Revolution so aussehen:*

Die Kinder gehören fünf Jahre lang ihrer Mutter, wenn sie selber sie ernährt hat, dann bis zu ihrem Tod der Republik (…).

Das Kind und der Bürger gehört dem Vaterland. Gemeinsame Erziehung ist Pflicht. Die Disziplin der Kindheit ist unerbittlich hart. (…)

Im Alter von fünf bis sechzehn Jahren werden die männlichen Kinder für das Vaterland erzogen. (…)

Kinder dürfen weder geschlagen noch liebkost werden. Man lehrt sie das Gute, indem man sie der Natur überlässt. (…)

Die Kinder werden zu allen Jahreszeiten in Leinen gekleidet. Sie schlafen auf Matten und ruhen acht Stunden. Sie werden gemeinsam ernährt. Sie bekommen nur Wurzeln, Früchte, Gemüse, Brot und Wasser zu essen (…).

Alle Kinder tragen bis zum Alter von sechzehn Jahren die gleiche Kleidung. Von sechzehn bis einundzwanzig tragen sie die Kleidung des Arbeiters, von einundzwanzig bis fünfundzwanzig den Soldatenrock (…).

Die Mädchen werden im Hause ihrer Mütter erzogen.

Q3 *Das Gesetz zur allgemeinen Volksbewaffnung („Levée en masse") von 1793:*

Art. 2: Die jungen Männer gehen an die Front, die Verheirateten schmieden Waffen und übernehmen den Verpflegungstransport; die Frauen nähen Zelte, Uniformen und tun in den Hospitälern Dienst; die Kinder zupfen aus altem Leinenzeug Scharpie (Verbandsmaterial); die Greise lassen sich auf öffentliche Plätze tragen, um den Soldaten Mut und Hass gegen die Könige zu predigen und ihnen die Einheit der Republik einzuschärfen. (…)

Art. 7: Niemand kann sich bei dem Wehrdienst, zu dem er einberufen wird, von einem anderen vertreten lassen.

Q4 *Das bekannteste Revolutionslied lautete in einer radikalen Fassung so:*

Ah, das geht ran, das geht ran,
  das geht ran,
Die Aristokraten an die Laterne;
Ah, das geht ran, das geht ran,
  das geht ran,
Die Aristokraten, hängt sie dran!
Und wenn sie alle hängen, marsch,
Haut man ihn'n die Schippe vorn Arsch.
Ah! das geht ran, das geht ran,
  das geht ran.

1 *Mit welchen Argumenten konnten radikale Politiker seit 1792 vor allem die unteren Volksschichten für sich gewinnen (VT, Q1)?*
2 *Gegen wen richtet sich der Text des Revolutionsliedes Q4?*
3 *Betrachte Q5 und liste die darin abgebildeten Symbole auf. Welche Bedeutung haben sie? Zu welcher Gruppe gehört der Mann rechts? Worauf will er die anderen hinweisen?*
4 *Überlege, an welchem antiken Vorbild sich Saint-Just in Q2 orientiert. Was hältst du von seinem Vorschlag?*

8 Der große Terror und die Folgen

Q 1 *Maximilien de Robespierre (1758–1794)* wuchs in ärmlichen Verhältnissen auf. Da er sehr begabt war, bekam er ein Stipendium für die Universität und wurde Anwalt. 1789 wurde er als Abgeordneter des dritten Standes in die Generalstände gewählt. 1793 gehörte er zu den führenden Jakobinern.

Die Revolution unter Druck

Die Jahre 1793/94 gingen als die Zeit des „großen Terrors" in die französische Geschichte ein. Tausende von Menschen wurden ohne einen ordentlichen Prozess hingerichtet. Wie war das in einem Staat möglich, der gerade erst die Menschenrechte zu seiner Grundlage gemacht hatte?
1793 kamen von überall her schlechte Nachrichten: Räuberbanden zogen plündernd durch das Land, in Westfrankreich gab es Aufstände königs- und kirchentreuer Bauern und in den Städten hungerten nach wie vor die Menschen. Zudem hatte England nach der Hinrichtung Ludwigs XVI. ein starkes Bündnis europäischer Staaten gegen Frankreich zusammengebracht. Ihr Plan war, die Revolutionsregierung in Paris abzusetzen und die Monarchie wieder einzuführen.

Die Schreckensherrschaft Robespierres

Im Konvent setzten sich nun die Jakobiner gegen die Girondisten durch, die sich vergeblich gegen staatliche Eingriffe in die Wirtschaft gewehrt hatten. Fortan galten sie den Jakobinern als Feinde der Revolution.
Der Jakobiner Maximilien Robespierre erhielt als Vorsitzender des neu eingerichteten „Wohlfahrtsausschusses" fast unbeschränkte Vollmachten. Der Wohlfahrtsausschuss zwang Händler und Bauern, billiges Getreide zu liefern. Für Brot, Fleisch, Salz, Zucker und andere Alltagsgüter wurden niedrige Höchstpreise festgesetzt. Wer sich nicht daran hielt, galt als „Feind der Republik" und musste mit harten Strafen rechnen. Das „Gesetz über die Verdächtigen" wurde zur Grundlage einer blutigen Schreckensherrschaft: Adlige, Geistliche und Emigranten wurden als Staatsfeinde getötet. Selbst Händler, die sich nicht an die Höchstpreise hielten, fielen dem Terror zum Opfer. Fast jeder konnte verhaftet und eingesperrt werden. Bürger bespitzelten sich gegenseitig, die Behörden durchsuchten Häuser. Revolutionsgerichte fällten etliche Todesurteile. Ungefähr 40 000 Menschen wurden Opfer der Schreckensherrschaft. Darunter waren auch alte Revolutionäre wie Girondisten oder auch Jakobiner, die Robespierre für seine Feinde hielt.

Der Sturz der Jakobiner

Die Zahl der Gegner des Terrors wuchs, denn viele Franzosen fürchteten um ihr Leben und um die Revolution. Am 27. Juli 1794 wurden Robespierre und seine Anhänger gestürzt, eingesperrt und am nächsten Tag ohne Verfahren hingerichtet.
Im Konvent gewannen nun jene Bürger die Mehrheit, die während der Revolution zu Vermögen gekommen waren. Viele hatten enteignetes Land billig erworben, andere waren durch Lieferungen an die Armee reich geworden. Sie wollten die Republik – aber in einer Form, die ihren Interessen nützte.
Eine neue Verfassung beendete 1795 die radikale Phase der Revolution. Ein *Direktorium* aus fünf Männern übernahm die Regierungsgewalt. Die wichtigsten Ziele waren nun, dass Eigentum geschützt und die Gesetze beachtet wurden. Das Wahlrecht für alle männlichen Franzosen ab 21 Jahren wurde wieder abgeschafft. Man beschränkte es auf diejenigen, die auch Steuern zahlten.
Andere Neuerungen blieben erhalten: So behielt man den Nationalfeiertag am 14. Juli ebenso bei wie den Revolutionskalender, der im Jahr 1 der Republik (1792) begann.

D 1 *Die Guillotine* (Modell). Die Hinrichtung mit dem Beil führte nicht immer zum Tode; deshalb entwickelte der französische Arzt Guillotin das „humanere" Fallbeil.

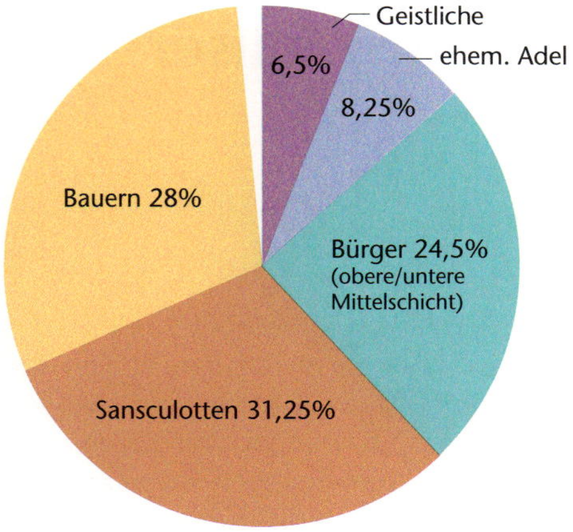

D 2 *Bilanz des Terrors:* Zwischen Oktober 1793 und Juli 1794 wurden etwa 13 000 Menschen hingerichtet, von denen wir wissen, welcher Bevölkerungsgruppe sie zuzurechnen sind.

Q 2 *Der Jakobiner Jean-Paul Marat schrieb am 10. August 1792 in einem Zeitungsartikel:*
Niemand verabscheut Blutvergießen mehr als ich, aber um zu verhindern, dass das Blut in Strömen fließt, dringe ich in euch, einige Tropfen zu vergießen. Um die Pflichten der Menschlichkeit mit der Sorge für die öffentliche Sicherheit in Einklang zu bringen, schlage ich euch vor, die revolutionsfeindlichen Mitglieder der Stadtverwaltung, der Friedensrichter (…) und der Nationalversammlung auszumerzen.

Q 3 *Wie funktionierte die Politik des Terrors? Aus dem Gesetz über die Verdächtigen, Konventsbeschluss vom 17. September 1793:*
Art. 1. Unmittelbar nach der Verkündung dieses Gesetzes werden alle Verdächtigen, die sich auf dem Gebiet der Republik befinden und noch auf freiem Fuße sind, verhaftet und eingesperrt.
Art. 2. Als verdächtig gelten:
1. diejenigen, die sich durch ihr Verhalten, ihre Beziehungen, ihre Reden oder ihre Schriften als Anhänger der Tyrannei und des Föderalismus [hier: Rebellion gegen den Konvent in mehreren Provinzen nach dem Sturz der Girondisten von Mai bis Dezember 1793] und als Feinde der Freiheit zu erkennen gegeben haben; (…)
5. jene der einstmals Adligen, die Gatten und Gattinnen, Väter und Mütter, Söhne und Töchter, Brüder und Schwestern, die nicht beständig ihre Verbundenheit mit der Revolution bekundet haben, sowie Emigranten.

Q 4 *Ein Revolutionstribunal verhört einen Bürger* (zeitgenössischer Stich). Hunderte von „Verdächtigen" wurden täglich vor solche Ausschüsse geladen: Adlige, Priester, wohlhabende Bürger, aber auch Handwerker, Bauern und Lohnarbeiter.
Ein Verteidiger, wie vor Gericht üblich, war nicht zugelassen. Urteile wurden schnell und willkürlich gesprochen. Sie lauteten meistens: „Tod durch die Guillotine!"

Q 5 *Der Jakobiner Camille Desmoulins veröffentlichte am 20. Dezember 1793 einen Appell an Robespierre, in dem er ein Ende des Terrors forderte. Wenig später wurde er verhaftet und unter der Guillotine hingerichtet. In dem Zeitungsartikel hieß es:*
Die Menschenrechtserklärung kennt kein Haus der Verdächtigung (…). Es gibt keine verdächtigen Personen, es gibt nur Angeklagte für Delikte, die durch das Recht festgelegt sind (…). Sie wollen alle Ihre Feinde durch die Guillotine auslöschen. Gab es jemals einen größeren Irrsinn? Können Sie auch nur einen Einzigen auf dem Schafott hinrichten, ohne sich zehn Feinde in seiner Familie oder unter seinen Freunden zu machen? Glauben Sie, dass diese Frauen, diese alten und gebrechlichen Menschen (…), die Sie einsperren, gefährlich sind?

Direktorium
Regierung Frankreichs 1795–1799 nach dem Sturz der Jakobiner. Sie begünstigte das Besitzbürgertum.

1. *Beschreibe die Personen in Q4. Welchen Bevölkerungsschichten könnten sie angehören? Versetze dich in die Lage des Mannes links. Was droht ihm, wenn er „schuldig" gesprochen wird?*
2. *Auf welche Weise entstand die Schreckensherrschaft und wie funktionierte sie (VT, Q2, Q3, Q5, D1, D2)?*
3. *Wie rechtfertigt Marat in Q2 die Ermordung einiger Abgeordneter?*
4. *Mit welchen Argumenten lehnt Desmoulins in Q5 den Terror ab?*

9 Napoleon Bonaparte wird Kaiser

Staatsstreich
Gewaltsamer und verfassungswidriger Sturz der Regierung. Heute redet man auch von einem „Putsch".

bürgerliches Gesetzbuch
Es regelt die privaten und wirtschaftlichen Beziehungen der Bürger, z. B. das Erbrecht oder den Kaufvertrag.

Eine schwache Regierung

Auch nach dem Sturz der Jakobiner kam Frankreich nicht zur Ruhe. Die kleinen Leute kritisierten die Abschaffung festgelegter Höchstpreise und ebenso das neue Wahlrecht, nach dem nur noch 200 000 Franzosen wählen durften. So versuchten die Jakobiner erneut, an die Macht zu kommen. Gleichzeitig planten aber auch die Anhänger der Monarchie, das Direktorium zu stürzen. Sie rückten im Herbst 1795 mit 8000 Soldaten in Paris ein. In seiner Not übertrug das Direktorium einem 26-jährigen Artilleriegeneral das Kommando über die Regierungstruppen in Paris. Der ließ in der Stadt Kanonen aufstellen und auf die anstürmenden Königsanhänger feuern. Der junge Offizier hieß Napoleon Bonaparte.

Der Aufstieg Bonapartes

Die Direktoren waren mit ihrem General zufrieden. Sie gaben ihm 1796 den Oberbefehl über einen bisher erfolglosen Teil der Armee. Bonaparte besiegte damit die Österreicher und wurde so in ganz Frankreich berühmt. 1799 nutzte er seine Macht zu einem *Staatsstreich*: Mithilfe der Armee setzte er das Direktorium ab, nannte sich selbst Erster Konsul und übernahm mit zwei weiteren Konsuln die Regierungsgewalt. „Die Revolution ist beendet", ließ er verkünden. Dies entsprach dem Willen der meisten Franzosen, die sich inzwischen vor allem Ruhe und Ordnung wünschten.
Durch Volksabstimmungen ließ sich Bonaparte zunächst 1802 zum „Konsul auf Lebenszeit", wählen. 1804 krönte er sich selbst zum „Kaiser der Franzosen".

Q1 *Wohlhabende Bürgerinnen und Bürger in der Zeit des Direktoriums* (zeitgenössische Radierung)

Ein moderner Staat ...

Napoleon wollte aus Frankreich einen modernen Staat machen. Er baute eine zentralisierte Verwaltung mit gut ausgebildeten Beamten auf. Zudem förderte er Industrie und Handel. Er ließ Kanäle und Straßen bauen und vergab Rüstungsaufträge. Die einfachen Menschen sollten Arbeit und das Bürgertum Aussicht auf Gewinne haben.
Bedeutsam war aber vor allem sein „Code civil", das *bürgerliche Gesetzbuch*. Es legte ein einheitliches Recht für alle Franzosen fest. Darin verwirklichte er die Forderungen der Revolution nach persönlicher Freiheit und Gleichheit aller vor dem Gesetz.
Die Trennung von Kirche und Staat wurde als Errungenschaft der Revolution weitgehend beibehalten. Allerdings sollten der alte Adel der Königszeit und die katholische Kirche in den neuen Staat eingebunden werden.

... und eine Militärdiktatur

Im neuen Staat gab es keine Gewaltenteilung mehr. Der Kaiser überwachte Gesetzgebung und Rechtsprechung und ernannte Richter, Beamte und Offiziere. Napoleons Macht stützte sich vor allem auf die Armee. So lange sie siegte, war seine Herrschaft kaum gefährdet. Eine echte Opposition gab es nicht, denn der Kaiser berief die Kandidaten des neu geschaffenen Senats selbst. Die Polizei bespitzelte das Volk und kontrollierte die Zeitungen. An eine freie Meinungsäußerung war nicht zu denken. Manche Entscheidungen ließ Napoleon durch Volksbefragungen bestätigen. So hatte es den Anschein, dass die Franzosen mit seiner Politik einverstanden waren.

Q2 *Über Republik und Freiheit äußerte sich Napoleon 1797 in einem vertraulichen Gespräch mit dem Diplomaten Miot de Melito:*

Glauben Sie vielleicht, dass ich eine Republik begründen will: Welcher Gedanke! (...) Das ist eine Wahnvorstellung, in die die Franzosen vernarrt sind, die aber auch wie so manche andere vergehen wird. Was sie brauchen, das ist Ruhm, die Befriedigung ihrer Eitelkeit, aber von Freiheit verstehen sie nichts. Blicken Sie auf die Armee! Die Erfolge und Triumphe, die wir soeben davongetragen haben, die haben den wahren Charakter des französischen Soldaten wieder hervortreten lassen. Für ihn bin ich alles. Das Direktorium soll es sich nur einfallen lassen, mir das Kommando über die Armee wegzunehmen! Dann wird man sehen, wer der Herr ist.

Die Nation braucht einen Führer, einen durch Ruhm hervorragenden Führer, aber keine Theorien über Regierung, keine großen Worte, keine Reden von Ideologen, von denen die Franzosen nichts verstehen. Man gebe ihnen ihre Steckenpferde, das genügt ihnen, sie werden sich damit amüsieren und sich führen lassen, wenn man ihnen nur geschickt das Ziel verheimlicht, auf das man sie zumarschieren lässt.

Q3 *In einer Verordnung über das Pressewesen heißt es im Jahr 1800:*

Ab sofort werden alle Zeitungen verboten, die Artikel gegen den sozialen Frieden, gegen die Volkssouveränität, gegen den Ruhm der Armee veröffentlichen oder die Angriffe gegen die Regierung und gegen die mit der Republik befreundeten und verbündeten Nationen enthalten, auch wenn diese Artikel Auszüge aus ausländischen Zeitungen sind.

Q5 *Napoleon Bonaparte überquert die Alpen* (Ölgemälde von Jacques Louis David, 1801). Statt des Pferdes benutzte Napoleon in Wirklichkeit ein Maultier. – Überlege, zu welchem Zweck der Maler General Napoleon so dargestellt hat. Nimm dazu die methodischen Arbeitsschritte auf der Seite 117 zuhilfe.

Q4 *Auszug aus dem bürgerlichen Gesetzbuch „Code civil" vom 21. März 1804:*

Art. 213: Die Frau (ist) ihrem Manne Gehorsam schuldig.

Art. 215: Die Frau kann ohne Genehmigung ihres Mannes nicht vor Gericht auftreten.

Art. 230: Die Frau kann (nur) (...) die Ehescheidung verlangen, wenn (der Mann seine Nebenfrau) im gemeinschaftlichen Hause gehalten hat.

Art. 544: Eigentum ist das Recht, eine Sache auf die unbeschränkteste Weise zu benutzen und darüber zu verfügen, vorausgesetzt, dass man davon keinen durch die Gesetze oder Verordnungen untersagten Gebrauch macht.

Art. 545: Niemand kann gezwungen werden, sein Eigentum abzutreten, ausgenommen zum öffentlichen Besten.

1. *Nenne die Maßnahmen, mit denen Napoleon Frankreich zu einem modernen Staat machte. Was war die Kehrseite (VT, Q3)?*
2. *Was sagt die Abbildung Q1 über die Zeit des Direktoriums aus? Warum hätten sich wohlhabende Bürger 1793/94 so nicht gezeigt?*
3. *Überprüfe anhand von Q2, wie Napoleon zur Revolution und zur Republik stand.*
4. *Der Code civil hat in den letzten 200 Jahren viele Änderungen erfahren, ist aber bis heute gültig. Was sagt das über Napoleons Gesetzeswerk aus (VT, Q4)?*

10 Methode
Historienmalerei – gemalte Geschichte?

Q 1 *Kaiserkrönung 1804* (Ausschnitt aus einem Ölgemälde von J. L. David). Napoleon greift durch die Art seines Kostüms sowie durch den Lorbeerkranz bewusst auf die Tradition römischer Kaiser zurück. Einige Symbole, wie die Lilien auf dem Mantel, knüpfen auch an die französischen Könige an.

„Ein gut gewählter Augenblick"
Im Januar 1808 beendete der Maler Jacques Louis David ein Gemälde, das schon alleine aufgrund seiner Größe für Aufsehen sorgte: 6,10 m in der Höhe und 9,30 m in der Breite! Es zeigte den Augenblick, in dem Napoleon seine Frau Josephine krönte.
An diesem 2. Dezember 1804 waren die höchsten Würdenträger Frankreichs in der ehrwürdigen Kathedrale Notre-Dame in Paris erschienen, um nach Revolution und Konsulat wieder eine erbliche Monarchie zu begründen: das Kaisertum Napoleons.
Als Napoleon das fertige Gemälde sah, war er sichtlich zufrieden. „Ein gut gewählter Augenblick", sagte er zu David.

Historiengemälde als Quelle
In einem Historiengemälde wurde ein besonderer Augenblick für die Nachwelt festgehalten. Das Geschehen erscheint darauf meist als spektakuläres Ereignis. Oft treten wichtige Persönlichkeiten, manchmal sogar der Auftraggeber selbst, in den Mittelpunkt des Gemäldes. Dabei bleibt keine Einzelheit zufällig, denn der Auftraggeber will so dargestellt werden, wie er von der Nachwelt am liebsten gesehen werden möchte.

Der Maler Jacques Louis David

David wird 1748 als Sohn eines Perückenmachers geboren. Seit 1789 begeistert er sich leidenschaftlich für den Umsturz und erhält als „Maler der Revolution" den Auftrag, den Ballhausschwur zu malen (siehe S. 101). Er wird in den Konvent gewählt und stimmt dort für die Hinrichtung des Königs. Als Anhänger Robespierres 1794 eingesperrt, wird er 1795 vom Direktorium freigelassen.

David ist von dem neuen Helden Bonaparte fasziniert; seine Bilder verbreiten den Ruhm des Ersten Konsuls. 1804 ernennt ihn Napoleon zum „Hofmaler". 1816 wird er von Ludwig XVIII. als „Königsmörder" aus Frankreich verbannt und stirbt 1825 im Exil in Brüssel.

D 1 *Anordnung der Personen im Gemälde.* Ordne die folgenden Personen den Ziffern 1–6 zu: Napoleon, Josephine, Papst Pius VII., Napoleons Schwestern als Schleppenträgerinnen, Napoleons Mutter mit Familienmitgliedern, Marschälle Napoleons.

Q 2 *Skizze zum Krönungsgemälde.* Napoleon hatte dem Papst nicht mitgeteilt, dass er vorhatte, sich selbst zu krönen. Was hatte Napoleon wohl sonst befürchtet? – Vergleiche den Entwurf (Q2) mit dem später fertig gestellten Krönungsgemälde (Q1). Überlege, warum David die Darstellung ändern musste.

Methodische Arbeitsschritte

Fragen zur Person des Malers und zur Person des Auftraggebers:

1. Wer war der Maler des Bildes? Wann hat er gelebt?
2. Wer war der Auftraggeber? Welche Position hatte er inne?

Fragen zu den dargestellten Ereignissen und Personen:

3. Was ist auf dem Gemälde zu sehen? Wie sind die Personen dargestellt?
4. Welche Personen oder Handlung stellt der Maler in den Mittelpunkt?
5. Hat der Maler das Dargestellte selbst gesehen oder haben ihm andere davon berichtet?

Fragen zur Wirkung:

6. Wie setzt der Maler Farben oder den Wechsel von Licht und Schatten ein, um eine bestimmte Wirkung zu erzielen?
7. Welchen Eindruck wollte der Maler oder Auftraggeber dem Betrachter vermitteln?
8. Wie wirkt das Gemälde auf dich selber?

1 Beschreibe die Kleidung des Kaisers und seine Haltung. An welche Tradition knüpft Napoleon damit an?

2 Warum sagte Napoleon zu David: „Ein gut gewählter Augenblick"?

3 Was tut der Papst in dieser Szene? Wie wirkt er? Napoleon war mit der Darstellung des Papstes unzufrieden. Kannst du dir denken, warum?

4 Napoleons Mutter Maria Lätizia war bei der Krönung nicht anwesend, weil sie die Familie Josephines ablehnte. Warum ist sie trotzdem abgebildet?

11 Napoleon verändert Mitteleuropa

Q 1 *Napoleon als Bäcker* (zeitgenössische englische Karikatur). Auf dem Teigschieber die von Napoleon „neu gebackenen Figuren“: die Könige von Bayern und Württemberg und der Großherzog von Baden. Das Ofenschild trägt die Aufschrift: „Ofen für kaiserliche Pfefferkuchen“. Auf der Truhe rechts davon befinden sich die „Teigvicekönige“. Aus dem Korb schauen „korsische Königlein“ und im Aschenloch liegen die Herrscher besiegter Staaten.

A–Z

Säkularisation
Kirchengüter werden verstaatlicht und geistliche Herrschaften abgeschafft.

Mediatisierung
Bisher nur dem Kaiser unterstehende kleinere Herrschaftsgebiete werden in einen anderen, größeren Staat eingegliedert. Die betroffenen Herrscher verlieren ihre Herrschaftsrechte für diese Gebiete.

Rheinbund
Zusammenschluss der meisten deutschen Fürsten unter französischer Führung. Die Rheinbundstaaten traten 1806 aus dem „Heiligen Römischen Reich“ aus.

Die Deutschen und die Revolution

Mit dem Schlagwort „Friede den Hütten, Krieg den Palästen“ marschierten Ende 1792 französische Revolutionstruppen in Aachen und Mainz ein. Für viele Deutsche waren die Franzosen willkommene Befreier von der verhassten Fürstenherrschaft. Die Mainzer Bürger wählten im März 1793 einen „rheinisch-deutschen Nationalkonvent“, der prompt den Anschluss an Frankreich beschloss.
Insgesamt war aber die Lage in den vielen Einzelstaaten des Heiligen Römischen Reiches zu unterschiedlich, um eine flächendeckende Revolution wie in Frankreich hervorzurufen. Schließlich war Deutschland zu dieser Zeit in über 300 Einzelherrschaften zerstückelt.

Mediatisierung und Säkularisation

Erst im Jahr 1801 wurde ein großer Wandel eingeleitet, der vor allem territoriale Veränderungen mit sich brachte. Napoleon zwang nach den militärischen Siegen Frankreichs das Heilige Römische Reich dazu, alle Gebiete links des Rheins an Frankreich abzutreten. Zuvor hatten die Franzosen in geheimen Verträgen mit einzelnen deutschen Fürsten ausgemacht, dass diese für ihre Verluste auf dem linken Rheinufer entschädigt werden sollten. 1803 versammelten sich die Vertreter der deutschen Staaten auf dem Reichstag in Regensburg. Unter dem Druck der mächtigen weltlichen Fürsten wurde die Entschädigungsfrage in deren Sinne geregelt. Das Ergebnis war der Zusammenbruch der alten Ordnung, wie sie seit dem Westfälischen Frieden bestanden hatte: Die geistlichen Herrschaftsgebiete, also auch die Fürstbistümer in Franken und die selbstständigen Klöster in Bayern, sollten aufgelöst und weltlichen Fürsten zugeschlagen werden. Auch die freien Reichsstädte und Reichsritter sollten ihre Unabhängigkeit verlieren.
Vor allem Preußen, Baden, Württemberg und Bayern konnten durch diese sogenannte *Mediatisierung* und *Säkularisation* ihre Gebiete teilweise enorm vergrößern. Für Frankreich wiederum bildeten die neu entstandenen mittelgroßen Pufferstaaten ein Gegengewicht zur Großmacht Österreich. Die neuen Staaten waren zu schwach, um Frankreich angreifen zu können, konnten aber wertvolle Verbündete gegen den Kaiser und das Reich sein.

Das Ende des Heiligen Römischen Reiches

Napoleon hatte kurz daran gedacht, die Kaiserwürde des Heiligen Römischen Reiches selbst anzustreben. Doch sie eignete sich zu wenig für eine aggressive Machtpolitik, weshalb er gemeinsam mit einigen deutschen Staaten das Ende des Reiches herbeiführte: Im Jahre 1806 wurde der *Rheinbund* gegründet, der 16 deutsche Staaten im Kriegsfall an Frankreich band. Die beteiligten Fürsten wurden dabei von Napoleon zu Großherzögen und Königen erhoben. Nach diesem Bruch der Reichsverfassung legte Kaiser Franz II. die deutsche Kaiserkrone nieder und nannte sich statt dessen „Kaiser von Österreich“.

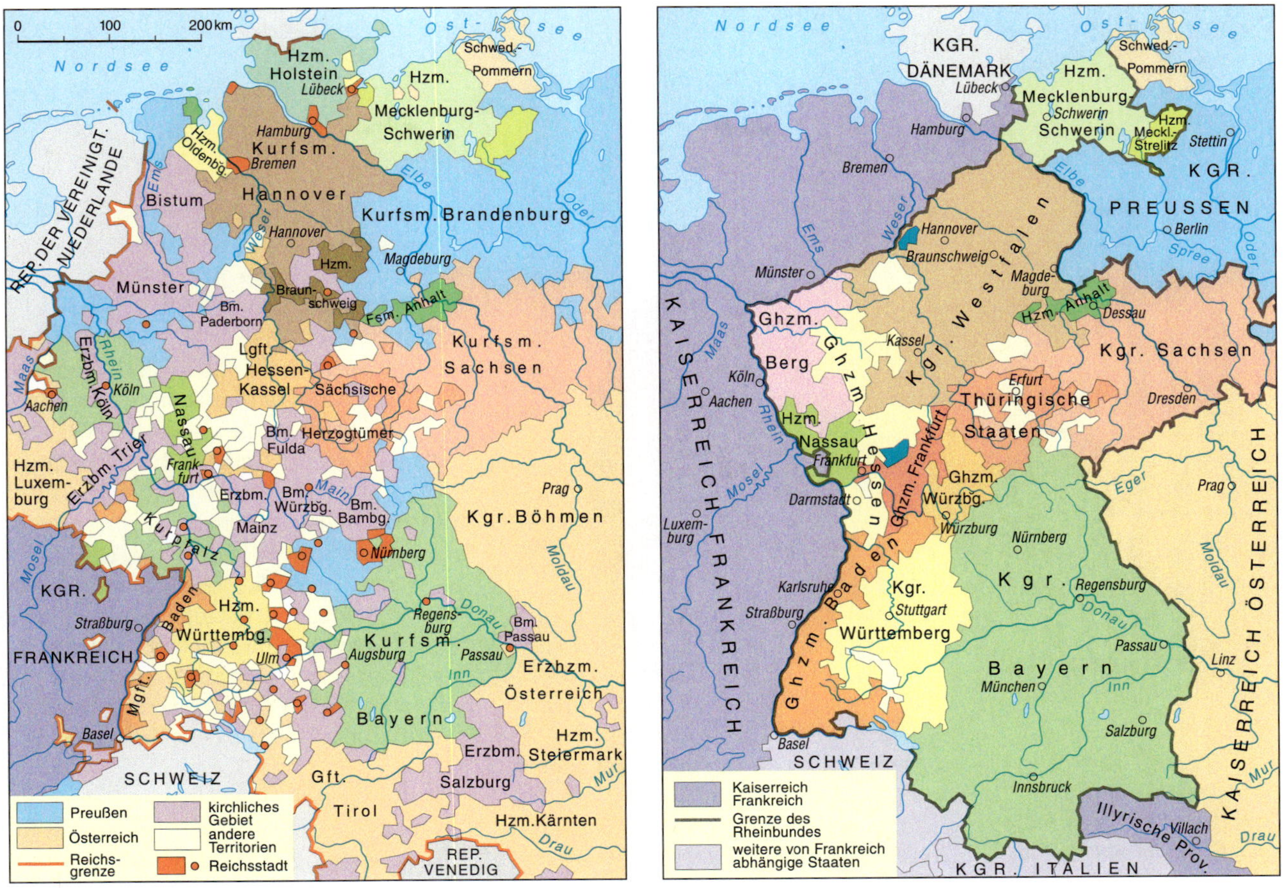

D 1 *Deutschland 1790 und 1812*

Q 2 *Mit der Unterzeichnung der Rheinbundakte wurde am 12. Juli 1806 der Rheinbund ins Leben gerufen. Im ersten Artikel dieses Vertrages heißt es:*

Die Staaten (...) der Könige von Bayern und Württemberg, (...) des Kurfürsten Erzkanzlers und des Kurfürsten von Baden, der Fürsten von Hohenzollern-Hechingen und von Sigmaringen, (...) sollen für immer vom Gebiet des teutschen Reichs getrennt bleiben und durch eine besondere Einigung unter dem Namen Rheinische Bundesstaaten verbunden werden.

Q 3 *1889 notierte der Arzt Adolf Kußmaul (geb. 1822) in seinen Lebenserinnerungen eine Ermahnung seines Vaters:*

Wie gut ist es doch, dass du nicht vor 50 oder 60 Jahren zur Welt gekommen bist! Hättest du mit eigenen Augen das unglaubliche politische und wirtschaftliche Elend gesehen, worin wir damals steckten, so würdest du über Napoleon anders urteilen. Das Heilige Römische Reich [das Deutsche Reich] war aus tausend Lappen und Läppchen zusammengesetzt. Hier saßen, hohl aufgeblasen im stolzen Gefühl ihrer Reichsunmittelbarkeit, aber in jämmerlich zerlumpten Gewändern, die Glieder und Stände des Reiches durcheinander: Herzöge und Fürsten, Grafen und Freiherren, (...) Bischöfe und Äbte, (...) freie Städte und Städtchen, (...). Aus dem politischen Elend floss das wirtschaftliche. Jedes Gebiet hielt fest an seinen Schlagbäumen (...) und legte Verkehr, Handel und Industrie des Nachbarn lahm (...). Ich bin kein schlechterer Patriot als du, aber wir Alten bewahren Napoleon ein dankbares Andenken.

1. *Beschreibe die Veränderungen, die zum Ende des Heiligen Römischen Reiches geführt haben (VT, D1). Liste auf, wer zu den Gewinnern und wer zu den Verlierern der Neuerungen zählte.*
2. *Wie werden diese Veränderungen von dem englischen Zeichner gesehen (Q1)?*
3. *Überlege, welche Verbesserungen die französische Vorherrschaft und die Bildung der neuen Staaten mit sich brachte. Wie stand die Bevölkerung anfangs dazu (Q3)?*

12 Reformen statt Revolution

1 *Die preußischen Reformer* (Holzstich aus dem 19. Jahrhundert). Von links: General Gerhard von Scharnhorst, Freiherr Karl August von Hardenberg, Reichsfreiherr vom und zum Stein. Sie modernisierten die Landwirtschaft, das Gewerbe, die Verwaltung und die Armee.

Modernisierung deutscher Einzelstaaten

Das Heilige Römische Reich hatte von den mächtigen Fürsten keine Chance erhalten, sich selbst zu modernisieren. Deren Einzelinteressen hatten eine einheitliche Reichspolitik wie im benachbarten Frankreich ausgeschlossen. Nach dem Ende des Reiches kam es in den zum Teil völlig neu zusammengesetzten Einzelstaaten zu einigen Veränderungen.
Napoleon ließ seinen Bruder auf dem ehemaligen Reichsgebiet ein „Königreich Westfalen" errichten, das ein Musterstaat werden sollte. Schon bald setzten in allen Rheinbundstaaten grundlegende Reformen nach französischem Vorbild ein: Das bürgerliche Recht nach dem „Code civil" wurde eingeführt. Die Vorrechte von Adel und Geistlichkeit wurden also abgeschafft, alle Bürger waren nun vor dem Gesetz gleich. Bauern wurden aus ihrer Abhängigkeit befreit. Zudem wurde eine straffe und moderne Verwaltung aufgebaut.

Vom Untertan zum Staatsbürger

Im Jahr 1806 verlor Preußen einen weiteren Krieg gegen Frankreich. Nach der katastrophalen militärischen Niederlage kamen führende Minister und Beamte zu der Erkenntnis, dass der Staat sich reformieren müsse. Nur so ließen sich weitere Niederlagen und ein Zerfall Preußens verhindern.
In dieser Situation berief der preußische König Friedrich Wilhelm III. den fränkischen Reichsfreiherrn vom Stein zum obersten Minister. Aus Franken kannte Stein das Selbstbewusstsein freier Stadtbürger, die sich aktiv für die Gemeinschaft einsetzten. Dort waren die Bürger nicht einfach nur Untertanen eines Herrschers. Ihre Bereitschaft, den Staat zu verteidigen, dessen Teil sie waren, war groß. Diese Erfahrung wollte Stein für Preußen nutzen. Er plante eine Reform von oben. Die monarchische Regierungsform sollte nicht abgeschafft, aber mit „demokratischen Grundsätzen" verbunden werden, um dem Staat neue Kraft zu geben.

Preußische Reformen

Zunächst wurde 1807 die Gutsuntertänigkeit der Bauern aufgehoben. Ab jetzt sollten die Bauern freie Bürger sein, die über ihren Wohnort und ihre Eheschließung selbst entscheiden durften, ohne ihren Gutsherrn fragen zu müssen. Eine andere Reform betraf die Stadtbürger: 1808 erhielten die Städte das Recht der Selbstverwaltung. Besitzende Bürger sollten eine Stadtverordnetenversammlung wählen und diese einen „Magistrat", also eine Stadtverwaltung bestimmen. Nachdem Stein auf Druck Napoleons entlassen werden musste, führte Freiherr von Hardenberg das Reformwerk weiter. Auch er brachte Reformerfahrungen aus Franken mit. Hardenberg führte die Gewerbefreiheit ein. Zunftbeschränkungen wurden aufgehoben. Jeder Bürger sollte das Recht erhalten, seinen Beruf frei wählen zu dürfen. Die freie Entfaltung des Einzelnen sollte die Wirtschaft stärken.
Weitere Reformer waren die beiden Offiziere von Scharnhorst und von Gneisenau, die den Neuaufbau des Heeres einleiteten. Es sollte nur noch persönliche Tüchtigkeit für das Fortkommen in der Armee zählen. Die Vorrechte des Adels wurden abgeschafft.

D1 *Übersicht über die Reformen in Preußen:*

1807 Bauernbefreiung: Die persönliche Bindung der Bauern an adlige Grundherren wird aufgehoben. Bauern dürfen in die Stadt ziehen, Adlige ein bürgerliches Gewerbe betreiben.

1808 Selbstverwaltung der Städte: Die Bürger wählen Stadtverordnete; diese setzen Steuern fest und ernennen Verwaltungsbeamte. Die Betätigung der Bürger in der Selbstverwaltung ist an Bildung und Eigentum gebunden.

1810 Gewerbefreiheit: Auflösung der Zünfte. Jeder darf ein Gewerbe gründen.

1812 Judenemanzipation: Die Juden werden rechtlich zu Staatsbürgern und damit allen anderen gleichgestellt.

1814 Allgemeine Wehrpflicht: Für freie Bauern und Bürger sollte es eine Ehre sein, König und Vaterland zu dienen.

Q2 *Der preußische Reformer Karl August von Hardenberg schrieb 1807:*

Der Wahn, dass man der Revolution am sichersten durch Festhalten am Alten und durch strenge Verfolgung der durch solche geltend gemachten Grundsätze entgegenstreben könne, hat besonders dazu beigetragen, die Revolution zu befördern (...). Also [brauchen wir] die Revolution im guten Sinne, gerade hinführend zu dem großen Zwecke der Veredlung der Menschheit, durch Weisheit der Regierung und nicht durch gewaltsame Impulsio [Anstoß] von innen und außen, – das ist unser Ziel, unser leitendes Prinzip. Demokratische Grundsätze in einer monarchischen Regierung: Dieses scheint mir die angemessene Form für den gegenwärtigen Zeitgeist. Die reine Demokratie müssen wir noch dem Jahre 2440 überlassen, wenn sie anders je für den Menschen gemacht ist.

Q3 *Auszug aus der preußischen Städteordnung von 1808:*

In jeder Stadt gibt es künftig nur noch ein Bürgerrecht. Der Unterschied zwischen Groß- und Kleinbürgern wird hierdurch völlig aufgehoben. Stand, Geburt, Religion und überhaupt persönliche Verhältnisse machen bei Gewinnung des Bürgerrechts keinen Unterschied. (...)

Der Magistrat des Ortes ist der Vorsteher der Stadt. Die Bürgerschaft selbst wird in allen Angelegenheiten des Gemeinwesens durch Stadtverordnete vertreten (...).

Die Stadtverordneten erhalten durch ihre Wahl die unbeschränkte Vollmacht, in allen Angelegenheiten des Gemeinwesens die Bürgergemeinde zu vertreten.

Q5 *Jerome, der jüngste Bruder Napoleons,* war 23 Jahre alt, als er 1807 König von Westfalen wurde (Gemälde aus dem 19. Jahrhundert). König Lustig nannten ihn die Kassler wegen seines ausschweifenden Lebenswandels. Das Gemälde zeigt Jerome in seiner Krönungstracht. – Überlege, welche Wirkung das Bild auf den Betrachter erzielen sollte.

Q4 *Am 15. November 1807 schrieb Napoleon an seinen Bruder Jérôme, den König von Westfalen, über dessen Herrschaft:*

Diese Art zu regieren, bietet gegen Preußen einen besseren Schutz als die Elbe, als Festungen oder als die Protektion [Schutz] durch Frankreich. Welches Volk wollte zum Willkürregiment Preußens zurückkehren, wenn es die Vorzüge einer weisen und liberalen Staatsführung genießt? (...) Um es unumwunden zu sagen, vertraue ich für die Festigung der Monarchie in Westphalen mehr auf die wohltuende Wirkung dieser modernen Einrichtungen als auf die größten militärischen Siege. Wichtig ist vor allem, dass die Bevölkerung unter dem neuen Regime in Freiheit, Gerechtigkeit und Wohlstand leben kann, wie es bisher noch in keinem deutschen Land möglich war. Wenn die Regierung des Modellstaats sich diesem Ziel verschreibt, werden die positiven Wirkungen weit über das Königreich hinaus im Rheinbund insgesamt nicht ausbleiben.

1. *Erkläre, weshalb das neue Königreich Westfalen ein Vorbild für die anderen Staaten des Rheinbunds wurde (VT).*
2. *Überlege, welche Ziele Napoleon mit der Gründung des Königreiches Westfalen verfolgte (Q4).*
3. *Erläutere, was die einzelnen preußischen Reformen beinhalteten (VT, D1, Q3).*
4. *Beschreibe Ziele und Motive der Reformer in Preußen (VT, Q2).*
5. *In Frankreich gab es eine Revolution „von unten“, in Preußen Reformen „von oben“. Erkläre den Unterschied.*

13 Bayern wird ein modernes Königreich

1 *Maximilian I. Joseph* als bayerischer König (1806–1825)

Die Karriere eines Königs

Auch das Gesicht Bayerns änderte sich während der Zeit Napoleons. Im Jahr 1799 wurde Maximilian Joseph der neue Kurfürst von Bayern. Sein wichtigster Berater war Minister Maximilian von Montgelas. Der neue bayerische Herrscher musste zu Beginn seiner Regierungszeit seine linksrheinischen Besitzungen in der Pfalz und am Niederrhein an das revolutionäre Frankreich abtreten. Montgelas riet Maximilian jedoch, fortan Napoleon zu unterstützen – mit Erfolg: Durch die Mediatisierung und Säkularisation erhielt Maximilian neue Gebiete in Schwaben und Franken mit rund 840 000 neuen Untertanen. Als Verbündeter Frankreichs vergrößerte Bayern sein Gebiet sogar bis nach Südtirol und wurde ein selbstständiges Königreich – allerdings nur mit Zustimmung Napoleons.

2 *Maximilian Freiherr von Montgelas,* Geheimer Staats- und Konferenzminister (1799–1817)

Reformen für ein modernes Bayern

Minister Montgelas sah es als seine Aufgabe an, aus dem Königreich einen modernen und geeinten Staat zu formen. Vorbild waren für ihn die Ideen der Aufklärung, der Französischen Revolution und die Staatsvorstellungen Napoleons.

Montgelas ließ alle Klöster auflösen und ihren Besitz verstaatlichen. Katholiken, Protestanten und Juden wurde Religionsfreiheit gewährt. Gegen altes religiöses Brauchtum, gegen Prozessionen und aufwändiges Feiern religiöser Feste ging der Minister allerdings mit Verboten und Unterdrückung vor. Das machte ihn beim Volk ziemlich unbeliebt.
Doch die Reformen brachten deutliche Verbesserungen: Die Vorrechte des Adels und die Leibeigenschaft der Bauern wurden abgeschafft. Ein neues Gesetzbuch und Landgerichte sorgten für ein besseres Rechtswesen. Nach französischem Vorbild wurde das Land nunmehr zentral von München aus verwaltet und in Departements aufgeteilt, die noch heute als Regierungsbezirke existieren. Fünf Fachminister leiteten die Verwaltung, in der Berufsbeamte arbeiteten. Die Lehrer wurden Staatsbeamte. Sie wurden an eigenen Anstalten ausgebildet und unterrichteten an staatlichen Schulen. Die alten Zölle zwischen den Landesteilen entfielen, womit der Anfang für eine moderne Wirtschaft in Bayern gemacht war. Sogar eine Verfassung ließ Montgelas 1808 einführen.

Eine Verfassung für König und Land

Die neue bayerische Verfassung überlebte die Zeit Napoleons und wurde 1818 erneuert. Sie war noch nicht in dem Sinne demokratisch, wie wir es heute erwarten würden: Der König behielt sehr viele Rechte, während die Bevölkerung wenig Einfluss besaß. Nur die Wohlhabenden – 6 % der Bevölkerung – durften wählen. Noch weniger Männer, 1,5 %, konnten sich für die zweite Kammer wählen lassen. Die Kammern traten alle drei Jahre zusammen. Sie beschlossen die sechs Jahre lang gültigen Steuern. Gesetze konnte nur der König vorschlagen. Dennoch schrieb Anselm von Feuerbach, ein wichtiger bayerischer Jurist dieser Zeit: „Erst mit dieser Verfassung hat sich unser König Ansbach, Bayreuth, Würzburg, Bamberg usw. erobert."

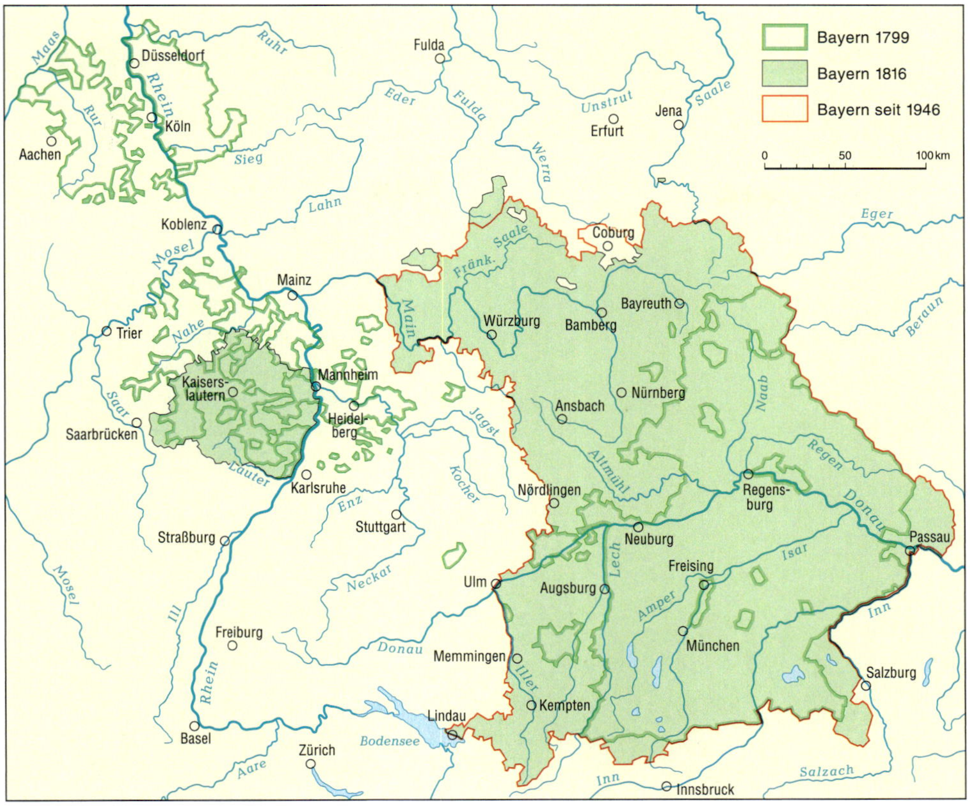

D1 *Bayern zwischen 1799 und 1816.* – Wie hat sich das Staatsgebiet 1816 geändert?

Q3 *Aus den Bestimmungen zur 2. Kammer der bayerischen Verfassung von 1818:*

Eine Standschaft (Volksvertretung), hervorgehend aus allen Klassen der im Staate ansässigen Staatsbürger mit dem Rechte des Beirates, der Zustimmung, der Billigung (von Gesetzen und Haushalt), der Wünsche und der Beschwerdeführung wegen verletzter verfassungsmäßiger Rechte. (…) Ohne den Beirat und die Zustimmung der Stände des Reichs [die 2. Kammer] kann kein allgemeines Gesetz erlassen und noch ein bestehendes Gesetz aufgehoben werden.

Der König erholt die Zustimmung der Stände zur Erhebung aller direkten Steuern sowie zur Erhebung indirekter Auflagen.

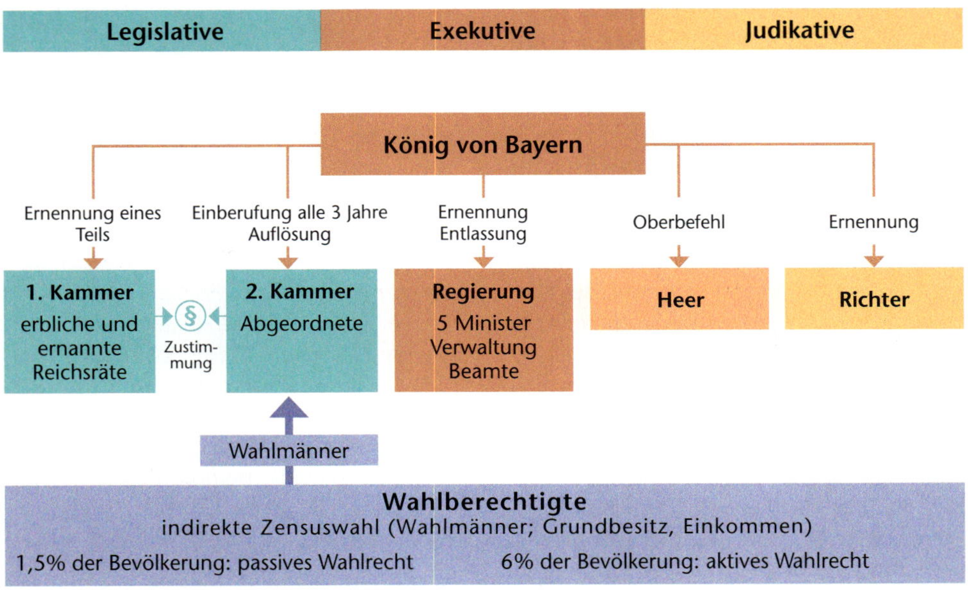

D2 *Die bayerische Verfassung von 1818*

1. *Welche Reformen wurden im neu geschaffenen Königreich Bayern beschlossen? Stelle sie nach den Stichwörtern „Freiheit, Gleichheit und Einheit" zusammen (VT).*
2. *Erkläre, warum die Reformen Montgelas' auch als „Revolution von oben" bezeichnet werden (VT).*
3. *Vergleiche das bayerische Staatsgebiet von 1799 mit dem von 1816 und dem heutigen (D1).*
4. *Welche Rechte gab die bayerische Verfassung von 1818 den Bürgern, den Kammern und dem König (VT, D2, Q3)?*

14 Säkularisation und Mediatisierung in Bayern

Q1 *Folgen der Säkularisation:* Mönche müssen Bücher und Kunstschätze aus ihren Kirchen und Klöstern abgeben. Zusammen mit einem Soldaten überwacht ein staatlicher Beamter die Übergabe. Die Figuren auf dem Denkmal symbolisieren den bayerischen Löwen, der den Doppeladler des Deutschen Reiches in den Pranken hält, und im Hintergrund den preußischen Adler.

Die Aufhebung der Klöster

Die 1803 beginnende Säkularisation wirkte sich auch in Bayern aus. Wie alle Klöster wurde etwa das altbayerische Kloster Benediktbeuren verstaatlicht und aufgehoben. Am Alpenrand gelegen hatte das Kloster in über 1000 Jahren umfangreichen Grundbesitz und bedeutende Herrschaftsrechte erworben. Das Kloster besaß eine große Landwirtschaft und eine Brauerei. Die Bauern, die auf dem Klosterland lebten, waren dem Abt als Grundherrn untertänig, mussten ihm Abgaben abliefern und Arbeitsleistungen erbringen.

Ab 1803 unterstanden die ehemaligen Klosterleute nun in allen Belangen der bayerischen Verwaltung. Die Güter und das Vermögen von Benediktbeuren gingen an den bayerischen Staat. Der wiederum versteigerte die bebauten Ländereien an die ehemaligen Klosterbauern, die fortan keine Frondienste mehr leisten mussten.

Den Waldbesitz behielt der Staat ebenso wie die Kunstwerke des Klosters und die wertvollen Bücher aus der Bibliothek. Den Mönchen blieb nur noch, von einer staatlichen Unterstützung zu leben oder in der Seelsorge zu arbeiten.

Die Mediatisierung geistlicher Staaten …

Selbst größere geistliche Staaten konnten ihre Selbstständigkeit nicht verteidigen: Der letzte Würzburger Fürstbischof, Georg Karl von Fechenbach, hatte alles versucht, seinen Staat vor der Mediatisierung zu retten: Die würzburgischen Gesandten waren auf dem Reichstag in Regensburg aufgetreten. Sie konnten jedoch nicht verhindern, dass bayerische Truppen 1802 noch vor der Abdankung des Fürstbischofs in Würzburg einrückten. Fechenbach verzichtete auf seine Herrschaft. Die reichen Besitzungen von Bischof und Domkapitel wurden eingezogen und versteigert. Viele Kunstschätze wurden nach München geschafft.

Die Würzburger konnten 1806 noch einmal kurzzeitig ihre Unabhängigkeit von Bayern feiern. Ein Bruder des österreichischen Kaisers erhielt das ehemalige Fürstbistum als Großherzogtum. Damit wurde er für seine verlorenen italienischen Gebiete entschädigt. Aber schon 1814 fiel das hoch verschuldete Großherzogtum wieder an Bayern zurück.

… und weltlicher Territorien

Als machtlose kleine Staaten fielen auch die Reichsstädte an Bayern. So war Augsburg, die größte Stadt des bayerischen Schwabens, bis 1803 eine freie Reichsstadt. Sie hatte bis dahin nur den Kaiser als Herrscher anerkannt. Die Kriege zwischen Österreich und Frankreich infolge der Französischen Revolution brachten häufige militärische Besetzungen mit sich, die die Stadt viel Geld kosteten. Als die Stadt hoch verschuldet war, meinten viele Bürger, es wäre vorteilhafter, die Selbstständigkeit aufzugeben und zu Bayern zu gehören. Der bayerische Kurfürst ließ die Stadt besetzen, doch erst 1806 wurde Augsburg an Bayern übergeben. Jetzt unterstanden die Stadträte und die städtischen Amtsinhaber dem bayerischen König und seiner Verwaltung. Auch fränkische Reichsstädte wie Nürnberg und Rothenburg teilten dieses Schicksal.

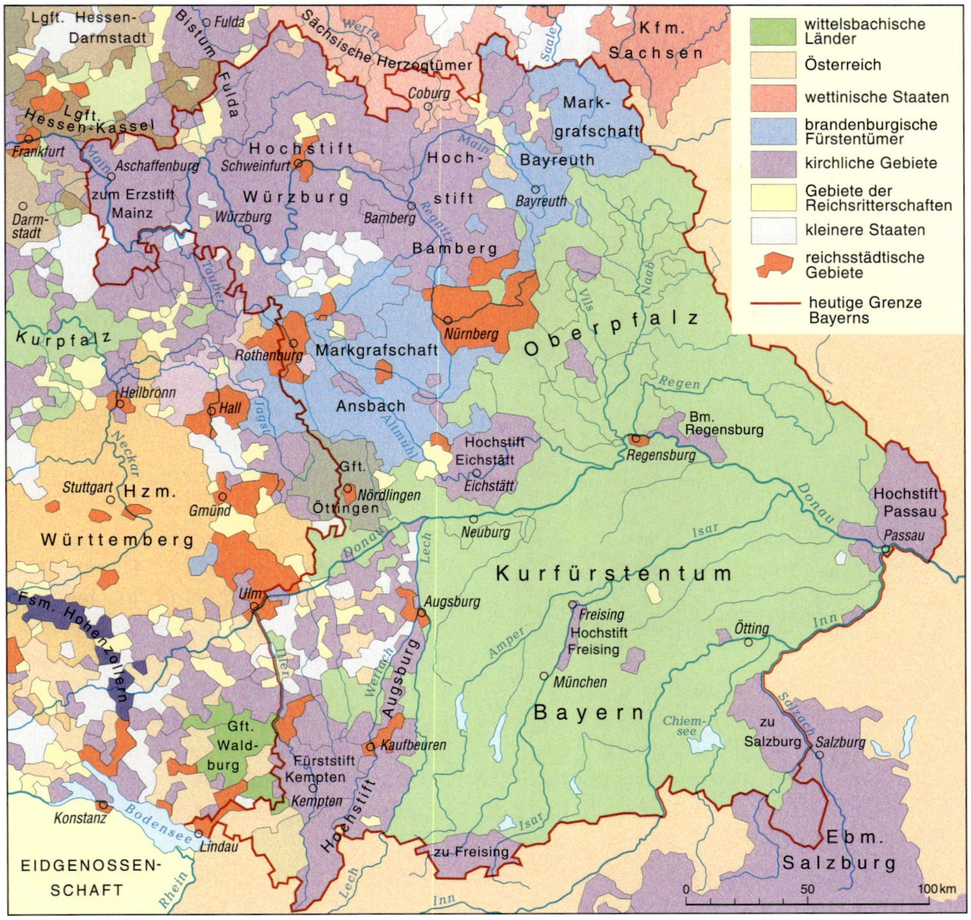

D1 *Säkularisation und Mediatisierung im heutigen Bayern.* Die Karte zeigt, welche Gebiete 1803 ihre Selbstständigkeit verloren und dann zu Bayern kamen.

1 *Erläutere, was Säkularisation und Mediatisierung für die davon betroffenen Menschen bedeutete (VT, Q1).*

2 *Untersuche, wie zur Zeit der Säkularisation die klösterliche Lebensweise beurteilt wurde (Q2). Welche Folgen hatte dies (VT, Q3)?*

3 *Untersuche für deinen Heimatort folgende Fragen (D1):*
- *Welcher Herrschaft unterstanden die Menschen 1803 und was erinnert noch daran?*
- *Wann wurde dein Heimatort bayerisch?*
- *Wie vollzog sich der Wechsel?*

Q2 *Ein Aktenvermerk für den bayerischen Kurfürsten äußert sich 1802 über die Mönche des Hochstifts Würzburg:*
Wie sie dermalen sind, so nähren die Abteyen einen Haufen müßiger, unzufriedener Menschen; die Bettelmönche aber belasten den Unterthan mit dem Bettel und nähren ihn mit Aberglauben. Doch einzelnen Individuen kann man das Verdienst nicht absprechen, dass sie studieren oder in der Seelsorge treulich mithelfen. Die Abteyen ahnten bereits ihre Vernichtung, haben auch, wie verlautet, vieles auf die Seite geschafft. Das Publicum wird sich um ihre Erhaltung nicht interessiren, da sie für dasselbe nicht gelebt haben. (...) Die Jugenderziehung würde ich wohl einzelnen Subjekten, wo sie tüchtig befunden werden, aber nie einem Kloster anvertrauen. Immer würde der Mönchsgeist über ihr schweben, immer würde ein ganzes Kloster den Aeltern für ihrer Kinder Unterricht zur Last fallen.

Q3 *Die Klosterkirche von Münsterschwarzach in Franken* stammte von dem berühmten Architekten Balthasar Neumann. Münsterschwarzach wurde nach seiner Säkularisation 1803 einfach dem Verfall überlassen. Von dem Bau existiert heute nur noch dieses Modell.

15 Die Völker Europas wehren sich

Q1 *Von den 600 000 Soldaten der „Großen Armee" überlebten nur 10 000 den Russlandfeldzug.* Sie kamen aus dem gesamten Machtbereich Napoleons, die Franzosen waren in der Minderheit.

Guerilla
(von franz. „guerre" = Krieg) Guerillakämpfer, auch Guerillerros genannt, sind Männer und Frauen, die im Untergrund gegen feindliche Besatzer oder auch gegen die herrschende Regierung kämpfen.

Widerstand gegen Napoleon

Während Napoleons Kriegszüge auf dem europäischen Festland erfolgreich waren, konnte er seinen Hauptgegner nicht bezwingen: Großbritannien. Der Inselstaat hätte nur mit einer großen Flotte erobert werden können, über die Frankreich nicht verfügte. So entschied sich Napoleon zu einer Handelsblockade, der „Kontinentalsperre": England sollte vollständig vom Handel mit dem Kontinent abgeschnitten werden. Bald fehlten aber auch auf dem Festland wichtige Waren und die Menschen wurden immer unzufriedener. Napoleon musste seine Blockade mit Gewalt erzwingen. So entstand Widerstand gegen Frankreich, dessen Staatsaufbau anfangs von vielen als vorbildlich begrüßt worden war.

Entstehendes Nationalgefühl

Mit einer Scheinwahl dehnte Napoleon seinen Einfluss auch auf Spanien aus: Sein Bruder Joseph wurde dort zum König gewählt. Dieser ließ 1808 eine Revolte in Madrid blutig niederschlagen und 800 Aufständische hinrichten. Franzosen und Spanier wurden zu erbitterten Feinden. Die Spanier wollten Unabhängigkeit statt Fremdherrschaft. Napoleon hatte französische Gebräuche in Politik und Wirtschaft eingeführt und so das gewohnte Leben der Menschen zerstört. Durch die Kontinentalsperre schnitt er die Spanier von ihren eigentlichen Märkten ab.

Durch die Bedrückung von oben entstand bei den Spaniern ein neues Zusammengehörigkeitsgefühl: Sie empfanden sich als Nation. Nun griffen *Guerillakämpfer* die Franzosen an – Bauern und Arbeiter, die nicht der Armee angehörten. Unterstützung erhielten sie von Adligen und Geistlichen. Gemeinsam mit der spanischen Armee gelang es den Guerilleros, die französischen Truppen zu besiegen.
Auch in anderen Teilen Europas entwickelten die Menschen ein ähnliches Nationalgefühl. 1809 verloren die Österreicher zwar gegen die Franzosen. Aber in Tirol, das Napoleon von Österreich trennte und Bayern übergab, entstand ein hartnäckiger Widerstand. Der Tiroler Aufstand wurde schließlich mit Gewalt gebrochen, der Freiheitskämpfer Andreas Hofer hingerichtet.

Der Russlandfeldzug und das Ende

Nachdem der russische Zar die Kontinentalsperre nicht mehr unterstützen wollte, begann Napoleon 1812 einen Feldzug gegen Russland. Die 600 000 Mann umfassende „Große Armee" scheiterte aber in dem riesigen Land, weil der Zar sich keiner offenen Schlacht stellte. Napoleon eroberte zwar Moskau, aber die Soldaten verhungerten fast in der von den Russen selbst niedergebrannten Stadt. Auf dem Rückzug griff der Zar die geschwächte Armee an und siegte. Nun schlossen Preußen und Russland ein Kriegsbündnis, dem auch England und Österreich beitraten. Mitte Oktober 1813 trafen die Armeen in der Nähe von Leipzig aufeinander. Napoleon erlitt bei dieser „Völkerschlacht" die entscheidende Niederlage. Die verbündeten Armeen verfolgten ihn bis nach Paris und zwangen ihn im März 1814 abzudanken. Napoleon wurde auf die Insel Elba verbannt. Ein Jahr später versuchte er, seine Macht zurückzugewinnen, doch seine Herrschaft endete nach 110 Tagen. 1815 wurde er in der Schlacht von Waterloo erneut besiegt und auf die Insel St. Helena im Atlantik verbannt. Dort starb er 1821.

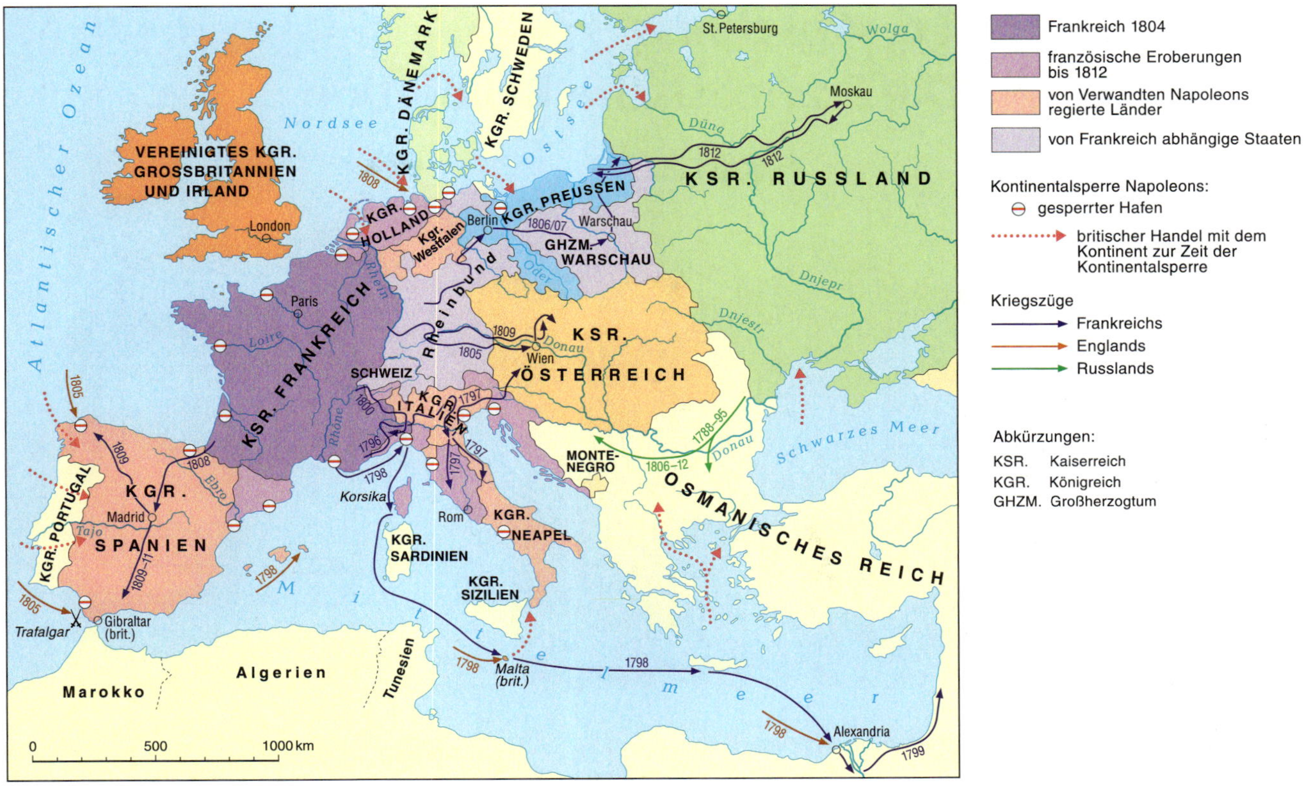

D1 *Europa zwischen 1798 und 1812:* napoleonische Herrschaft, Kriege und Kontinentalsperre

Q2 *Napoleon führte im Sommer 1813 Verhandlungen mit dem österreichischen Staatskanzler Metternich:*

Metternich: Krieg und Frieden liegen in der Hand Eurer Majestät. (...) Heute können Sie noch Frieden schließen, morgen dürfte es zu spät sein. (...)

Napoleon: (...) Nimmermehr! Ich werde zu sterben wissen, aber ich trete keine Handbreit Boden ab. Eure Herrscher, geboren auf dem Throne, können sich zwanzigmal schlagen lassen und doch immer wieder in ihre Residenzen zurückkehren; das kann ich nicht, ich, der Sohn des Glücks! Meine Herrschaft überdauert den Tag nicht, an dem ich aufgehört habe, stark und folglich gefürchtet zu sein. (...)

Metternich: (...) Das Glück kann Sie ein zweites Mal wie im Jahre 1812 im Stich lassen. (...) Ich habe Ihre Soldaten gesehen, es sind Kinder. (...) Und wenn diese jugendliche Armee, die Sie heute unter die Waffen gerufen haben, dahingerafft sein wird, was dann?

Napoleon: (...) Ich bin im Felde aufgewachsen, und ein Mann wie ich schert sich wenig um das Leben einer Million Menschen.

Q3 *Der jüngste Bruder Napoleons, Jérôme Bonaparte, lebte auf Schloss Wilhelmshöhe in Kassel und war von 1807 bis 1813 König von Westfalen. Sein Königreich bestand aus mehreren ehemals selbstständigen Staaten. Über die Stimmung in der Bevölkerung schrieb Jérôme Bonaparte am 5. Dezember 1811 an seinen Bruder:*

Man gibt sich den verücktesten Hoffnungen hin und ist überaus begeistert. Man nimmt Spanien zum Beispiel, und wenn der Krieg (mit Russland) ausbrechen sollte, werden alle zwischen Rhein und Oder gelegenen Gegenden der Schauplatz einer ausgedehnten und lebhaften Erhebung werden.

Der Hauptgrund dieser gefährlichen Bewegungen ist nicht nur der Hass gegen die Franzosen und die Ungeduld, das fremde Joch abzuschütteln; es ist vielmehr im Unglück der Zeiten begründet, in dem völligen Ruin aller Kassen, in der Vermehrung der Steuern und Kriegsbeiträge, dem Unterhalt der Truppen, dem Durchmarsch der Soldaten und der ständigen Wiederkehr von einer Unzahl von Plackereien aller Art.

1. *Beschreibe den Verlauf von Napoleons Herrschaft in Europa (VT, D1).*
2. *Erkläre, warum sich in den meisten von Napoleon besetzten Staaten ein Nationalgefühl entwickelte (VT).*
3. *Österreich wäre 1813 zu einem Frieden bereit gewesen, wenn Napoleon Deutschland geräumt hätte. Warum zog Napoleon das Risiko der Schlacht vor (Q2)?*
4. *Was befürchtete Jerome Bonaparte für Deutschland im Fall eines Russlandfeldzuges? Wie begründete er das seinem Bruder gegenüber (Q3)?*

16 Abschluss
Die Französische Revolution

Ludwig XVI.
König von Frankreich
(1774–1793)

Marie Antoinette
Ehefrau Ludwigs XVI.
(1755–1793)

Olympe de Gouges
französische Frauenrechtlerin
(1748–1793)

Maximilien de Robespierre
Revolutionär, Jakobiner
(1758–1794)

Napoleon Bonaparte
Kaiser Frankreichs
(1804–1814)

Max I. Joseph von Bayern
erster bayerischer König
(1806–1825)

Maximilian von Montgelas
Minister in Bayern
(1799–1817)

Revolution in Frankreich

Im Jahr 1789 brach in Frankreich eine Revolution aus, die Auswirkung auf sämtliche Staaten Europas haben sollte. Wegen politischer Missstände sowie Hunger, Armut und Not erhob sich die französische Bevölkerung gegen den König und die bestehende Ordnung. Sie forderte die Abschaffung der alten Vorrechte von Adel und Kirche sowie die Gewährung persönlicher Rechte.
Zunächst gewannen die gemäßigten Revolutionäre die Macht. Sie setzten die Erklärung der Menschenrechte durch und erarbeiteten eine Verfassung. Mit der Zeit wurde die Revolution immer radikaler. Der König wurde hingerichtet und die neue Regierung der Jakobiner wurde zur Schreckensherrschaft. Tausende fielen der Jakobinerdiktatur zum Opfer. Ein erneuter Umsturz folgte und brachte ein Direktorium von gemäßigten Bürgern an die Regierung, ehe schließlich Napoleon Bonaparte die Macht in Frankreich übernahm. Ihm gelang es, die Lage im Land zu festigen, Reformen durchzusetzen und den Staat zu stärken. 1804 ließ sich Napoleon zum Kaiser krönen.

Napoleon verändert Deutschland

Unter Napoleons Herrschaft eroberte Frankreich die deutschen Gebiete links des Rheins. Die betroffenen Fürsten wurden mit anderen Gebieten entschädigt, die zuvor säkularisiert oder mediatisiert worden waren. Einige süddeutsche Fürsten konnten so ihre Herrschaftsgebiete enorm vergrößern.
Das alte deutsche Kaiserreich löste sich durch diese Veränderungen auf. Einen großen Teil der deutschen Staaten schloss Napoleon im 1806 gegründeten Rheinbund zusammen.
Wie in Frankreich führte Napoleon auch in den besetzten Gebieten viele Reformen ein: den „Code civil“, zentrale Verwaltung sowie die Abschaffung der Adelsprivilegien und der Leibeigenschaft. Zwar begrüßten viele Menschen diese Modernisierungen. Aber die französische Fremdherrschaft war auch vielen Bürgern verhasst. 1813 verbündeten sich Russland, Österreich, Preußen und England und schlugen die französische Armee in der Völkerschlacht bei Leipzig. 1814 musste Napoleon abdanken und wurde verbannt.

- **5. Mai 1789**
  Die Generalstände treten zusammen.
- **14. Juli 1789**
  Sturm auf die Bastille
- **26. August 1789**
  Die Nationalversammlung beschließt die Menschen- und Bürgerrechte.
- **1791**
  Die französische Nationalversammlung verabschiedet eine neue Verfassung.

Karikaturen deuten

1) Liste die einzelnen Stufen der Karikatur auf und notiere dazu die historischen Ereignisse, falls möglich mit Zeitangabe. Achte dabei auf folgende Besonderheiten:
a) Weshalb wirken der Abschied aus Spanien oder die Schlittenfahrt lächerlich?
b) Was will der Galgen am Ende der Reise sagen?
c) In der Hölle heißt es: „Fortdauer nach dem Tode". Erkläre.

Q 1 *Napoleons Lebenslauf* in einer zeitgenössischen deutschen Karikatur.
Unter den Stufen stehen folgende Texte (von links nach rechts): Corsischer Knabe, Militair Schüler, Glücksritter zu Paris, General, Herrscher, Großherrscher, Abschied aus Spanien, Schlittenfahrt aus Moskau, Lebewohl aus Deutschland, Ende.

2) Erkläre die Aussage der Karikatur.

Q 2 *Der Bauer unter der Last der Abgaben, Steuern und Fronarbeit* (Karikatur, 1789)

■ **21. Januar 1793**
König Ludwig XVI. wird hingerichtet.

■ **1793/94**
Die Schreckensherrschaft der Jakobiner

■ **1799–1804**
Napoleon Bonaparte übernimmt die Macht und krönt sich 1804 zum Kaiser von Frankreich.

■ **1806**
Gründung des Rheinbundes,
Ende des Heiligen Römischen Reiches,
Bayern wird Königreich

A-Z

Erkläre diese Grundwissenbegriffe:

Französische Revolution
(S. 98–115)

Staatsstreich
(S. 114)

Ende des Heiligen Römischen Reiches
(S. 118)

Säkularisation
(S. 118)

Königreich Bayern
(S. 122)

Auch diese Begriffe sind wichtig:

Generalstände
(S. 100)

konstitutionelle Monarchie
(S. 105)

Republik
(S. 108)

Jakobiner
(S. 108)

Rheinbund
(S. 118)

Mediatisierung
(S. 118)

1815

Auf dem Wiener Kongress schließen sich die deutschen Einzelstaaten zum „Deutschen Bund" zusammen.

1819

Karlsbader Beschlüsse: Sie ordnen Pressezensur und staatliche Überwachung der Universitäten an.

1832

Auf dem Hambacher Fest demonstrie ren etwa 25 000 Menschen für einen freiheitlichen, liberalen Nationalstaat

Fürsten oder Bürger – Restauration oder Emanzipation?

Frühjahr 1848: An vielen Orten Europas brechen Aufstände los. Menschen aus allen Bevölkerungsschichten gehen für „Einheit und Freiheit" auf die Barrikaden. Sie demonstrieren für einen geeinten Nationalstaat, für Grundrechte und frei gewählte Parlamente. Die alten Herrscher fürchten um ihre Macht.
In Frankfurt versammeln sich Abgeordnete aus allen Teilen des Deutschen Bundes zum ersten deutschen Parlament. Wird damit der Wunsch der Bürger nach politischer Mitbestimmung erfüllt und das Ende der Fürstenherrschaft in Deutschland eingeläutet?

Die Mitglieder des Vorparlamentes ziehen in die Frankfurter Paulskirche ein (kolorierte Lithografie, 1848). Das Vorparlament tagte vom 31. März bis zum 3. April 1848. Seine Aufgabe war es, die Wahl der Abgeordneten für die Nationalversammlung vorzubereiten.

1848

In vielen Ländern Europas brechen Revolutionen aus.

1848/49

Die erste deutsche Nationalversammlung tagt in der Frankfurter Paulskirche.

April 1849

Der preußische König lehnt die ihm angetragene Kaiserkrone ab.

1 In Wien wird Europa neu geordnet

1 *Die Monarchen Europas auf dem Wiener Kongress* (zeitgenössische Radierung). In der Mitte in weißer Uniform Kaiser Franz I. von Österreich, neben ihm sitzend König Friedrich Wilhelm III. von Preußen, hinter dem Globus stehend Zar Alexander I. von Russland. Vor dem Tisch hat sich König Friedrich I. von Württemberg aus seinem Sessel erhoben.

Restauration
(von lat. restaurare = wiederherstellen)
1815 sollten nach dem Willen der Fürsten die Zustände der Zeit vor der Französischen Revolution wiederhergestellt werden. Daher bezeichnet man die Zeit nach 1815 bis zum Ausbruch der Revolutionen von 1848 auch als Epoche der Restauration.

Der Wiener Kongress

In den Jahren 1813 und 1814 hatten in Deutschland Menschen aus allen Volkschichten große Opfer gebracht. Viele waren als Freiwillige in den Krieg gegen Napoleon gezogen. Nach dem Sieg waren die Erwartungen nun groß. Im Überschwang eines neuen Zusammengehörigkeitsgefühls träumten viele von der Errichtung eines geeinten deutschen Reiches mit garantierten Mitbestimmungsrechten für das Volk. Einheit und Freiheit schienen greifbar nahe.
Hoffnungsvoll blickten die Menschen nach Wien. Dort kamen im September 1814 die Abgesandten der europäischen Staaten zusammen, um nach dem Sturz Napoleons über eine Neuordnung Europas zu verhandeln. Der österreichische Außenminister Klemens Fürst von Metternich hatte zu diesem Treffen geladen.
Schnell zeigte sich, dass eine Einigung nicht leicht werden würde. Zu unterschiedlich waren die Interessen. Da waren die deutschen Fürsten, die auf ihre Selbstständigkeit nicht verzichten wollten. Sie wünschten sich ebenso wenig ein starkes deutsches Reich wie England, das ein Gleichgewicht der Mächte anstrebte. Der russische Zar forderte nach seinem Sieg über Napoleon Landgewinn im Westen. Dem widersetzte sich Metternich, der um die Macht Österreichs fürchtete. Preußen schließlich versuchte ebenfalls, seine Macht zu vergrößern.

Die Verhandlungen dauerten über ein Jahr. Damit die Teilnehmer sich nicht langweilten, gab es ein großes Unterhaltungsprogramm mit Theateraufführungen, Konzerten und Bällen. „Der Kongress tanzt, aber schreitet nicht voran", hieß es spöttisch.

Neue Grenzen in Europa

Erst Napoleons Rückkehr nach Frankreich im März 1815 gab den zähen Verhandlungen neue Impulse. Die Herrscher einigten sich nun auf Grenzverschiebungen. Russland setzte seine Ausdehnung nach Westen durch: Der russische Zar durfte Finnland behalten und wurde König eines polnischen Reststaates, des sogenannten „Kongress-Polens". Preußen erhielt Teile Sachsens, des Rheinlands und Westfalen. Österreich bekam für seine Einbußen in Polen Teile Norditaliens zugesprochen.

Restauration der alten Ordnung

Doch was war mit den Hoffnungen der Bevölkerung auf politische Rechte und Mitbestimmung? Metternich setzte durch, dass überall die alten Herrscher eingesetzt wurden, die Napoleon abgesetzt hatte. Er begründete diese *Restauration* mit der *Legitimität* der alten Herrscherhäuser. Als legitim, also rechtmäßig, galt ihm und den anderen Fürsten nur die von Gott abgeleitete Herrschaft der Fürstenhäuser. Vor allem die Herrscher Russlands, Preußens und Österreichs vertraten dieses Prinzip. Sie stemmten sich mit aller Macht gegen die durch Napoleons Kriegszüge verbreiteten Ideen der Französischen Revolution, die eine Beteiligung des Volkes an der Regierung vorsahen. Im Zusammenschluss der „Heiligen Allianz" vereinbarten sie, revolutionäre Regungen in ihren Staaten zu unterdrücken. Bei eventuellen revolutionären Unruhen sicherten sie sich gegenseitig Hilfe zu. Unterstützung versprachen sie sich auch für den Fall, dass erneut ein einzelner Herrscher versuchen sollte, die Vormacht in Europa an sich zu reißen.

D1 *Europa nach dem Wiener Kongress*

1 *Betrachte das Bild Q1. Worum ging es den Monarchen vor allem? Beachte den Globus, die ausgebreiteten Karten sowie die Hände der Hauptakteure.*

2 *Trage Argumente zusammen, die für ein „Gleichgewicht der Mächte" sprechen (VT, Q2).*

3 *Beschreibe die Gebietsveränderungen nach dem Wiener Kongress (VT, D1).*

4 *Erkläre mithilfe des VT und Q3, inwiefern die alte Ordnung „restauriert" wurde.*

Zeitreise Online-Link 427030-0005

Legitimität
bedeutet, dass jemand das Recht hat, einen Staat zu führen. Für die Monarchen des Wiener Kongresses waren das nur solche Herrscher, deren Vorfahren schon auf den Thronen gesessen hatten.

Q2 *Der Historiker Arnold Heeren begründete 1816 die Notwendigkeit eines Gleichgewichts der Mächte in Europa:*

Um aber dieses darzutun, wird es nötig sein, auf das Staatensystem von Europa einen Blick zu werfen. Das Wesen dieses Systems (...) besteht darin, dass es ein freies System (...) von Staaten ist, die sich bei aller äußern und innern Ungleichheit dennoch wechselseitig als frei und unabhängig voneinander betrachten und diese Freiheit und Unabhängigkeit aufrechterhalten wollen. Dies ist es, was [man] das System des Gleichgewichts nannte; dessen wahrer Wert sogleich in die Augen fällt, wenn man das Wesen desselben aufgefasst hat. Europa hat den Versuch mit dem entgegengesetzten System, dem eines vorherrschenden Staats (...), gemacht und wird ihn schwerlich erneuern wollen.

Q3 *In der Urkunde über die Gründung der „Heiligen Allianz" 1815 hieß es:*

Entsprechend den Worten der Heiligen Schrift, welche alle Menschen heißt, sich als Brüder zu betrachten, werden die drei Monarchen vereinigt bleiben durch die Bande einer wahren und unauflöslichen Brüderlichkeit, indem sie sich als Landsleute ansehen und sich bei jeder Gelegenheit und an jedem Orte Hilfe und Beistand leisten; indem sie sich ihren Untertanen und Heeren gegenüber als Familienväter betrachten, werden sie sie in dem gleichen Geiste der Brüderlichkeit lenken, von dem sie erfüllt sind, um Religion, Frieden und Gerechtigkeit zu schützen.

Q4 *Klemens Fürst von Metternich* – der „Architekt" des Wiener Kongresses

2 Deutschland ohne deutsches Reich

Nationalismus/national
Politische Strömung, die den eigenen Nationalstaat in den Mittelpunkt stellt (hier auch: Strömung, die einen eigenen souveränen Nationalstaat anstrebt). Übersteigerter Nationalismus birgt die Gefahr der Abwertung von Menschen anderer Herkunft in sich.

Liberalismus/liberal
(von lat. liber = frei) Politische Strömung, bei der die Rechte des Menschen im Vordergrund stehen. Die Liberalen wollten einen Staat mit einer Verfassung, Gewaltenteilung und einer Garantie der Menschen- und Bürgerrechte.

Der Deutsche Bund

Die Regelungen des Wiener Kongresses waren für viele Deutsche unbefriedigend. Die Fürsten hatten ihre alte Machtposition wiederhergestellt und sich gegen jegliche Beteiligung des Volkes an der Herrschaft gewehrt. Damit zerschlug sich auch die Hoffnung auf einen einheitlichen deutschen Nationalstaat.
Das alte Heilige Römische Reich Deutscher Nation war 1806 von Napoleon aufgelöst worden. Für seine Erneuerung trat niemand ein. Kein Fürst, der von der Säkularisation und der Mediatisierung profitiert hatte, wollte von der neu gewonnenen Macht etwas abgeben. In Wien suchte man deshalb in der deutschen Frage einen Kompromiss: Alle Staaten und freien Reichsstädte auf dem Gebiet des ehemaligen Reiches sollten zu einem losen Staatenbund zusammengeschlossen werden, ohne dass die Einzelstaaten ihre Unabhängigkeit aufgeben sollten. Das kam dem Bedürfnis der Einzelherrscher nach Machtsicherung entgegen. Es stellte aber auch jene europäischen Herrscher zufrieden, die in einem geeinten, großen deutschen Reich ein Problem für das Machtgleichgewicht in Europa sahen.

Q1 *Am 20. Mai 1820 wurde der Burschenschaftler Karl Ludwig Sand hingerichtet* (zeitgenössischer Kupferstich). Sand hatte im März 1819 den russischen Staatsrat und Schriftsteller August Kotzebue ermordet, weil dieser sich über die nationale Begeisterung der Studenten lustig gemacht hatte.

Diesem neu gegründeten „Deutschen Bund" traten 39 Staaten bei. Es gab kein gemeinsames Staatsoberhaupt und kein Parlament, nur eine Bundesversammlung, bestehend aus den Vertretern der Mitgliedsstaaten. Dieser Bundestag tagte in Frankfurt. Die Mehrheitsverhältnisse waren dort so eingerichtet, dass die Großmächte Österreich und Preußen die Politik des Bundes bestimmten.

Für Freiheit und Gleichberechtigung

Viele Menschen wollten sich mit diesen Zuständen nicht abfinden. Beeinflusst von den Ideen der Aufklärung und der Französischen Revolution hatte sich in Deutschland ein selbstbewusstes Bürgertum entwickelt. Es forderte Gleichberechtigung mit dem Adel, Religions-, Meinungs- und Pressefreiheit sowie Mitbestimmung durch ein Parlament. Neben diesen *liberalen* Forderungen pochten viele *national* gesonnene Bürger auf einen gemeinsamen Nationalstaat.
1815 schlossen sich in Jena Studenten zu einer *Burschenschaft* zusammen. Sie wollten so ein Zeichen für die deutsche Einheit setzen. „Ehre, Freiheit, Vaterland", lautete ihr Leitspruch, Schwarz, Rot und Gold waren ihre Farben. Bald gab es an vielen deutschen Universitäten solche Verbindungen. 1817 fand auf der Wartburg bei Eisenach eine Kundgebung aller Burschenschaften statt. Sie forderten einen Nationalstaat und eine Verfassung auf der Grundlage der Menschenrechte.

Karlsbader Beschlüsse

1819 ermordete ein radikaler Student den russischen Staatsrat Kotzebue. Für Metternich war dies ein willkommener Anlass, um Universitäten und Presse zu kontrollieren, Burschenschaften zu verbieten und eine Überwachungsbehörde einzusetzen: Polizeispitzel öffneten nun private Briefe und belauschten Gespräche von Studenten. Diese „Karlsbader Beschlüsse" wurden in die Verfassung des Deutschen Bundes aufgenommen.

Q5 *Bücherverbrennung auf dem Wartburgfest 1817* (Holzstich, um 1880). Zum Ende des Wartburgfestes wurde an die Verbrennung einer päpstlichen Urkunde durch Martin Luther 300 Jahre zuvor erinnert. Daran angelehnt verbrannten Studenten nun Gegenstände der verhassten Fürstenherrschaft, etwa einen Korporalstock oder eine Perücke. Auch Bücher wurden ins Feuer geworfen.

Q2 *Fürst Metternich erläuterte seinem Mitarbeiter Friedrich Gentz auf dem Wiener Kongress die geplante Deutschlandpolitik:*

Metternich: Wir müssen Europa im Auge haben, lieber Gentz, wenn wir von Deutschland sprechen. Bedenken Sie, wie wenig das deutsche Reich für eine wirklich europäische Politik geleistet hat, und das war gut so. Der Deutsche Bund, den wir schaffen wollen, muss daher so wenig Einheitlichkeit und Macht besitzen, dass er für wirkliche Staaten wie Österreich und Preußen keine Bedeutung hat.

Gentz: Euer Exzellenz meinen, er solle mehr dem Gleichgewicht in Europa als den deutschen Interessen dienen?

Metternich: Genau das meine ich, und sehen Sie, Gentz, dieses Preußen, dessen Besitz in so vielen kleinen „Päckchen" über ganz Deutschland verstreut ist, kann einem in sich geschlossenen Österreich die Führung in Europa nicht streitig machen.

Q3 *Freiherr vom Stein kritisiert die Verfassung des Deutschen Bundes 1815:*

Jeder Mann, der sein Vaterland liebt und dessen Glück und Ruhm wünscht, ist berufen zu untersuchen, ob der Inhalt dieser Urkunde der Erwartung der Nation entspricht, der Größe ihrer Anstrengungen, ihrer Leiden, der Tatkraft und Beschaffenheit des Geistes. (…) Unsere neuen Gesetzgeber haben an die Stelle des alten deutschen Reiches einen Deutschen Bund gesetzt, ohne Haupt, ohne Gerichtshöfe, schwach verbunden für die gemeinsame Verteidigung. Die Rechte der Einzelnen sind durch nichts gesichert als die unbestimmte Erklärung, „dass es Landstände geben solle"; ohne dass etwas über deren Befugnisse festgestellt ist (…).

Q4 *Die „Karlsbader Beschlüsse" verfasste der Bundestag 1819. Darin hieß es:*

Die Bundesregierungen verpflichten sich gegeneinander, Universitäts- und andere öffentliche Lehrer, die durch erweisliche Abweichung von ihrer Pflicht oder Überschreitung der Grenzen ihres Berufs, durch Missbrauch ihres rechtmäßigen Einflusses auf die Gemüter der Jugend, durch Verbreitung verderblicher, der öffentlichen Ordnung und Ruhe feindseliger oder die Grundlagen der bestehenden Staatseinrichtungen untergrabender Lehren, ihre Unfähigkeit zur Verwaltung des ihnen anvertrauten (…) Amtes unverkennbar an den Tag gelegt haben, von den Universitäten und sonstigen Lehranstalten zu entfernen. (…) Ein [solcher] Lehrer darf in keinem anderen Bundesstaat bei irgendeinem öffentlichen Lehrinstitut wieder angestellt werden. (…) Solange der gegenwärtige Beschluss in Kraft bleiben wird, dürfen Schriften, die in der Form täglicher Blätter oder heftweise erscheinen, desgleichen solche, die nicht über 20 Bogen im Druck stark sind, in keinem deutschen Bundesstaate ohne Vorwissen und vorgängige Genehmhaltung der Landesbehörden zum Druck befördert werden.

Burschenschaften
Vereinigungen von Studenten, die gemeinsam nationale und freiheitliche Ziele verfolgen.

1. *Erkläre, warum es 1815 weder zur Wiederherstellung des Heiligen Römischen Reiches noch zur Gründung eines deutschen Nationalstaates kam (VT).*
2. *Wie kannst du dir das Handeln des Studenten Karl Ludwig Sand erklären? Vergleiche seine Tat mit heutigen politischen Morden (VT, Q1).*
3. *Überlege, warum die Aussagen in Q2 geheim bleiben mussten.*
4. *Gib die Kritik in Q3 mit eigenen Worten wieder. Kannst du die Meinung nachvollziehen?*
5. *Erläutere, warum gerade die Wartburg für eine nationale Demonstration geeignet war (Q5).*

3 Protest gegen die Fürstenherrschaft

Q1 *Das Hambacher Fest 1832* (zeitgenössischer Stich). – Welche Stimmung will der Künstler auf dem Bild zum Ausdruck bringen?

Emigration
(von lat. emigrare = auswandern)
Auswanderung in ein anderes Land

konservativ
(von lat. conservare = bewahren)
Konservative wollen die althergebrachten Zustände erhalten.

1830 – neue Hoffnungen in Deutschland

Zwischen 1815 und 1848 konnte Fürst Metternich die in Wien geschaffene Ordnung mit Gewalt aufrechterhalten. Die strengen Karlsbader Beschlüsse verhinderten jede öffentliche Kritik. Wer wegen „falscher" Gesinnung auffiel, musste mit Gefängnis oder Berufsverbot rechnen. Viele liberale Bürger waren mutlos und enttäuscht. Manche zogen sich ins Privatleben zurück (vgl. S. 164/165), andere wanderten nach Amerika aus.

Im Juli 1830 ließen Nachrichten aus Frankreich neue Hoffnungen bei den Liberalen aufkommen. In Paris waren Unruhen ausgebrochen. Studenten, Arbeiter und Handwerker errichteten Barrikaden in den Straßen. Der französische König Karl X. hatte versucht, absolutistisch zu regieren. Er hatte die Pressefreiheit eingeschränkt und das neu gewählte Parlament aufgelöst. Das ließ sich das Volk nicht gefallen. Karl X. musste abdanken. Sein Nachfolger, der „Bürgerkönig" Louis Philippe, hob die Pressezensur auf und erweiterte das Wahlrecht.

Dies entfachte Begeisterung bei den deutschen Liberalen – und Nachrichten aus Polen fachten die revolutionäre Stimmung noch weiter an: Dort hatten sich im November 1830 viele Polen gegen die strenge russische Herrschaft erhoben und einen eigenen, souveränen Staat sowie Freiheitsrechte gefordert. Der Aufstand wurde zwar nach zehn Monaten von den Truppen des Zaren niedergeschlagen, doch in Deutschland gründete man nun Polenvereine und nahm *Emigranten* aus Polen auf.

In vielen deutschen Städten zogen die Menschen nun vor die Schlösser, forderten Pressefreiheit und Verfassungen, in denen Freiheitsrechte für das Volk festgeschrieben sein sollten. Manche wollten die Fürsten sogar vollständig entmachten und Deutschland zu einer Republik machen. Liberal gesinnte Menschen bezeichneten solche Forderungen als demokratisch, *konservativ* Denkende empfanden sie als radikal.

Das „Hambacher Fest"

Den vorläufigen Höhepunkt dieser Freiheitsbewegung bildete das Hambacher Fest. Am 27. Mai 1832 zogen etwa 25 000 Menschen auf die Schlossruine Hambach in der bayerischen Rheinpfalz. Auch Frauen nahmen teil. Einige von ihnen hatten Listen mit politischen Forderungen verfasst. So forderten sie unter anderem die rechtliche Gleichstellung mit den Männern.

Im Zentrum der Veranstaltung standen jedoch andere Themen: nationale Einheit, politische Freiheit und soziale Gerechtigkeit. Dies musste die konservativen Regierungen tief beunruhigen. Deshalb wurden die Organisatoren und Wortführer des Hambacher Festes, wie der liberale Schriftsteller Philipp Jakob Siebenpfeiffer, festgenommen.

Das Hambacher Fest hatte weit reichende Folgen: Die Regierungen der deutschen Einzelstaaten verschärften erneut die Pressezensur und hoben die Rede- und Versammlungsfreiheit auf. Hunderte „Verdächtige" verschwanden hinter Gefängnismauern, andere emigrierten in die Schweiz oder nach Frankreich. Paris wurde auf diese Weise zu einem Zentrum für deutsche Künstler und Philosophen.

Q2 *Der Denkerclub* (anonyme Karikatur um 1825). Auf der Tafel rechts steht unter anderem: „II. Schweigen ist das erste Gesetz dieser gelehrten Gesellschaft. III. Auf dass kein Mitglied in Versuchung geraten möge, seiner Zunge freien Lauf zu lassen, so werden beim Eintritt Maulkörbe ausgeteilt. IV. Der Gegenstand, welcher in jedmaliger Sitzung durch ein reifes Nachdenken gründlich erörtert werden soll, befindet sich auf einer Tafel mit großen Buchstaben deutlich angeschrieben."

Q3 *Ein Deutscher, der 1823 aus den Niederlanden in die Heimat zurückkehrte, schrieb über die Zustände in den deutschen Staaten:*

Die Ströme, die Berge, die alten Türme erkenne ich noch, aber die Menschen nicht mehr. (…) Als ich hier anfangs, noch unbekannt mit den neuen Verhältnissen, nach alter Gewohnheit von der Politik des Tages reden wollte, erhielt ich kaum eine Antwort; der eine wich aus, der andere brach ab, viele stahlen sich weg. – Wo niemand über öffentliche Angelegenheiten öffentlich spricht, da ist gewiss keine Freiheit; wenn aber gebildete Männer selbst in der Mitte ihrer Bekannten solche Gegenstände zu berühren vermeiden (…), dann hat entweder die feige Selbstsucht oder der Despotismus den Gipfel erreicht. (…) Überall ist die Polizei mit ihren Spionen tätig – selbst die Briefe werden geöffnet.

Q4 *Aus der Rede des Journalisten Siebenpfeiffer auf dem Hambacher Fest:*

Und es wird kommen der Tag, der Tag des edelsten Siegstolzes, wo der Deutsche vom Alpengebirg und der Nordsee, vom Rhein, der Donau und Elbe den Bruder im Bruder umarmt, wo die Zollstöcke und die Schlagbäume, wo alle Hoheitszeichen der Trennung und Hemmung und Bedrückung verschwinden samt den Konstitutiönchen, die man etlichen mürrischen Kindern der großen Familie als Spielzeug verlieh; (…) wo das deutsche Weib nicht mehr die dienstpflichtige Magd des herrschenden Mannes, sondern die freie Genossin des freien Bürgers, unsern Söhnen und Töchtern schon als stammelnden Säuglingen die Freiheit einflößt; (…) wo der Bürger nicht in höriger Untertänigkeit den Launen des Herrschers, (…) sondern dem Gesetz gehorcht und auf den Tafeln des Gesetzes den eigenen Willen liest und im Richter den frei erwählten Mann seines Vertrauens erblickt; (…). Es lebe das freie, das einige Deutschland!
Hoch leben die Polen, der Deutschen Verbündete! (…) Hoch lebe jedes Volk, das seine Ketten bricht und mit uns den Bund der Freiheit schwört!
Vaterland – Volkshoheit – Völkerbund hoch!

1 Gib mit eigenen Worten die Stimmung in den deutschen Staaten wieder, wie sie der Verfasser von Q3 beschreibt.

2 Beschreibe die Karikatur Q2. Worin besteht der Spott des Karikaturisten?

3 Erläutere den Zusammenhang zwischen den Ereignissen in Frankreich und Polen 1830 und dem Hambacher Fest (VT, Q4).

4 Stelle die Forderungen zusammen, die auf dem Hambacher Fest erhoben wurden (VT, Q4).

5 Überlege, warum viele Deutsche nach dem Hambacher Fest gerade nach Frankreich flohen (VT).

4 Bürger gehen auf die Barrikaden

Vielvölkerstaat
Ein Vielvölkerstaat besteht aus verschiedenen, dicht zusammenlebenden Volksgruppen mit eigener Sprache und Kultur. Der Kaiser von Österreich herrschte bis 1918 über viele Völker, z. B. Polen, Tschechen, Ungarn, Slowaken und Kroaten.

Revolutionen in halb Europa

Februar 1848: In Paris tobt die Revolution. Aufständische Bürger, Studenten, Handwerker und Arbeiter errichten Barrikaden in den Straßen der Stadt und liefern sich Kämpfe mit königstreuen Soldaten. Schließlich stürmen die Revolutionäre das königliche Schloss und rufen die Republik aus. Den Thron des Königs verbrennen sie an jenem Ort, an dem bis 1789 die Bastille stand.

Als hätten die Menschen in den anderen Staaten nur auf ein solches Zeichen gewartet, ergriff die revolutionäre Bewegung halb Europa: Mailand, Neapel, Budapest, Wien, Prag, Berlin und München wurden zu Zentren des Aufstands. Die Fürstenherrschaft geriet ins Wanken.

In Frankreich waren es vor allem Not leidende Arbeiter in den Städten, die rebellierten. Sie litten unter der 1847/48 ausbrechenden Wirtschaftskrise. Infolge von Missernten waren die Lebensmittelpreise gestiegen. Viele Männer hatten ihre Arbeit verloren – die Familien mussten hungern. Den Handwerkern erging es kaum besser. Sie konnten mit der billigen Konkurrenzware aus den Fabriken nicht mithalten.

Im restlichen Europa brachen überall dort Kämpfe aus, wo die Restauration die Forderungen nach liberalen Verfassungen und nationaler Gleichberechtigung unterdrückt hatte – wie etwa im österreichischen *Vielvölkerstaat*. Den Italienern war die österreichische Herrschaft im Norden des Landes ebenso ein Dorn im Auge wie die Zersplitterung des Landes. Sie wünschten sich einen einheitlichen Staat. Auch in Ungarn rebellierten national denkende Menschen gegen die Herrschaft der allmächtigen Wiener Regierung. Die Ungarn wollten ebenfalls einen eigenen Staat errichten.

Q1 *Während der Februarrevolution in Paris verbrennen Aufständische den Königsthron* (zeitgenössische Darstellung). Im Dezember 1848 wurde Louis Napoleon, ein Neffe des berühmten Kaisers, zum Präsidenten der Republik gewählt. – Welches Zeichen wollten die Pariser mit ihrem Handeln setzen? Welche symbolische Bedeutung hat die Wahl des Ortes (vgl. VT)?

Barrikadenkämpfe in Deutschland

Auch im Deutschen Bund breiteten sich die Aufstände wie ein Lauffeuer aus. Wie in Frankreich litten Arbeiter und Handwerker große Not. Gemeinsam mit den Bürgern der Städte forderten sie ein frei gewähltes deutsches Parlament und einen deutschen Nationalstaat. Teils wurden auch Rufe nach sozialen Verbesserungen laut.

In Wien musste der Kaiser auf Druck des Volkes den verhassten Metternich entlassen. Das Militär hatte sich trotz Überlegenheit nicht gegen die Aufständischen durchsetzen können. Die Errichtung von Barrikaden behinderte in den schmalen Gassen der Stadt ein militärisches Vorgehen.

In Berlin versuchte der preußische König Friedrich Wilhelm IV. sein Volk zu beruhigen, indem er Pressefreiheit und eine Verfassung versprach. Doch es kam zu einem Zwischenfall: Am 18. März 1848 schossen Wachsoldaten vor dem Königsschloss auf Demonstranten. Innerhalb von Stunden errichteten Aufständische nun Barrikaden, um die Straßen abzusperren. Frauen und Kinder gossen aus Bleifenstern Kugeln, Männer bewaffneten sich. Bei den Kämpfen zwischen Soldaten und Bürgern kamen mehr als 200 Menschen ums Leben. Am 21. März ritt der König hinter einer schwarz-rot-goldenen Fahne durch die Stadt und ließ verkünden: „An mein Volk und an die deutsche Nation (…). Ich habe heute die alten deutschen Farben angenommen. (…) Preußen geht fortan in Deutschland auf.“

Q2 *Forderungen der Kölner Arbeiter an ihren Landesherrn, den König von Preußen, vom 3. März 1848:*

1. Gesetzgebung und Verwaltung durch das Volk, da ein freies Volk (...) sich nicht mehr im Interesse Einzelner ausbeuten lassen will (...), allgemeines Wahlrecht und allgemeine Wählbarkeit.
2. Unbedingte Freiheit der Rede und Presse.
3. Aufhebung des stehenden Heeres und Einführung einer allgemeinen Volksbewaffnung mit vom Volke gewählten Führern. (...)
4. Freies Vereinigungsrecht.
5. Schutz der Arbeit und Sicherstellung der menschlichen Bedürfnisse für alle. (...) Es ist Sache des Staates, die Produktion dem Interesse der Einzelnen zu entreißen und sie im Interesse aller zu leiten. Jeder Mensch hat ein Recht auf Arbeit sowie auf einen seinen Bedürfnissen angemessenen Lohn.
6. Vollständige Erziehung aller Kinder auf öffentliche Kosten.

Q3 *Das deutsche Volk an die sogenannte Bundesversammlung. Anonymes Flugblatt, verbreitet Anfang März 1848 im Gebiet Frankfurt, Mainz und Mannheim:*

Das deutsche Volk will: Pressefreiheit, Glaubensfreiheit, allgemeines Parlament, (...) Aufhebung der stehenden Heere, dieser Zwangsjacke für die Völker und Puppenspiels der Fürsten, und dagegen allgemeine Volksbewaffnung. (...) Es lebe Frankreich! Es lebe das vereinigte Deutschland!
Gedruckt in Deutschland bei Schlagdrauf und Hilfdirselbst.

Q4 *Die Ereignisse in Berlin schildert der Schriftsteller und Chronist Varnhagen von Ense in seinem Tagebuch:*

18. März 1848

Gegen 4 Uhr plötzlicher Lärm: In den Straßen der Ruf: „Waffen! Waffen! Man haut und schießt die Schutzbürger vor dem Schlosse zusammen!" (...) Auch in meiner Gegend regte sich schnell der Eifer zum Barrikadenbau. (...) Einige wohl gekleidete junge Leute, dem Ansehen nach Studenten, gaben Anleitung und Befehl; eine gemischte Menge, Hausknechte, Bürger, Alt und Jung, die ehrbarsten Männer und Frauen waren eifrig am Werk; Droschken und Wagen wurden angehalten und umgestürzt, die Rinnsteinbrücken und das Pflaster aufgerissen (...). Unterdessen war der Kampf anderwärts in vollem Gange. (...) Als der Abend eintrat und es dunkelte, wurde der allgemeine Kampf nur umso heftiger und furchtbarer. Das Geschütz donnerte jetzt in geregelter Folge, immerfort das Krachen des stärksten Gewehrfeuers.

Q5 *Barrikadenkämpfe in Berlin am 18. März 1848* (kolorierter zeitgenössischer Stich).
Der König setzte 14 000 Soldaten gegen die Aufständischen ein. Doch die Bürger hielten stand. Am nächsten Tag brachten sie ihre Toten vor das königliche Schloss und bahrten sie dort auf. Friedrich Wilhelm IV. musste sich vor ihnen verneigen.

1. *Beschreibe den Zusammenhang zwischen den Revolutionen in Frankreich, Deutschland und Italien (VT, Q4). Liste die Forderungen der Aufständischen auf (VT, Q2, Q3).*
2. *Untersuche die Forderungen der Arbeiter (Q2). Warum waren für sie die Punkte 5 und 6 wohl fast noch wichtiger als Freiheitsrechte? Mit welchen Gruppen kamen sie durch Punkt 5 in Konflikt?*
3. *Berichte als Zeitungsreporter über die Barrikadenkämpfe in Berlin (VT, Q4, Q5).*

5 Das erste deutsche Parlament

Q1 *Sitzung der Nationalversammlung* in der Frankfurter Paulskirche (zeitgenössische Farblithografie). Die Abgeordneten saßen im Halbkreis. Links auf dem Podium steht der Präsident der Versammlung, Heinrich von Gagern.

A-Z

Nationalversammlung
Versammlung von Abgeordneten, die den Anspruch erheben, für das ganze Volk zu sprechen. In der Frankfurter Paulskirche trat 1848 die erste deutsche Nationalversammlung zusammen. Sie sollte eine Verfassung erarbeiten, und dabei über Grundrechte, die Regierungsform und den Umfang des Reichsgebietes entscheiden.

Eine deutsche Nationalversammlung

Angesichts der zahlreichen Aufstände in Deutschland waren die meisten Fürsten verängstigt. Viele fürchteten um ihre Herrschaft und gaben daher den Forderungen des Volkes scheinbar bereitwillig nach. Sie hoben die Zensur der Presse auf und beriefen liberale Minister in die Regierung.
Im Frankfurter Bundestag stimmten die Vertreter aller Länder des Deutschen Bundes der Wahl einer *Nationalversammlung* zu. Zum ersten Mal sollten Abgeordnete des deutschen Volkes in freier Wahl bestimmt werden. Am 18. Mai 1848 traten die Abgeordneten in Frankfurt zusammen. Das Ereignis wurde als großes Fest gefeiert. Unter Glockengeläut und Kanonendonner zogen sie in die Paulskirche ein. Das war ihr Versammlungsort, denn ein Parlamentsgebäude gab es noch nicht.
Die Nationalversammlung war zwar gewählt worden, jedoch nicht vom gesamten deutschen Volk. Frauen hatten kein Wahlrecht und auch die „nicht selbstständigen" Männer, wie Dienstboten, durften nicht wählen. In der Nationalversammlung saßen folglich viele Juristen, Gelehrte und Beamte, aber kein einziger Arbeiter und keine Frau.

Viele Probleme sind zu lösen

Vor der Nationalversammlung lag die wichtige Aufgabe, eine Verfassung zu erarbeiten. Dazu waren wichtige Fragen zu beantworten: Wie groß oder wie klein sollte das neue Deutschland sein? Wer sollte regieren: eine vom Volk gewählte Regierung oder ein Monarch? Welche Rolle sollte ein zukünftiges Parlament spielen? Welche Rechte sollten die einzelnen Länder behalten?
Besonders heftig stritten die Abgeordneten über die Frage, welchen Umfang der künftige deutsche Nationalstaat haben sollte: mit oder ohne Österreich? Im österreichischen Kaiserreich lebten viele Völker zusammen, etwa Ungarn, Tschechen und Slowaken. Da es unmöglich schien, nur den deutschen Teil Österreichs aufzunehmen, entschied man sich schließlich für eine kleindeutsche Lösung: ein deutsches Reich ohne Österreich. Der König von Preußen sollte darin „Kaiser der Deutschen" werden. Ein gewähltes Parlament sollte den Kaiser kontrollieren. Nach langen Debatten wurde die Verfassung am 28. März 1849 mit 290 zu 248 Stimmen angenommen.

Die alten Mächte kehren zurück

Im Frühjahr 1849 boten Vertreter der Nationalversammlung dem preußischen König Friedrich Wilhelm IV. die Kaiserkrone des Reiches an. Doch dieser lehnte ab – die gegenrevolutionären Kräfte waren mittlerweile wiedererstarkt. Eine vom Volk angebotene Krone hatte für ihn, der sich als Herrscher von Gottes Gnaden verstand, keine Legitimation. Viele Abgeordnete legten daraufhin enttäuscht ihr Amt nieder. Radikale Revolutionäre kämpften nun für eine deutsche Republik ohne monarchischen Herrscher. Doch die preußische Armee schlug Aufstände in Sachsen, in der Pfalz und in Baden nieder. Überall beendeten die Fürsten die Revolution und hoben die Freiheitsrechte wieder auf. Die Anhänger der Revolution wurden verhaftet, hingerichtet, eingesperrt oder flohen aus Deutschland.

Die soziale Herkunft der Abgeordneten	
Großgrundbesitzer	38
Kaufleute und Fabrikanten	20
Beamte (Richter, Lehrer, Bürgermeister, Professoren [49], Geistlichkeit)	332
Geistige und freie Berufe	139
Landwirte, Kaufleute, Handwerker	20
Militär	11
Ohne Beruf	13
Gesamt	573

D1 *Die soziale Herkunft der Abgeordneten in der Frankfurter Paulskirche*

Q2 *„Grundrechte des Deutschen Volkes". Die Nationalversammlung beschloss die Grundrechte im Dezember 1848. Sie wurden 1849 als Paragraphen 130–189 an die Reichsverfassung angehängt:*

§ 131: Das deutsche Volk besteht aus den Angehörigen der Staaten, welche das Deutsche Reich bilden. (…)

§ 137: Vor dem Gesetz gilt kein Unterschied der Stände. Der Adel als Stand ist aufgehoben. (…) Die Deutschen sind vor dem Gesetz gleich. (…) Die öffentlichen Ämter sind für alle Befähigten gleich zugänglich. Die Wehrpflicht ist für alle gleich.

§ 138: Die Freiheit der Person ist unverletzlich. (…)

§ 139: Die Todesstrafe, ausgenommen wo das Kriegsrecht sie vorschreibt (…), sowie die Strafen des Prangers, der Brandmarkung und der körperlichen Züchtigung sind abgeschafft.

§ 140: Die Wohnung ist unverletzlich. (…)

§ 143: Jeder Deutsche hat das Recht, durch Wort, Schrift, Druck und bildliche Darstellung seine Meinung frei zu äußern. (…)

§ 144: Jeder Deutsche hat volle Glaubens- und Gewissensfreiheit. Niemand ist verpflichtet, seine religiöse Überzeugung zu offenbaren.

§ 161: Die Deutschen haben das Recht, sich friedlich und ohne Waffen zu versammeln. (…)

§ 162: Die Deutschen haben das Recht, Vereine zu bilden. (…)

§ 164: Das Eigentum ist unverletzlich. Eine Enteignung kann nur aus Rücksichten des gemeinen Besten, nur aufgrund eines Gesetzes und gegen gerechte Entschädigung vorgenommen werden. (…)

§ 168: Alle auf Grund und Boden haftenden Abgaben und Leistungen, insbesondere die Zehnten, sind ablösbar. (…)

§ 178: Das Gerichtsverfahren soll öffentlich und mündlich sein. (…)

§ 179: Schwurgerichte sollen jedenfalls in schwereren Strafsachen und bei allen politischen Vergehen urteilen. (…)

§ 181: Rechtspflege und Verwaltung sollen getrennt und voneinander unabhängig sein.

Q3 *Karikatur über das Angebot der Kaiserkrone an den preußischen König Friedrich Wilhelm IV.* Er sagt: „Soll ich? – Soll ich nich? – Soll ich ?! – Knöppe, ihr wollt! Nu jerade nich!!"

1. *Vergleiche, wie sich der preußische König 1848 und 1849 verhielt (VT, Q3 und S. 138/139).*
2. *War die Nationalversammlung eine Vertretung des gesamten deutschen Volkes? Begründe deine Meinung (VT, D1).*
3. *Überlegt gemeinsam, weshalb die in Q2 genannten Grundrechte als Erfolg der Frankfurter Paulskirche gelten. Welche Paragraphen könnt ihr im Grundgesetz der Bundesrepublik Deutschland wiederfinden?*
4. *Nenne Folgen, die das Scheitern der Revolution für Deutschland hatte.*

6 Methode
Politische Lieder interpretieren

Zeitreise multimedial – Das lange 19. Jahrhundert: Gesellschaft – „Hymnen"

Die Zeit vor 1848
Im Vormärz, so nennt man die Zeit zwischen dem Wiener Kongress und der Märzrevolution von 1848 auch, haben liberale Bürger ein anderes Deutschland schaffen wollen. Dafür haben sie in Reden, Aufrufen, Flugblättern und Zeitungsartikeln gekämpft. Die Sehnsucht nach einem geeinten und freien Vaterland drückt sich aber auch in vielen Gedichten und Liedern der Zeit aus.

„In aller Munde"
Politische Lieder haben im 19. Jahrhundert wohl mehr Menschen erreicht als das geschriebene Wort. Bücher und Zeitungen wurden weitgehend von den gebildeten Bürgerinnen und Bürgern gelesen. Volkstümliche Lieder waren „in aller Munde" – auch in den Arbeitervierteln der Großstädte und auf dem Land, wo viele Menschen noch nicht einmal lesen konnten.

Methodische Arbeitsschritte

1. Wann ist das Lied entstanden?
2. Wer hat den Text geschrieben, wer die Melodie?
3. Um welche Ereignisse und Personen geht es in dem Lied?
4. Was sagt der Titel des Liedes aus?
5. Wie klingt der Text, wie die Melodie – anklagend, ironisch, aufrührerisch oder spöttisch?
6. Wie wirkt das Lied insgesamt auf dich?
7. Was hat der Verfasser mit diesem Lied beabsichtigt?

Q1 *Die Studenten auf dem Weg zum Wartburgfest* erscheinen auf dieser zeitgenössischen Darstellung in fröhlicher Laune. Wenn Menschen am Feierabend, an Sonntagen oder zu Festen zusammenkamen, haben sie gerne gesungen. Freiheitslieder oder patriotische Lieder aus der Zeit der Befreiungskriege waren überall bekannt. Die Gesangvereine hatten 1848 fast 100 000 Mitglieder.

Q2 *Aus den „unpolitischen Liedern" von Heinrich Hoffmann von Fallersleben, 1841:*

Wie ist doch die Zeitung interessant
für unser liebes Vaterland!
Was haben wir heute nicht alles vernommen!
Die Fürstin ist gestern niedergekommen,
und morgen wird der Herzog kommen,
hier ist der König heimgekommen,
dort ist der Kaiser durchgekommen –
bald werden sie alle zusammenkommen –
wie interessant! Wie interessant!
Gott segne das liebe Vaterland!

Q3 *„Trotz alledem" von Ferdinand Freiligrath, Juni 1848, hier ein Ausschnitt aus der neunten Strophe:*

Nur was zerfällt, vertretet ihr!
Seid Kasten nur, trotz alledem!
Wir sind das Volk, die Menschheit wir,
Sind ewig drum, trotz alledem! (…)

1. Deutschland, Deutschland über alles,
Über alles in der Welt,
Wenn es stets zu Schutz und Trutze,
Brüderlich zusammenhält
Von der Maas bis an die Memel,
Von der Etsch bis an den Belt.
Deutschland, Deutschland über alles,
Über alles in der Welt!

2. Deutsche Frauen, deutsche Treue,
Deutscher Wein und deutscher Sang
Sollen in der Welt behalten
Ihren alten schönen Klang
Und zu edler Tat begeistern
Unser ganzes Leben lang.
Deutsche Frauen, deutsche Treue,
Deutscher Wein und deutscher Sang!

Q 4 *Das „Lied der Deutschen"* schrieb der Dichter Heinrich Hoffmann von Fallersleben 1841 auf der damals englischen Insel Helgoland. Die dritte Strophe des Deutschlandliedes ist seit 1952 die Nationalhymne der Bundesrepublik Deutschland.

1. Schlaf, mein Kind, schlaf leis,
Dort draußen geht der Preuß!
Deinen Vater hat er umgebracht,
Deine Mutter hat er arm gemacht,
Und wer nicht schläft in guter Ruh,
Dem drückt der Preuß die Augen zu.
Schlaf, mein Kind, schlaf leis,
Dort draußen geht der Preuß!

2. Schlaf, mein Kind, schlaf leis,
Dort draußen geht der Preuß!
Der Preuß hat eine blut'ge Hand,
Die streckt er übers bad'sche Land,
Und alle müssen stille sein,
Als wie der Vater unterm Stein.
Schlaf, mein Kind, schlaf leis,
Dort draußen geht der Preuß!

3. Schlaf, mein Kind, schlaf leis,
Dort draußen geht der Preuß!
Zu Rastatt[1] auf der Schanz,
Da spielt er auf zum Tanz,
Da spielt er auf mit Pulver und Blei,
So macht er alle Badener frei.
Schlaf, mein Kind, schlaf leis,
Dort draußen geht der Preuß!

4. Schlaf, mein Kind, schlaf leis,
Dort draußen geht der Preuß!
Gott aber weiß, wie lang er geht,
Bis dass die Freiheit aufersteht,
Und wo dein Vater liegt, mein Schatz,
Da hat noch mancher Preuße Platz!
Schrei, mein Kind, schrei's:
Dort draußen liegt der Preuß!

1 Hier kapitulierten im Juli 1849 6000 badische Aufständische.

Q 5 *Ein badisches Wiegenlied von Ludwig Pfau auf den Ausgang der 1848er-Revolution.* Es wird nach der Melodie von „Maikäfer, flieg" gesungen. Der Text bezieht sich auf die Aufstände im Rheinland, in der Pfalz und in Baden, die von den preußischen Truppen niedergeschlagen wurden.

1 Suche dir einen der Liedtexte aus und interpretiere ihn nach den methodischen Arbeitsschritten.

2 Informiere dich über Heinrich Hoffmann von Fallersleben. Warum schrieb er das „Lied der Deutschen" auf der Insel Helgoland?

3 Zu welchen Anlässen wird die Nationalhymne heute gesungen?

4 Sucht andere Lieder oder Gedichte aus der Zeit des Vormärz und der Revolution von 1848/49. Fragt die Deutschlehrerin, den Musiklehrer, sucht in Liederbüchern und Gedichtbänden oder mit gut gewählten Suchbegriffen im Internet.

7 Ludwig I. – ein König zwischen heute und morgen

1 *Kronprinz Ludwig im Alter von 30 Jahren,* gekleidet im „altdeutschen Rock". Damit zeigte der Kronprinz, dass er für ein vereintes, starkes Deutschland eintrat.

Ein liberaler König?

Im Jahr 1825 bestieg Ludwig I. den bayerischen Thron und weckte anfangs Hoffnung beim liberalen Bürgertum. Als Kronprinz war Ludwig für nationale und liberale Vorstellungen eingetreten. Zudem war er ein Befürworter der damals vergleichsweise liberalen bayerischen Verfassung. Er war der Meinung, dass die Rechte, die die Verfassung den bayerischen Untertanen gab, ihre Treue zum Königshaus fördern würde.
Kaum im Amt des Königs, schaffte Ludwig sofort die Pressezensur ab, da sie der verfassungsmäßigen Meinungsfreiheit widersprach. Dem Landtag gab er zudem größere Handlungsfreiheit. Trotz all dieser Veränderungen blieb er allerdings davon überzeugt, dass er als König sein Herrschaftsrecht von Gott verliehen bekommen habe.

Förderer von Kunst, Kultur …

Ludwig achtete Religion und Geschichte sehr hoch. Deswegen bemühte er sich, die im Zuge der Säkularisierung aufgelösten Klöster wiederzubeleben. Mönche sollten fortan in Schulen unterrichten und Kranke versorgen. Seine Wertschätzung für die Geschichte zeigte er, indem er für dieses Fach einen einheitlichen Lehrplan erließ. Außerdem förderte der König die Gründung von Geschichtsvereinen, welche die Heimatgeschichte erforschten. Mit dieser Vermittlung eines Geschichtsbewusstseins sollte den Untertanen sowohl die Liebe zum Vaterland als auch zum bayerischen Königshaus nahegebracht werden. Darüber hinaus förderte Ludwig Baukunst und Malerei: Er ließ die Hauptstadt München ausschmücken und die Befreiungshalle bei Kehlheim sowie die Walhalla bei Regensburg als nationale Denkmäler errichten (vgl. S. 146/147).

… und Wirtschaft

Ludwig gelang es, die Staatsschulden zu verringern, indem er unter anderem die Militärausgaben absenkte. Zudem unterstützte er die Wirtschaft und technische Neuerungen. Mit dem Bau des „Ludwig-Donau-Main-Kanals" wurde eine schiffbare Verbindung zwischen den beiden Flüssen, aber auch zwischen dem Schwarzen Meer und der Nordsee geschaffen. Im Jahr 1835 verkehrte die erste deutsche Eisenbahn zwischen Nürnberg und Fürth, die allerdings noch privat von Nürnberger Bürgern gebaut und betrieben wurde. Wenige Jahre später begann dann auch der bayerische Staat, große Bahnlinien aufzubauen.

Enttäuschte Hoffnungen

Nach Julirevolution und Hambacher Fest änderte Ludwig I. seinen innenpolitischen Kurs. Er fürchtete, dass die revolutionäre Bewegung auch auf Bayern übergreifen könne. So führte er die Pressezensur wieder ein und ließ liberale Politiker verfolgen. So auch den Staatsrechtler Professor Behr, der die Rechte des Landtages, ausbauen und das Wahlrecht verbessern wollte. Behr wurde wegen Hochverrats angeklagt, musste auf Knien vor dem Bild des Königs Abbitte leisten und wurde zu langjähriger Festungshaft verurteilt. Der Unmut der Bevölkerung über Ludwigs Politik wuchs und steigerte sich im Revolutionsjahr 1848. Durch die Affäre mit einer Tänzerin war sein Ruf mittlerweile derart beschädigt, dass er in diesem Jahr zurücktrat (vgl. S. 166/167).

Q4 *Die Verfassungssäule von Gaibach wurde 1821 von Franz Erwein Graf von Schönborn gestiftet.* Sein Freund, Kronprinz Ludwig, legte den Grundstein. Das Bild zeigt beide in der Mitte, auf dem Podest rechts die Kronprinzessin, links die Abgeordneten und Reichsräte, davor das Volk. – Was wollte der Maler mit dieser Anordnung ausdrücken? Wo hat er die Farben Weiß und Blau verwendet und wen verbinden diese? Welche politische Einstellung des Kronprinzen wird durch seine Anwesenheit deutlich?

Q2 *1842 berichtet der preußische Gesandte in München nach Berlin über die Steuerbewilligung in der zweiten Kammer:*

Das Budget [Staatshaushalt] an sich wird nicht angefochten, aber es wird wohl an bitteren Bemerkungen über die gigantischen Bauvorhaben des Königs nicht fehlen. Die Gebäude, die Seine Majestät bis dahin bauen ließ und die aus München eine der schönsten Städte Europas machen, hatten immer einen Nützlichkeitswert, welcher Art er auch sein mochte, zum Ziel oder zumindest zum Vorwand. Aber die Öffentlichkeit findet keinen in der Mehrzahl der neuen Bauten, die geplant oder zur Zeit begonnen sind, wie z. B. die Befreiungshalle bei Kehlheim (...), wie die Feldherrnhalle in München, die Ruhmeshalle auf der Theresienwiese und schließlich das Siegestor (...). Es steht fest, dass diese Denkmäler auf Kosten der Privatkasse des Königs errichtet werden und in keiner Weise den Staat belasten. Ihre Errichtung gibt vielen Händen Arbeit, lässt die Künste blühen und zieht die Fremden an. Aber das verhindert nicht, dass die Öffentlichkeit nur schwer zu der Überzeugung kommt, dass die Staatskasse damit nichts zu tun hat (...).

Q3 *Der Dampfer „Ludwig“* (um 1840) verkehrte auf der Donau zwischen Linz und Regensburg. Der Versuch, die Flüsse als die bisher wichtigsten Verkehrswege für den modernen Schiffsverkehr auszubauen, erwies sich als fast unmöglich. Der Verbindungskanal von der Rezat zur Altmühl war dennoch eine bedeutende technische Leistung der Zeit.

1. *Auf welche Weise versuchte Ludwig I. Bayern wirtschaftlich, politisch und kulturell zu fördern und die Menschen für sich und die bayerische Monarchie zu gewinnen (VT)? Beurteile die einzelnen Maßnahmen.*
2. *Nenne die Gründe, die Ludwig I. bewogen, seine liberale Regierungsweise zu beenden (VT). Welche Folgen hatte dies?*
3. *Ludwig I. betätigte sich als Förderer großer Denkmäler und Bauten. Wie beurteilte dies der preußische Gesandte und wie sahen das die Abgeordneten der zweiten Kammer (Q2)?*

8 Projekt
Regionalgeschichte: Isar-Athen – auf den Spuren eines „Bau-Königs"

München – die neue Königsstadt
Bereits als Kronprinz hatte Ludwig I. lange Zeit in Rom verbracht. Er liebte die Kunst der alten Römer und Griechen und sammelte antike Statuen. In Rom traf er deutsche Künstler, die er später nach München berief. Er wollte seine Hauptstadt jedoch nicht nur nach dem Vorbild der Antike und der italienischen Renaissance ausbauen. In seiner „teutschen" Einstellung schätzte Ludwig auch die mittelalterlichen deutschen Baustile wie Romanik und Gotik. So wurde München als Königsstadt mit neuen Plätzen, Prachtstraßen und einer Vielzahl prunkvoller Gebäude ausgestattet – und alle in ganz verschiedenen Baustilen.

Q 1 *Die Bauten Ludwigs in München (Stich von Heinrich Adam):* Mitte: Residenz und Nationaltheater; Rand (links oben, im Uhrzeigersinn): Hofgartentor, Ludwigstraße, Universität, Staatsbibliothek, Isartor, Ludwigskirche, Hofkirche, Denkmal, Glyptothek, Hofgartenseite der Residenz, Alte Pinakothek, Karolinenplatz mit Obelisk, St. Bonifaz, Maria-Hilf

König Ludwig I. wollte jedoch nicht nur die Hauptstadt München ausschmücken, sondern in seinem gesamten Königreich seine Herrschaft, aber auch seine Verbundenheit mit den Landesteilen durch Denkmäler und große Bauwerke verdeutlichen. Zusätzlich zu den unten abgebildeten Bauten gehen auf den geschichtsbewussten König zurück:
Augsburg: Denkmal Hans Jakob Fugger;
Bad Brückenau: Kursaal und Badhaus;
Bad Kissingen: Arkadenbau des Kurhauses;
Bamberg: Domrenovierung, Grabmal für Fürstbischof Erthal;
Bayreuth: Denkmal für Markgraf Friedrich von Brandenburg;
Eschenbach: Denkmal Wolframs von Eschenbach;
Nürnberg: Denkmal Albrecht Dürers, Renovierung des Schönen Brunnens;
Würzburg: Denkmal für Fürstbischof Julius Echter.

Pompejanum

Walhalla

Ludwig-Donau-Main-Kanal, Nähe Beilngries

Dom (Innenansicht)

Der Schöne Brunnen

Ruhmeshalle und Bavaria

Befreiungshalle

D 1 *Bauwerke und Denkmäler Ludwigs in Bayern*

Überall in Bayern kann man Denkmäler und Bauwerke des Königs bei einer Klassenfahrt besichtigen. Folgende Schritte helfen euch, eine solche Fahrt vorzubereiten:

1. Eine Gruppe besorgt sich einen Stadtplan und einen Stadtführer von München – oder eines anderen Zielorts. Überall gibt es eine Tourismuszentrale, aber auch im Internet findet ihr Informationen. Die Gruppe sucht z. B. nach den Bauwerken des Königs oder den Plätzen bzw. Orten, die ihr besuchen wollt, und stellt eine Route zusammen. In München kommen zwei Rundgänge auf Ludwigs Spuren infrage:
   a) Residenz – Karolinenplatz – Königsplatz – St. Bonifaz – vielleicht die Alte Pinakothek.
   b) Residenz – Marstallplatz – Hofgarten – Ludwigstraße – Siegestor.
2. Eine zweite Gruppe informiert sich über die wichtigsten Fakten zu den Bauwerken, Denkmälern, Kunstwerken oder geschichtlichen Schauplätzen und erklärt in kurzen Beiträgen vor Ort das Wichtigste.
3. Die Mitglieder einer dritten Gruppe machen Fotos, tippen einen kurzen Bericht, fertigen Skizzen oder eigene Bilder an (z. B. im Kunstunterricht).
4. Mit einer Wandzeitung, einem Poster, einer kleinen Ausstellung oder einer Klassenzeitung präsentiert eine vierte Gruppe die Ergebnisse und Erlebnisse der Fahrt. Anlass kann ein Klassen- oder Schulfest sein.

9 Abschluss

Fürsten oder Bürger – Restauration oder Emanzipation?

Fürst von Metternich
österreichischer Staatsmann
(1773–1859)

Ludwig I.
König von Bayern
(1825–1848)

Philipp Jakob Siebenpfeiffer
politischer Journalist, Initiator des Hambacher Festes
(1789–1845)

Wiener Kongress

Nach dem Ende der napoleonischen Herrschaft wünschten sich viele Deutsche einen einheitlichen und freiheitlichen deutschen Staat. Sie setzten ihre Hoffnungen auf den Wiener Kongress, auf dem die europäischen Staatsmänner unter der Leitung von Fürst von Metternich Europa neu ordnen wollten. Dabei war es nicht leicht, alle Interessen zu berücksichtigen: Die deutschen Fürsten wollten ihre neue Selbstständigkeit nicht aufgeben, Großbritannien legte wert auf ausgeglichene Machtverhältnisse in Europa und Russland forderte eine territoriale Gegenleistung für sein Engagement gegen Napoleon. Einig war man sich nur darin, die Völker nicht am Entscheidungsprozess zu beteiligen, den Adligen saß noch das Schreckgespenst der Revolution von 1789 im Nacken. Schließlich einigten sich die Staatsvertreter 1815 auf neue Grenzen und auf die Restauration der alten Ordnung. Anstelle eines deutschen Nationalstaates wurde der Deutsche Bund gegründet. In ihm schlossen sich die 39 auf dem Gebiet des alten Reiches existierende Staaten zu einem losen Staatenbund zusammen.
Die Hoffnungen der deutschen Bevölkerung auf Mitbestimmung und einen Nationalstaat erfüllten sich damit nicht. Deutschland blieb zersplittert und der alleinige Herrschaftsanspruch der Fürsten blieb bestehen.

Protest gegen die Fürstenherrschaft

Obwohl der Wiener Kongress die Restauration beschlossen hatte, hielten viele deutsche Bürger an ihren Forderungen nach Freiheit und Einheit fest. Die Fürsten reagierten darauf mit aller Härte: Nationale Bestrebungen wurden strikt unterdrückt, liberale Proteste vehement niedergeschlagen. Eine strikte Pressezensur verbot alle kritischen Zeitungen. Studenten und Professoren an den Universitäten wurden kontrolliert und überwacht.
Neue Hoffnungen sahen liberale Bürger im Juli 1830, als in Frankreich der König abgesetzt, die Pressefreiheit aufgehoben und das Wahlrecht erweitert wurden. Die revolutionäre Bewegung breitete sich auch nach Deutschland aus. Höhepunkt war 1832 das „Hambacher Fest". Dort forderten Bürger, Studenten, Handwerker und Arbeiter die nationale Einheit, politische Freiheit und soziale Gerechtigkeit. Doch die Fürsten blieben hart, verschärften die Pressezensur und hoben Rede- und Versammlungsfreiheit auf.

Die Revolution von 1848

Aufgrund wirtschaftlicher Schwierigkeiten rumorte es 1847/1848 in etlichen europäischen Staaten. Es kam zu Unruhen und Aufständen. In Paris wurden Barrikaden errichtet. Bürger, Studenten, Handwerker und Arbeiter riefen die Republik aus. Erneut sprang von Frankreich der Funke auch auf Deutschland über. Die alten Fürstenregierungen fürchteten um ihre Macht und mussten schließlich den politischen Forderungen der Bürger nachgeben.
Im Mai 1848 trat in der Frankfurter Paulskirche eine Nationalversammlung zusammen. Sie sollte eine Verfassung für ein demokratisches Deutschland ausarbeiten. Viele Fragen waren zu klären: Wie groß sollte der neue Staat sein? Wer sollte herrschen?
Nach langen Verhandlungen einigten sich die Abgeordneten auf eine kleindeutsche Lösung – ohne Österreich – mit einem Kaiser als Staatsoberhaupt. Doch der auserwählte preußische König lehnte die ihm angetragene Kaiserkrone ab. Damit war die Idee eines geeinten und freiheitlichen Deutschlands zunächst gescheitert.

■ **1815**
Auf dem Wiener Kongress beschließen die Fürsten Europas eine Restauration der alten Ordnung.

■ **1819**
Die Karlsbader Beschlüsse unterdrücken liberale und nationale Strömungen in Deutschland.

■ **1830**
Die Julirevolution in Frankreich löst auch in Deutschland revolutionäre Stimmung aus. Bürger fordern Freiheitsrechte.

■ **1832**
Auf dem Hambacher Fest demonstrieren rund 25 000 Menschen für Einheit und Freiheit.

Übertrage auf ein Karoblatt das folgende Gitterrätsel. Setze alle Wörter aus dem Wortspeicher in das Gitter ein. Die vorhandenen Buchstaben helfen dir bei der Lösung. Wiederhole dabei gemeinsam mit deinem Nachbarn die Bedeutung bzw. den Hintergrund der einzelnen Begriffe.

Wenn die Begriffe korrekt eingetragen sind, ergibt sich aus den blau hinterlegten Buchstaben in der richtigen Reihenfolge ein Lösungswort – es nennt den Namen einer Person, die im Kapitel von Bedeutung ist.

Wiener Kongress – Restauration – Napoleon – Legitimität – Deutscher Bund – Karlsbader Beschlüsse – Liberalismus – Hambacher Fest – Barrikaden – Paulskirche – Nationalversammlung – kleindeutsch

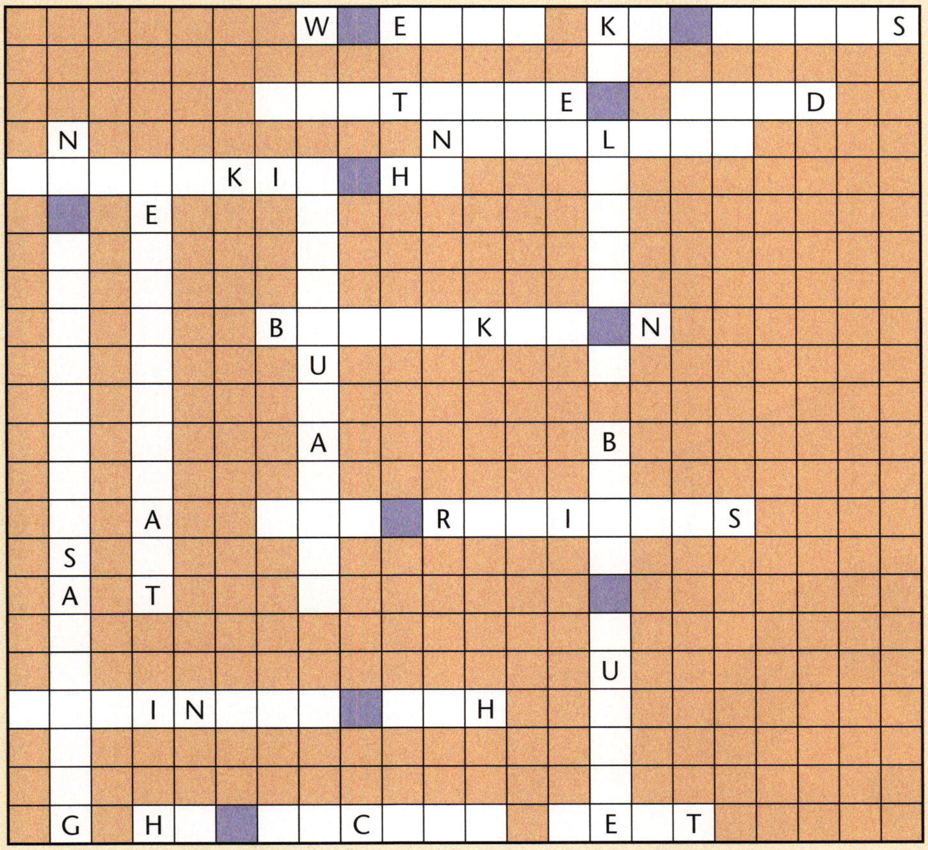

■ **1848**
Revolution in zahlreichen europäischen Staaten. Überall fordern die Bürger ein Ende der alten Fürstenherrschaft.

■ **1849**
König Friedrich Wilhelm IV. lehnt die ihm vom Volk angetragene Kaiserkrone ab. Die Revolution ist damit gescheitert.

■ **1848/49**
Erstmals tagt eine frei gewählte Nationalversammlung in Deutschland. Sie arbeitet eine Verfassung aus, die den Bürgern politische Mitbestimmung garantiert. Erstmals werden Grundrechte in einer deutschen Verfassung festgeschrieben.

A-Z

Erkläre diese Grundwissenbegriffe:

Wiener Kongress
(S. 132)

Restauration
(S. 132)

Deutscher Bund
(S. 134)

Nationalismus
(S. 134)

Liberalismus
(S. 134)

National-versammlung
(S. 140)

Frankfurter Paulskirche
(S. 131/140)

Biedermeier
(S. 164/165)

Wiederholen – vertiefen – verknüpfen

Saale
Coburg
Ansbach
München
Memmingen

1 Die Hungersnot von 1816/1817

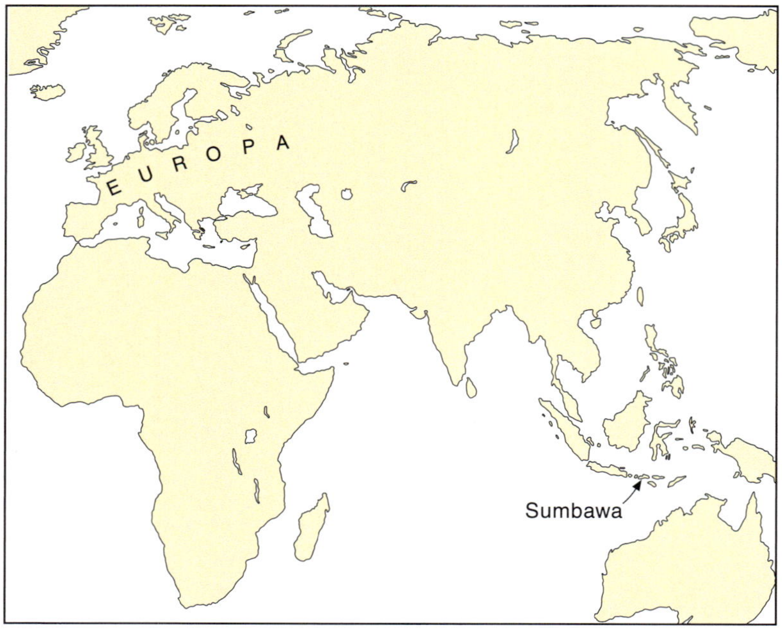

D 1 *Die Insel Sumbawa* mit dem Vulkan Tambora liegt im Indischen Ozean. Die Insel gehört heute zu Indonesien.

Krieg und Klimakatastrophe

Im Jahr 1815 kämpften die Menschen in Deutschland noch mit den Folgen der napoleonischen Kriege: Durchziehende Soldaten hatten Dörfer und Felder verwüstet und sich mit dem Saatgetreide verpflegt. Außerdem fehlten junge Männer und die Pferde, sodass die Felder nur schwer bestellt werden konnten.

Die Lage verschlimmerte sich, als im April 1815 der Vulkan Tambora auf der südostasiatischen Insel Sumbawa ausbrach. Riesige Mengen an Staub- und Ascheteilchen wurden ausgeschleudert. Dieser weit entfernte Vulkanausbruch führte in Europa zu außergewöhnlich kalten und feuchten Sommern sowie zu langen und schneereichen Wintern: So regnete es von April bis Oktober 1816 an 137 Tagen, wodurch das Korn auf den Feldern verdarb. Verheerende Missernten waren die Folgen.

Knappes Getreide, teures Brot

Spekulanten und Wucherer versuchten, eigene Vorteile aus der schwierigen Lage zu schlagen: Für das knappe Getreide verlangten sie schwindelerregende Preise.

Viele Menschen konnten sich nun nicht einmal mehr das Getreide für ihr tägliches Brot leisten. In ihrer Not versuchten sie, sich zu helfen, indem sie magere Suppen kochten oder den Brotteig mit gehackten Brennnesseln, Kleie und Kartoffelmehl streckten. Auch Pferde, Hunde, Pilze und Wurzeln wurden verzehrt. Wer Wertgegenstände oder Schmuckstücke besaß, versetzte sie im Leihhaus. Mittellose bettelten oder stahlen, obwohl sie dafür hart bestraft wurden. Die Bauern entließen Knechte und Mägde und schickten stattdessen ihre Kinder zur Arbeit auf die Felder und in die Ställe. Viele Kinder gingen deshalb kaum noch zur Schule.

Wegen des Hungers und der unausgewogenen oder verdorbenen Nahrung starben immer mehr Menschen; besonders Säuglinge und Kleinkinder fielen der Not zum Opfer.

Hilfe in der Not

Die Not leidenden Menschen erflehten Hilfe bei Gott und den Heiligen. Eigentlich waren Wallfahrten und Prozessionen in Bayern verboten. Doch viele Pfarreien erzwangen Bittgänge, sodass König Maximilian I. Joseph sie 1817 wieder gestattete.

Natürlich versuchte auch der Staat die Not zu lindern. Der König unterstützte beispielsweise eine Suppenanstalt für Arme in München recht großzügig. Zusätzlich ließ er fast 1000 Brotportionen pro Woche verteilen. Außerdem ordnete er an, dass kein Getreide ins Ausland ausgeführt werden dürfe. Im heutigen Oberbayern und in den großen Städten wurden zudem Darlehen für den Kauf von Saatgetreide bereitgestellt.

Doch alle diese Maßnahmen konnten das Elend nur mildern, nicht beheben. So beschlossen viele Menschen, vor allem junge Männer, das Land zu verlassen und ihr Glück in Amerika zu suchen. Erst die Ernteerträge im Sommer und Herbst des Jahres 1817 bereiteten der größten Not ein Ende.

Q1 *„Der Kornwucherer“* (Karikatur, August 1817). Die Inschrift auf der Tafel lautet: „Danket dem Herrn. Mit frohen Gaben füllet er das ganze Land.“

Q3 *Ein Erntewagen wird von den Menschen aus verschiedenen gesellschaftlichen Schichten bejubelt* (Lithographie von C. Kornmayer). – Versetze dich in den Jungen auf dem Pferd und schildere deine Eindrücke.

Q2 *Über die Folgen des Vulkanausbruchs in Indonesien für Europa berichtet der bayerische Beamte Joseph von Hazzi:*

Der Horizont war immer wie mit einem Leichentuch behangen und die Sonne uns also stets verhüllt. Dadurch und durch fortwährendes Regnen blieb der Boden nass und kalt und die Früchte, Getreide, Obst und Wein mager und schlecht. Viele träumten davon (…), Flecken an der Sonne, die ihre wohltätige Kraft für immer hemmen, und so das Erkalten und Versinken der Erde verkünden. Andere sahen gar einen Streifen, einer Sichel gleich, daran, als Beweis, dass diese Sichel das Menschengeschlecht nächstens wie Halme schneiden und vernichten wird.

Q4 *Die Maßnahmen gegen das Betteln, die in Bayern erlassen wurden, beschreibt Joseph von Hazzi folgendermaßen:*

Bettelnde und herumziehende Kinder sollen mit ernstlicher Bedrohung den Ihrigen zurückgegeben, im Wiederholungsfalle aber mit Rutenstreichen (…) gezüchtiget werden. Bei Jungen und Dirnen von zwölf bis 14 Jahren ist nach Umständen mit dieser Züchtigung (…) auch Einsperrung auf sechs bis 48 Stunden allenfalls bei schmaler Kost zu verbinden.

D2 *Vergleich der Lebensmittelpreise von 1817 mit 1803/1805.*

Menge	Preise 1817	Preise 1803/1805
1 Scheffel Weizen	95–104 fl.	10–18 fl.
1 Scheffel Korn (Roggen)	80–88 fl.	9–16 fl.
1 Scheffel Gerste	50–58 fl.	10–18 fl.
1 Scheffel Hafer	20–25 fl.	7–12 fl.

Abkürzungen: fl. = Florentiner/Gulden

1. *Beschreibe, wie sich der Vulkanausbruch in Indonesien auf die Natur in Mitteleuropa auswirkte (VT, D1, Q2).*
2. *Untersuche die Karikatur Q1. Was will der Zeichner damit ausdrücken?*
3. *Wie behalfen sich die Menschen in der Not (VT)?*
4. *Beurteile die Maßnahmen, die gegen bettelnde Kinder und Jugendliche ergriffen wurden (Q4).*
5. *Überlege, weshalb viele junge Männer gerade in Amerika eine neue Zukunft zu finden glaubten.*
6. *Welche Umweltkatastrophen beeinträchtigen das Leben der Menschen heute? Nenne Folgen, die diese Veränderungen mit sich bringen.*

2 Menschen zwischen Angst, Tod und Heilung

Q 1 *Zahnbehandlung auf dem Land* (Gemälde von Pieter Jansz Quast, 1630)

Die Pest und kein Ende

Bis ins 18. Jahrhundert hinein war die Pest in Europa die Seuche, welche die meisten Opfer unter der Bevölkerung forderte. In Mitteleuropa flackerte sie zuletzt 1716 in Österreich auf, in Skandinavien 1712, während Frankreich noch 1786 in Marseille mit einer Pest-Epidemie zu kämpfen hatte.
Ende des 18. Jahrhunderts verlor die Pest allmählich ihren Schrecken. Denn in den großen Städten wurden die Abfallentsorgung und die Abwassersysteme immer weiter ausgebaut, wodurch sich die hygienischen Verhältnisse enorm verbesserten. Die Ratten verschwanden aus den Straßen und mit ihnen der Pestfloh, der hauptsächliche Überträger der Seuche.
Allerdings wurde die Pest nun durch andere schwere Krankheiten „ersetzt". Pocken, Cholera, Typhus und Tuberkulose rafften hunderttausende Menschen dahin. Die Pocken entwickelten sich zur häufigsten Kinderkrankheit und ließen in einigen Landstrichen die Sterberate über die Geburtenrate steigen. Allein im Jahr 1796 forderten die Pocken in Nord- und Ostdeutschland mehr als 42 000 Opfer.
Napoleons „Große Armee" wurde während des Russlandfeldzugs 1812 stärker durch Typhus als durch Kälte oder Kämpfe dezimiert. Von 600 000 Soldaten kehrten nur etwa 10 000 in ihre Heimat zurück (vgl. S. 126/127).
Die Cholera trat unter anderem 1836/1837 in München auf. Zwischen Oktober 1836 und Januar 1837 erkrankten an ihr rund fünf Prozent der Bevölkerung, fast 1000 Menschen starben.

Von „Quacksalbern" und Scharlatanen

An der Art, wie man Seuchen und Krankheiten bekämpfte, hatte sich seit dem Mittelalter wenig geändert. Auch wissenschaftlich ausgebildete Ärzte gab es kaum. Stattdessen versuchten fahrende Heilkünstler und sogenannte „Quacksalber" am Leid und Elend der Menschen zu verdienen, indem sie ihnen selbst zusammengebraute Mixturen und „Arzneien" verkauften.
Erst mit den Ideen der Aufklärung (vgl. S. 54/55) veränderte sich das Bewusstsein über Krankheiten und Hygiene. Medizinische Forschung, die fachgerechte Ausbildung von Ärzten und Krankenpflegern sowie die Einrichtung von Krankenhäusern sorgten dafür, dass die gefährlichen Infektionskrankheiten zurückgingen oder jedenfalls erfolgreich behandelt werden konnten.

Ein gewagtes Experiment

Erste Erfolge bei der aktiven Bekämpfung einer Infektionskrankheit erzielte im Jahr 1796 der britische Arzt Edward Jenner mit einem gewagten Experiment: Er spritzte einem achtjährigen Jungen den Kuhpockenvirus. Sechs Wochen nach dem Ausbruch der Krankheit infizierte er den Jungen mit dem gefährlichen Pockenvirus – und der Junge erkrankte nicht! Sein Körper war gegen die Krankheit immun geworden. Das war die Geburtsstunde der modernen Impfmedizin. Im Jahre 1807 wurde die Pockenimpfung im Königreich Bayern eingeführt.

Q2 *Über die medizinische Versorgung der Landbevölkerung schreibt ein Zeitgenosse im späten 18. Jahrhundert:*

In einem Umkreise von 10 Stunden haben wir nur einen einzigen Arzt; andere Ärzte liegen 15 bis 20 Stunden von uns entfernet. Uns bleibt also, wenn wir eines Arztes bedürfen, keine Wahl übrig, sondern wir müssen zu dem uns zunächst Gelegenen eilen. Dieser ist aber selten zu Hause zu treffen, und wenn er es ist, so ist er betrunken. Überdies hasst er die Medizin von ganzer Seele und gibt sich lieber mit Pferden und Hunden als mit Patienten ab. Auch hat er seit 20 Jahren kein neues Buch mehr gelesen (...). Schon für einen einzigen Besuch fordert er so viele Taler, dass selbst der reichste Mann lieber ohne ärztliche Hilfe dahinstirbt, als dass er dem Arzte für einen einzigen Besuch so viele Taler bezahlte.

Daher ist jeder Kranke, der gefährlich darniederliegt, eine Beute des Todes. Den Landleuten in unsrer Gegend bleibt demnach in Krankheiten kein anderes Mittel übrig, als ihre Zuflucht zu Abdeckern, Einsiedlern, Hirten, Bauern, Badern, alten Weibern zu nehmen und von diesen sich morden zu lassen oder zu einem mirakulosen [wundertätigen] Marien- oder Heiligenbilde sich zu verloben und, in der trostvollen Hoffnung bei einem solchen Bilde von Stein oder Holz Hilfe zu finden, auf ewig zu entschlummern. Welchem Freunde der Menschheit sollte eine solche Szene von Menschenelend das Herz nicht zerreißen?

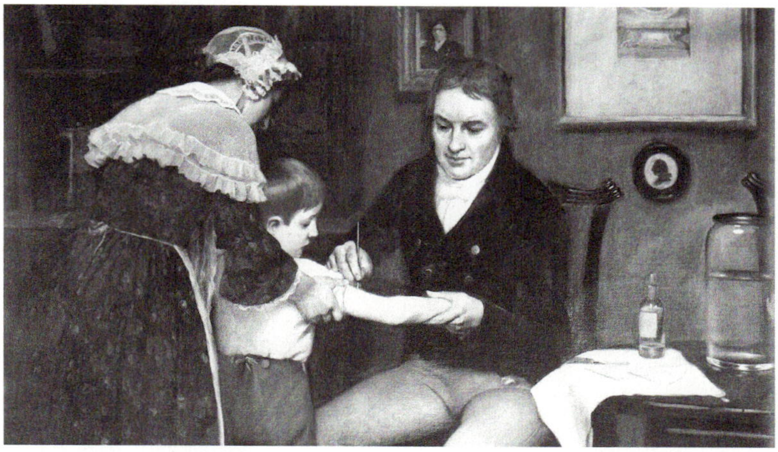

Q3 *Der britische Arzt Edward Jenner* entwickelte den ersten Impfstoff gegen Pocken.

Q4 *Visite in einem Krankenhaus im 18. Jahrhundert* (Kupferstich von 1794). Allerdings konnten es sich nur Adlige und reiche Bürger leisten, in einem solchen Krankenhaus behandelt und gepflegt zu werden.

D1 *Häufig auftretende Seuchen und Infektionskrankheiten* im 17. bis 19. Jahrhundert

Krankheit	Symptome und Folgen	Ansteckung und Ausbreitung
Pest	blutig-eitrige Beulen, dunkle Verfärbung der Haut, Sauerstoffmangel, Zerfall der Lunge, Tod	Unrat, Verschmutzung, Übertragung vom Rattenfloh auf Ratten und Menschen
Pocken	Fieberanfälle, Blasenausschlag, Infektion von Herz, Lunge oder Gehirn; können zum Tod führen	Ansteckung von Mensch zu Mensch nach dem dritten Tag der Infektion; schlechte hygienische Zustände begünstigen den Verlauf
Cholera	Erbrechen, Durchfall, Austrocknung, Vergiftung, Herzversagen, Tod wenige Stunden nach Ausbruch	verschmutztes Trinkwasser oder Lebensmittel; kann auch durch die Stubenfliege übertragen werden
Typhus	Fieber, Schüttelfrost, Erschöpfung, Erbrechen und Diarrhöe, Lungenentzündung, Tod	Milch, Wasser und feste Nahrungsmittel, die mit Fäkalien Erkrankter oder infizierter Krankheitsträger verunreinigt wurden; Übertragung auch durch Läuse
Tuberkulose (Tbc)	Fieber, Mattigkeit und Gewichtsabnahme, Husten, blutiger Auswurf; extreme Schwächung des Körpers	Tröpfcheninfektion von Mensch zu Mensch; schlechte hygienische Zustände begünstigen die Ausbreitung

1 *Schildere, wie es den Menschen im 18. Jahrhundert auf dem Land erging, wenn sie an Pocken, Typhus oder einer anderen schweren Krankheit litten (VT, Q1, Q2, Q4).*

2 *Welche Veränderungen fanden in der medizinischen Versorgung ab Mitte des 18. Jahrhunderts statt (VT, Q3)?*

3 *Erarbeitet in Gruppen, welche der in D1 genannten Krankheiten noch heute auftreten. Fertigt dazu eine Weltkarte an. Welche neuen gefährlichen Krankheiten müssen außerdem noch in diese Karte aufgenommen werden?*

3 Krieg und Besatzung in Bayern

Max Emanuel hat große Pläne

Im Jahr 1699 starb der sechsjährige Sohn des bayerischen Kurfürsten Max Emanuel plötzlich und völlig unerwartet. Damit zerbrachen alle Hoffnungen des Kurfürsten auf Weltgeltung, denn sein Sohn hatte eigentlich den spanischen Thron besteigen sollen. Bayern wäre dann in den Rang einer Weltmacht gerückt (vgl. S. 28/29).

Aber nun war die Frage, wer die spanische Krone erben solle, wieder offen und es gab noch andere Herrscher, die diese Krone für sich gewinnen wollten: der Kaiser von Österreich und der König von Frankreich. Ihr Machtkampf führte 1701 zum Spanischen Erbfolgekrieg. In diesem Krieg stellte sich Bayerns Kurfürst überraschend auf die Seite Frankreichs und damit gegen seinen Schwiegervater, den Kaiser von Österreich. Am 13. August 1704 erlitten die bayerisch-französischen Truppen bei Höchstädt eine entscheidende Niederlage. Max Emanuel floh, geächtet und aller seiner Ämter und Würden enthoben, ohne seine Familie nach Brüssel, wo er unter dem Schutz des französischen Königs stand. Bayern wurde von österreichischen Truppen besetzt.

Q 1 *Kaiserlich-österreichische Soldaten in einem bayerischen Dorf* (Ausschnitt aus einem Gemälde, Mitte des 18. Jahrhunderts). Das Bild zeigt, wie Häuser und Stadel geplündert, Frauen und Kinder vor den Pflug gespannt werden und die Ernte vernichtet wird.

Bayern unter österreichischer Besetzung

Mit der Besetzung begann eine Zeit der Entbehrungen und des Leids für die bayerische Bevölkerung. Die Menschen hatten hohe Steuern an Österreich zu zahlen und viele Männer mussten mit den österreichischen Truppen in den Krieg ziehen. In den Ortschaften, die an den Hauptstraßen lagen, richteten die Truppen Marschquartiere ein und beschlagnahmten Wagen und Pferde.

Im November 1704 wurde ein Teil der österreichischen Truppen für die Winterquartiere auch nach Bayern verlegt. Für jeden einquartierten Soldaten hatten die Dörfer und Städte pro Tag 1 Pfund Fleisch, 2 Pfund Brot und 1 Maß Bier bereitzustellen.

Oft waren die verrohten Soldaten mit dem Verpflegungssatz nicht zufrieden und sie begannen, sich zu nehmen, was sie wollten – häufig auch mit Gewalt.

Als die Besatzer dann auch noch dazu übergingen, einheimische Bauernsöhne in die österreichisch-kaiserliche Armee zu zwingen, regte sich immer mehr Widerstand im Volk. Viele junge Männer versuchten, sich der Rekrutierung zu entziehen. Doch sie wurden von Soldaten mit Gewalt von den Höfen und Feldern geholt und direkt an den neuen Kriegsschauplatz nach Italien gebracht.

„Lieber bairisch sterben als kaiserlich verderben!"

Unter diesem Spruch entbrannte im Herbst 1705 ein Aufstand von Bauern und Handwerkern, der sich von der Oberpfalz über Niederbayern bis nach Oberbayern ausdehnte. Rund 25 000 Menschen erhoben sich gegen die Besatzer.

Weihnachten 1705 sollte München eingenommen werden, doch das Unternehmen scheiterte an der mangelnden Absprache zwischen den verschiedenen Gruppen. Am 8. Januar 1706 wurde der größte Teil der Aufständischen bei Aidenbach in Niederbayern von den kaiserlichen Truppen vernichtend geschlagen.

Q2 *Aufständische* aus Oberbayern versuchen in der Nacht vom 24. auf den 25. Dezember 1705 die Stadttore Münchens zu erstürmen (Gemälde von Franz Defregger, 1881).

1 Fasse zusammen, wie es zur Besatzung Bayerns kam (VT).

2 Schildere die Lage der bayerischen Bevölkerung unter der österreichischen Besatzung (VT, Q1, Q3, Q4). Wie versuchten sich die Menschen zu wehren (VT, Q2, Q5)?

Q3 *Ein kaiserlich-österreichischer Soldat auf einem zeitgenössischen Kupferstich:*

Ja, Vater, bring herbei Fleisch, Tobak, Brot und Bier,
ein gut Glas Brandenwein, damit es mich nicht frier,
Heu, Haber, Stroh vors Pferd, schaff mir auch etwas Geld,
so lang, bis dass ich geh, aufs Frühjahr in das Feld.

Q4 *Über das Vorgehen der Besatzungssoldaten gegen die einheimische Bevölkerung berichtet ein Zeitgenosse:*

Es hat aber der unersättlichen Geldgier der Soldaten gegen uns armseligst bedrängten Untertanen Hunger, Feuer und Kälte zu einem schmerzlichen Werkzeug dienen müssen. Teilweise sind unsere Weiber und Kinder mit Gewalt hingerissen, eingesperret und so lang und viel mit Hunger geplagt worden, bis wir zu ihrer Erlösung bei barmherzigen Leuten endlich so viel Geld gesammelt und aufgebracht, als man von uns gefordert. – Zu Pirach (...) wurden von einem Hauptmann (...) an die umliegende Bauernschaft für sein geführtes Kommando gewisse (...) Gelder begehrt, und die armen Leute, die sich mit solcher unrechtmäßigen Zumutung weder einverstanden erklären wollten noch konnten, wurden bei der allergrößten grimmigen Winterkälte in einen offenen Bauernhof unter heiterem Himmel zusammengesperrt. Und da sie (...) das Leben vor Kälte nicht verlieren wollten, haben sie über 1000 Florentiner aufgebracht, (...) um den Hauptmann zu bezahlen.

Q5 *„Sendlinger Mordweihnacht"* (Votivtafel aus der Wallfahrtskirche zu Weihenlinden)

4 Projekt

Regionalgeschichte: „Lieber bairisch sterben …" – Freilichtspiel zum Aufstand von 1705/1706

Die Ereignisse der Jahre 1705 und 1706 wirken bis in unsere heutige Zeit nach. Jährlich findet im Markt Aidenbach ein historisches Freilichtspiel statt, das die Leiden der Bevölkerung vor etwa 300 Jahren aufgreift. Laiendarsteller, darunter auch viele Kinder und Jugendliche, versetzen die Zuschauer in die Zeit der Besetzung durch die kaiserlich-österreichischen Truppen.

Viele historische Bezüge zu den damaligen Ereignissen im Januar 1706 finden sich noch heute in der Umgebung Aidenbachs.

Von den ca. 4000 toten Aufständischen wurde ein kleiner Teil in der Nähe eines Bauernhofes beigesetzt. Der Bauer dieses Hofes erzählt:

Die Gschicht vom Bauernaufstand ist bei uns da net vorbei. Um unsern Hof herum liegen die toten Bauern wie in einem Friedhof, und unser Gras und Treid wachst aus dem Totengebein. Einmal hab ich am Totenberg draußen eine Mergelgrube zu graben angefangen. Wie wir so schaufeln – auf einmal waren wir in einer Totengrube, in einem Massengrab. Unser Pfarrer hat mir schon oft vorgelesen, was in dem alten Totenbuch der Pfarrei Beutelsbach steht: „Auf dem Reschenberge aber sind zu sehen sechs Gruben, worin sich sechshundert und bei vierzig Körper befinden."

Q 1 *Die Gebeine einiger getöteter Aufständischer wurden gesammelt und auf dem sogenannten Totenberg bestattet.* Darüber wurde ein Denkmal aufgerichtet, eine holzgeschnitzte Figur eines kämpfenden Bauern mit der weiß-blauen Fahne. Die Inschrift des Denkmals lautet: „Hier ruhen gebettet in 6 Gruben 640 Landesverteidiger aus den Tälern der Donau, Vils und Rott, welche für ihr Vaterland starben am 8. Januar 1706."

Q 2 *Plakat zu den Freilichtspielen in Aidenbach*

Szenen aus dem Historienspiel in Aidenbach:

Besatzung – Not – Aufstand – das Ende

Die bayerische Bevölkerung leidet unter der kaiserlich-österreichischen Besatzung. Viele Bauernsöhne werden in das kaiserliche Heer gepresst.

Unter den Bauern regt sich Widerstand. Viele junge Männer verlassen die Höfe und schließen sich den Aufständischen an.

Am Vorabend der Schlacht bei Aidenbach kommt es unter den kriegsunerfahrenen Bauern, verunsichert durch die Sendlinger Mordweihnacht, immer wieder zu Diskussionen über die Fortführung des Aufstandes.

Den militärisch weit überlegenen kaiserlich-österreichischen Truppen mit 800 Infanteristen und 500 Husaren stehen etwa 7000 Aufständische gegenüber, die nur mit einfachen Waffen ausgerüstet sind. Eine Reiterei haben die Bauern nicht aufzubieten.

Der Tod zieht nach der Schlacht oder vielmehr dem „Abschlachten" über die Hügellandschaft um Aidenbach. Über 4000 Aufständische haben ihr Leben gelassen.

Ein Historienspiel schreiben

1. Erkundigt euch, ob es in der näheren oder weiteren Umgebung eures Heimatortes auch Aufführungen zu historischen Ereignissen dieser Zeit gibt. Plant einen Besuch im Rahmen des Geschichtsunterrichts.
2. Informiert euch in Heimatbüchern, bei Heimatvereinen oder in örtlichen Archiven über ein Ereignis aus der Geschichte eures Heimatortes, welches die Leiden der Bevölkerung im 18. oder zu Beginn des 19. Jahrhunderts besonders verdeutlicht. Fertigt ein „Drehbuch" mithilfe eures Geschichts- und Deutschlehrers an und spielt einzelne Szenen.

5 Im Schatten der Männer? – Frauenleben im 17. und 18. Jahrhundert

Q1 *In den meisten bürgerlichen Familien wurden die Töchter von der Mutter erzogen und unterrichtet* (Stich von Jacques Philipp le Bas, Mitte des 17. Jahrhunderts).

Das alltägliche Leben in der Zeit des Absolutismus war entscheidend davon bestimmt, wo man lebte – am Hof, in der Stadt oder auf dem Land – und welcher Schicht man angehörte: Adel, Bürgertum oder Landbevölkerung. Dies galt insbesondere für Frauen. Ihr Leben war zusätzlich davon geprägt, dass sie ihrem Ehemann oder Vater unterstanden. So einflussreich, begabt und fleißig Frauen auch sein mochten: Im öffentlichen Leben spielten sie keine Rolle. Ihr Bereich war die Familie und der Haushalt.

Den Besitz vergrößern – Heirat in den reicheren Schichten

Für Mädchen aus dem Adel und dem Bürgertum war aus der Sicht der damaligen Zeit eine „standesgemäße Heirat" das Wichtigste. Bei der Wahl des Ehepartners spielte der Wille der Brautleute kaum eine Rolle. Eine Heirat aus Liebe war eine Seltenheit. In Heiratsangelegenheiten bestimmten die Väter. Häufig waren finanzielle Gründe ausschlaggebend, z. B. wenn eine ärmere Familie mit hohem Ansehen auf die *Mitgift* einer reicheren Braut aus war. Die Heirat der Tochter in eine höher stehende Familie erhöhte zugleich das Ansehen der ganzen Familie der Braut. Im Adel wechselten bei Eheschließungen häufig große Ländereien den Besitzer.

Das Überleben sichern – Heiraten auf dem Lande

Eine solche Heiratspolitik gab es in den armen ländlichen Familien nicht. Hier wuchsen die Mädchen unter sehr harten Bedingungen auf; sie mussten sich früh um sich selbst kümmern. Da die Väter keine Mitgift aufbringen konnten, verließen die Mädchen mit ungefähr zwölf Jahren ihr Elternhaus. Als Magd, Landarbeiterin oder Haushaltshilfe verdienten sie ein wenig Geld. Wichtig war es, davon möglichst viel zu sparen. Denn erst wenn die Ersparnisse der Brautleute ausreichten, um einen kleinen Hof, einen Laden oder eine Gastwirtschaft zu kaufen, konnte geheiratet werden. Dafür sorgten strenge Heiratsvorschriften. So mussten Frauen aus der ärmeren Bevölkerungsschicht lange sparen. Sie heirateten erheblich später als die jungen Frauen aus wohlhabenden Familien – häufig erst im Alter von 27 bis 29 Jahren.

Was Frauen arbeiteten

In den Familien hatten – zumindest nach außen – die Ehemänner und die Väter das Sagen. Dabei nahmen Frauen wichtige Aufgaben wahr. In den ärmeren Familien mussten sie hart mitarbeiten, sonst war das Überleben nicht gesichert. Frauen verrichteten Feldarbeit, sie kümmerten sich um den Gemüseanbau und waren häufig auch für das Vieh zuständig. Durfte ein Bauer auf einem Markt seine Früchte verkaufen, so boten die Ehefrauen diese an. Wenn es den Bauern wirtschaftlich schlecht ging, etwa nach Missernten oder Viehseuchen, mussten die Männer häufig auf Wanderschaft gehen, um als Tagelöhner oder Waldarbeiter etwas zu verdienen. Dann waren die Frauen alleine für den Hof und die Kinder zuständig.

In vielen Handwerkerfamilien kümmerten sich Frauen um den Verkauf und die Buchführung, während adlige und reiche bürgerliche Frauen einen großen Haushalt mit Hauspersonal führen mussten.

A-Z

Mitgift
Aussteuer wie Kleidung, Wäsche, Haushaltsgegenstände oder Geld, die Eltern ihren Töchtern in die Ehe mitgaben. Die Mitgift konnte auch aus einem großen Vermögen bestehen.

Q2 *Eine Küche im 17. Jahrhundert* (Kupferstich). In wohlhabenderen Familien musste die Hausfrau die schwere Hausarbeit nicht selbst verrichten. Dafür hatte sie ihr Gesinde, das unter ihrer Aufsicht stand.

Q3 *Dorothea Friderike Baldinger war die Tochter eines Tübinger Medizinprofessors. Sie schrieb um 1760 in ihren Lebensberichten:*

Ich wünschte so sehr gelehrt zu werden und ärgerte mich, dass mich mein Geschlecht davon ausschloss (…).

Nun kam auch mein Bruder von der Universität. Diesem ewig geliebten Bruder habe ich alle meine Kenntnisse, mein Glück zu verdanken. Ich würde mehr davon haben, wenn nicht meine Mutter geglaubt hätte: Bücher lesen, außer Bibel und Gesangbuch, wäre Todsünde, Müßiggang [verlorene Zeit] für ein Mädchen. (…)

Ich wollte von meinem Bruder Klavier, Französisch und dergleichen lernen. Dieses wurde als Müßiggang für ein Mädchen verworfen, in einer Zeit, in der man zu wichtigen Geschäften nicht zugelassen war. (…)

Meine Liebe zu den Wissenschaften wuchs, je mehr ich mit ihnen bekannt wurde. Ich glaube, ich wäre gelehrt geworden, wenn mich die Vorsehung nicht für den Kochtopf bestimmt hätte. Ich finde immer noch, dass man auch bei weiblichen Aufgaben den Verstand der Männer aus ihren Büchern brauchen kann.

Q4 *Feierabend in einer Spinnstube* (zeitgenössische Zeichnung). In Spinnstuben saßen Frauen und Mädchen zusammen, arbeiteten und erzählten. Abends trafen sich hier aber auch unverheiratete Mädchen und junge Männer, um miteinander zu tanzen, zu spielen und „anzubandeln". 1793 verbot der Bischof von Bamberg deshalb diese „nächtlichen Spinnstuben".

1. *„Die Arbeit der Frauen sichert das Überleben." Begründe diesen Satz (VT). Welche Unterschiede bestanden zwischen den einzelnen Bevölkerungsschichten (VT, Q1, Q2)?*
2. *Vergleiche die Voraussetzungen und Gründe zur Heirat heute und früher.*
3. *Beschreibe mit eigenen Worten, worüber Dorothea Baldinger (Q3) sich beschwert. Vergleiche ihre Zeit mit der heutigen.*

6 Frauen in der Französischen Revolution

Q 1 *„Die Frau aus dem dritten Stand trägt eine schwere Last"* (zeitgenössische Karikatur). – Welchen Ständen gehören wohl die zwei anderen Frauen an?

„Dritter Stand des dritten Standes"
Wie Frauen im 18. Jahrhundert lebten, drückte ein französischer Zeitgenosse sehr treffend aus: „Die Frauen sind der dritte Stand des dritten Standes und egal, welchem Stand der Ehemann angehört, er verhält sich seiner Frau gegenüber wie ein Aristokrat."
In allem wurden die Frauen den Männern gegenüber benachteiligt. Arbeitende Frauen verdienten nur ein Drittel oder die Hälfte vom Lohn eines Mannes. Ohne die Zustimmung ihres Ehemannes durften Frauen keine finanziellen Geschäfte abschließen. Der Ehemann konnte nahezu uneingeschränkt über seine Frau und über ihre Mitgift verfügen. Wurde die Frau ihm untreu, hatte er das Recht, sie einzusperren. Hatte er ihr nach zwei Jahren noch nicht vergeben, musste sie damit rechnen, kahl geschoren und bis an ihr Lebensende in ein Kloster gesteckt zu werden. Hatte dagegen der Ehemann eine Geliebte, so durfte die Ehefrau nicht gegen ihn klagen. Verließ der Mann seine Frau, hatte sie kein Recht auf Unterhalt und keinen Anteil am Familieneigentum.
Für Mädchen gab es weder eine Schul- noch eine Berufsausbildung. Viele unverheiratete Frauen arbeiteten als Hausangestellte und erhielten dafür nicht mehr als Unterkunft und Verpflegung. Viele von ihnen waren gezwungen, von der Prostitution zu leben.
Obwohl Frauen wie Männer Steuern zu zahlen hatten, war es Frauen nicht gestattet, zu wählen oder gar ein öffentliches Amt zu bekleiden. Nur Frauen in der unmittelbaren Umgebung reicher Männer konnten – indirekt – auf politische Entscheidungen Einfluss nehmen, wie adlige Damen am Hof und vor allem die Königin.

Frauen kämpften mit
Als die Revolution in Frankreich losbrach, wurde auch eine große Zahl von Frauen aktiv. Waren in den Anfangstagen beim Sturm auf die Bastille Frauen nur vereinzelt beteiligt, so zogen am 5. Oktober 1789 schon tausende Frauen nach Versailles: Sie machten den König für die momentane Hungersnot verantwortlich und zwangen ihn, mit nach Paris zu kommen. Auch später beteiligten sich Frauen an revolutionären Kämpfen.
Die Gesetzgebung in der Revolution schuf einige Voraussetzungen für die Gleichberechtigung der Geschlechter: Das Ehegesetz von September 1792 ließ die Scheidung zu. Wenig später wurde die Verfügungsgewalt der Ehemänner über ihre Frauen und erwachsenen Töchter aufgehoben. Das eheliche Güter- und Erbrecht wurde zugunsten der Frauen geändert. Ab 1794/95 wurde für Jungen und auch Mädchen eine Schulpflicht eingeführt.
Aber die meisten Männer – dazu gehörten auch die führenden Revolutionäre – waren nicht bereit, den Frauen politische Mitsprache zu gewähren. Das aktive und passive Wahlrecht blieb den Frauen verwehrt. Wenige Jahre später wurde die Frauenbewegung wieder gewaltsam unterdrückt.

Q2 *Die Ereignisse vom 5./6. Oktober, nach einer Schilderung von Frau Cheret:*

Gegen vier Uhr schlugen unsere Bürgerinnen (...) den Weg zur Nationalversammlung ein, wo sie nur unter Mühe Einlass erhielten. (...) Trotz der Furcht, die unsere guten Freundinnen unter den Hosenmätzen gesät hatten – mehrere von ihnen verließen gar die Versammlung –, glaubten die ehrenhaften Mitglieder der Nationalversammlung zu erkennen, dass sie [die Bürgerinnen] absolut entschlossen seien, so lange nicht auseinanderzugehen, wie noch etwas endgültig festgelegt werden müsse. Sie gestanden unseren 12 Abgeordneten zu: 1. ein neuerliches Getreideausfuhrverbot; 2. (...) dass der Getreidepreis auf 24 Livres festgesetzt würde; ein (...) Preis, bei dem das Brot selbst für die Armen erschwinglich sei; 3. dass das Fleisch nur 8 Sous das Pfund kosten solle. (...)
Das Gerücht besagt, dass der König den 5. Oktober unterstützt habe und mehr denn je jenen Titel verdiente, den man ihm am 17. Juli 1789 zubilligte, „Erneuerer der Französischen Revolution" zu sein. Wir Bürgerinnen wurden, geschmückt mit Ruhm, auf Kosten Seiner Majestät im Wagen zum Pariser Rathaus zurückgebracht.

Q3 *Olympe de Gouges schrieb 1791:*

Mann (...), sag an, wer hat dir die selbstherrliche Macht verliehen, mein Geschlecht zu unterdrücken? Einzig der Mann (...) fällt in diesem Jahrhundert der Aufklärung und Vernunft in gröbste Unwissenheit zurück und glaubt despotisch über ein Geschlecht verfügen zu können, das alle intellektuellen Fähigkeiten besitzt. Er ist es, der Nutzen aus der Revolution zieht und seinen Anspruch auf Gleichheit geltend macht.

Q4 *Der Jakobiner Chaumette, Vorsitzender des Pariser Stadtrats, 1793:*

Seit wann ist es den Frauen gestattet, ihrem Geschlecht abzuschwören und sich zu Männern zu machen? Seit wann ist es Brauch, dass sie die fromme Sorge ihres Haushaltes, die Wiege ihrer Kinder verlassen (...)? Die Natur hat zum Mann gesagt: Sei Mann! Die Wettrennen, die Jagd, der Ackerbau, die Politik und die Anstrengungen aller Art sind dein Vorrecht. Sie hat zum Weib gesagt: Sei Weib! Die Sorge für deine Kinder, die Einzelheiten des Haushalts, die süße Unruhe der Mutterschaft, das sind deine Arbeiten. Unkluge Frauen, warum wollt ihr Männer werden? Sind die Menschen nicht genug geteilt? Was braucht ihr mehr? Im Namen der Natur, bleibt, was ihr seid; und weit entfernt, uns um die Gefahren eines so stürmischen Lebens zu beneiden, begnügt euch damit, sie uns im Schoße unserer Familien vergessen zu machen.

Q5 *Patriotischer Frauenklub* (Zeichnung der Brüder Leseur, 1791). – Frauen diskutieren die Sitzungsprotokolle des Parlaments und sammeln Spenden für hilfsbedürftige Familien von Revolutionären.

Im Jahr 1793 wurden alle Frauenklubs verboten. Damit begann eine Hetzkampagne gegen politisch aktive Frauen. Mehrere Frauen, darunter auch Olympe de Gouges, wurden wegen „staatsfeindlicher Umtriebe" zum Tode verurteilt und hingerichtet. Im Frühjahr verboten die Abgeordneten des Parlaments den Frauen auch, öffentliche Versammlungen zu besuchen. Für das Schicksal der Frauen in der Französischen Revolution hat sich die Geschichtsschreibung lange Zeit kaum interessiert.

1. *Beschreibt das Leben von Frauen vor Beginn der Französischen Revolution (VT, Q1). Deutet den Satz „Frauen waren der dritte Stand des dritten Standes". Wie konnten Frauen ihre Forderung nach Gleichberechtigung begründen (S. 104/105)?*
2. *Führt ein Streitgespräch zwischen Olympe de Gouges und dem Jakobiner Chaumette (Q3, Q4). Nehmt zu jedem seiner Argumente Stellung.*
3. *Diskutiert das Schicksal der Frauenbewegung unter den Gesichtspunkten „Menschenrechte" und „Demokratie" (VT, Q5).*

7 Biedermeier – zwischen Vergangenheit und Zukunft

1 *Das „Familienkonzert"* von S. Gutzwiler zeigt eine Idylle, wie sie typisch für die Biedermeierzeit war. Die Außenwelt ist durch die Fenster hindurch kaum zu erkennen.

Vormärz
Die Zeit zwischen dem Wiener Kongress 1815 und der Märzrevolution von 1848/49

Salon
Im 18. und 19. Jahrhundert öffneten einige adlige und gebildete Frauen ihre Stadtwohnungen für bedeutende Persönlichkeiten wie Schriftsteller, Politiker und Philosophen. Die Salons waren viel besucht und sehr bedeutend für das kulturelle Leben dieser Zeit.

Biedere Deutsche?

Die Zeit zwischen 1815 und 1848, auch *Vormärz* genannt, war eine Epoche des Übergangs: Zwar waren viele Bürger vom aufkeimenden liberalen Gedankengut geprägt, das mehr Mitbestimmung und Freiheit forderte, doch die alte Ordnung hatte sich noch einmal durchsetzen können.
Große Veränderungen erzeugen immer auch Ängste. Manche Menschen befürchteten weitere Unruhen und Revolutionen, sorgten sich um ihren Besitz und um ihr ruhiges Familienleben. Sie wollten lieber die alte und vermeintlich bessere Ordnung bewahren. Dagegen gab es andere Bürger, denen die politischen Veränderungen in Deutschland nicht weit genug gegangen waren. Doch da sie wegen der reaktionären Politik der Herrscher und der Unterdrückung der freien Meinung keine Chance mehr sahen, ihre Ideen von Demokratie und einem Nationalstaat zu verwirklichen, zogen sich viele von ihnen enttäuscht zurück. Diese beiden Gruppen, die „Bewahrer" und die „Enttäuschten", bildeten eine starke Gegenkraft zu den Leuten, die politisch aktiv waren und fortschrittlich dachten.

Trautes Heim ...

Daher kam es trotz aller liberalen und nationalen Gedanken in den Jahren zwischen 1815 und 1848 zu einem scheinbaren Stillstand im politischen sowie im gesellschaftlichen Leben. Viele Bürger zogen sich ins Private zurück, beschäftigten sich nicht mehr öffentlich mit Politik, sondern saßen daheim mit der Familie zusammen, lasen sich gegenseitig vor, musizierten und kümmerten sich um die Kinder. Über politische Angelegenheiten oder kritische Zeitungsartikel wurde allenfalls im engen Freundeskreis geredet. Die Gesellschaft wirkte ruhig, konfliktscheu – also „bieder", weshalb diese Zeit auch „Biedermeier" genannt wird.

Neue Rollen für die Frauen

Die Frauen waren nach wie vor für den Haushalt und die Erziehung der Kinder verantwortlich. Doch da das Private und ein harmonisches Familienleben so wichtig wurde, gewann auch die „Hausfrau" an Ansehen und Bedeutung. Denn sie sorgte dafür, dass der Ehemann und die ganze Familie ein gemütliches und ordentliches Heim hatte.
Gleichzeitig war die Familie sehr konservativ aufgebaut: Der Vater als strenges Familienoberhaupt vertrat die Familie nach außen, die Frau war an das Haus gebunden. So galt es für eine Bürgerin als unschicklich, ohne Begleitung auf die Straße zu gehen. Nur wenige hatten die Möglichkeit, sich durch eine Ausbildung zur Volksschullehrerin unabhängig vom Ehemann zu machen.
Adlige Frauen hatten ganz andere Möglichkeiten, ihrer traditionellen Rolle als Heiratsobjekt zu entkommen. Einige von ihnen nutzten ihren Reichtum, um *Salons* einzurichten. Hier trafen sich Dichter, Schriftsteller und Philosophen, um sich geistreich zu unterhalten, zu diskutieren, und aus ihren Werken vorzutragen. Ihre Gastgeberinnen wie Rahel Varnhagen in Berlin oder Caroline Schlegel in Jena waren meist selbst sehr gebildet und von ihren Gästen hoch geschätzt.

Q2 *„Das merkwürdige Jahr 1848"* (Bilderzeitung von Johann Gustav Kühn). Der Journalist will zeigen, wie sich die Gesellschaft des Biedermeier – angeblich – verändert hat.

Q3 *Johanna Kinkel berichtet aus ihrem Leben (1810–1858). Die Bonnerin löste 1843 einen Skandal aus, weil sie als geschiedene katholische Frau den späteren Revolutionär Gottfried Kinkel heiratete:*

Ich war in früher Jugend, ohne selbst die gehörige Welt- und Herzenskenntnis zu besitzen, an einen Mann verheiratet worden, dessen Persönlichkeit in mir eher Grauen als Zuneigung erweckte. Ich war nicht gezwungen, nicht überredet und handelte dennoch unter fremdem Einfluss. Meine Heirat ist die Geschichte von Tausenden meiner Schwestern und das notwendige Resultat unserer sozialen Zustände. Unzählige Frauen gehen an ähnlichen Zuständen zugrunde, indes von einer ganzen Generation kaum eine den Mut hat sich loszureißen, um ihr besseres Selbst zu retten. (…) Es [kann] unmöglich nur das Privilegium [Vorrecht] des Mannes sein, den Beruf, den er sich einmal erwählt, als das Wichtigste anzusehen und seiner Kunst oder Wissenschaft die Familienrücksichten unterzuordnen. Ich, wenn schon Frau, habe wenig Freude am Häuslichen gehabt, nur Druck und Tyrannei.

Q4 *Bettina von Arnim* wurde 1785 geboren. 1811 heiratet sie den Dichter Achim von Arnim und bringt sieben Kinder zur Welt, schreibt daneben aber auch eigene Bücher. Im Vormärz engagiert sie sich sozial und will sogar ein Buch über die Lebensumstände der Armen in Deutschland schreiben. Doch als sie fürchten muss, als Verschwörerin angeklagt zu werden, wagt sie es nicht mehr, ein solches Buch zu veröffentlichen.

1. *Beschreibe die Personen und ihre Tätigkeiten auf dem Bild Q1. Wer steht im Mittelpunkt des Bildes?*
2. *Hausmusik in der Familie war in der Biedermeierzeit typisch für bürgerliche Familien. Versuche, dies zu erklären (VT, Q1).*
3. *Untersuche die Bilderzeitung Q2. Finde heraus, wie der Zeichner über die Rolle der Frauen dachte, indem du die folgenden Fragen beantwortest:*
   a) Wie ist das Leben vor der Revolution („sonst"), wie das nach der Revolution („jetzt") dargestellt? Welches Leben ist für Kühn das glücklichere?
   b) Weshalb versammeln sich die Ehefrauen (Mittelszene)? Worin liegen ihre eigentlichen Aufgaben (Zeichen über den Köpfen)?
4. *Schildere die Erfahrungen, die die Bonnerin Johanna Kinkel in ihrer ersten Ehe gesammelt hat (Q3).*

8 Lola Montez – von der Mätresse zum Weltstar

Q1 *Das berühmte Porträt der Lola Montez* (von Joseph Karl Stieler, 1847) hängt heute in der Schönheiten-Galerie in Schloss Nymphenburg.

Die Mätresse

Im Oktober 1846 verdrehte eine junge Frau dem bayerischen König Ludwig I. den Kopf. Die wohl 26-jährige Eliza Gilbert aus Irland hatte sich ihm bei einer Audienz vorgestellt, allerdings als spanische Tänzerin namens Lola Montez. „Ich kann mich mit dem Vesuv vergleichen, der für erloschen galt, bis er plötzlich wieder ausbrach", jubelte der 60-Jährige.

Der Herrscher vergötterte seine neue Mätresse „Lolitta": Er ließ sie malen, beschenkte sie über alle Maßen und nahm sie in Schutz, wenn sie in der Öffentlichkeit ungehobelt und provozierend auftrat. Schließlich bürgerte er sie ein und beabsichtigte sogar, sie als Gräfin Landsfeld in den Adelsstand zu erheben.

Proteste von allen Seiten blieben erfolglos. Ludwig hörte lieber auf Lola und richtete sich auch in seiner Regierungspolitik nach ihrer Meinung. So entließ er kurz hintereinander zwei leitende Minister und befahl, die Münchener Universität zu schließen. Als die Tumulte aber kein Ende nahmen, floh die Tänzerin aus München. Im Februar 1848 ließ der König die Gräfin schweren Herzens ausweisen. Diese hatte längst, ohne sein Wissen, einen neuen Liebhaber gefunden – einen jungen Studenten.

Der Aufruhr um Lola Montez setzte sich in der Revolution im März 1848 fort, die Ludwig I. letztlich den Thron kostete.

A-Z

Mätresse
So wird die Geliebte eines Fürsten bezeichnet. Sie war oft am Hofe anerkannt und konnte häufig auch politischen Einfluss nehmen.

Der Weltstar

Lola Montez aber war durch ihre Verbindung mit dem bayerischen König sowie durch andere Affären berühmt geworden. Im Laufe der nächsten Jahre nutzte sie ihre Popularität, um als Schauspielerin und Tänzerin Karriere zu machen. Mit dem Stück „Lola Montez in Bavaria" erntete sie auf der Bühne große Erfolge. Höhepunkte waren Auftritte am Broadway in New York und am Viktoria Theatre in Sydney.

Das Publikum war begierig, diese Dame kennen zu lernen, die sich über alle gesellschaftlichen Regeln hinwegsetzte. Immer neue Skandale und raffiniertere Tanznummern wirkten wie ein Magnet auf die Männer. Wenn die Herren im Publikum allzu frech wurden, zeigte sich Lola Montez sehr schlagfertig: „Kommt her, gebt mir eure Männerhosen und nehmt dafür meine Frauenkleider. Ihr seid es nicht wert, Männer genannt zu werden!"

Die Schriftstellerin

1857 ließ sie sich in New York nieder. Sie gab das Tanzen auf, hielt Lesungen und schrieb feministische Bücher, die zu Bestsellern wurden. Darin setzte sie sich mit ihrem eigenen Leben, der Geschichte der Frauen und deren Rolle in der Gesellschaft auseinander. Bald änderte sie ihr Leben grundlegend, begann in der Bibel zu lesen und hielt Vorträge in Kirchen. Sie verkaufte ihren gesamten Schmuck für einen guten Zweck. Im Winter 1860/61 zog sich die 40-Jährige eine Lungenentzündung zu, an der sie am 17. Januar starb. Begraben wurde Lola Montez unter ihrem Mädchennamen Eliza Gilbert auf dem Greenwood-Friedhof im New Yorker Stadtteil Brooklyn.

D1 *Lola Montez, eigentlich Eliza Gilbert:*

1821	in Grange, County Sligo, Irland geboren, frühe Kindheit in Indien
1837	erste Heirat mit Captain Thomas James in Irland, Aufenthalt in Indien
1841	Rückkehr nach England und Tanzausbildung
1842	Scheidung wegen einer Affäre mit Captain Lennox
1843	Auftritt in mehreren europäischen Städten
1844/45	Affären, u. a. mit dem Komponisten Franz Liszt
1846	Ankunft in München, Mätresse Ludwigs
1848	Ausweisung aus München
1849	Heirat mit dem britischen Leutnant George Heald
1851	Tournee in Belgien und Frankreich
1851/52	Tournee in den USA: Ostküste, Südstaaten, Kalifornien
1853	Heirat mit dem Zeitungsverleger Patrick Hull, baldige Trennung
1855/56	Tournee in Australien
1857	fester Wohnsitz in New York, Autorin feministischer Bücher; wohltätige Arbeiten
1861	Tod in New York

Q3 *Lola Montez und Ludwig I.* (zeitgenössische Karikatur). So wie der Zeichner machten sich viele über das Verhältnis der beiden lustig.

Q2 *Lola Montez benahm sich unter dem Schutz des Königs oft sehr ungewöhnlich:*

Mit Ohrfeigen traktierte Lola (…) einen Münchner Tierarzt, nur weil er ihren Hund nicht so schnell heilen konnte, wie sich das Lola gewünscht hatte. Der nämliche Hund, ebenfalls ein Markenzeichen der Zigarre schmauchenden Tänzerin, war dann Anlass einer weiteren Ausschreitung. Lola Montez gab einem Packknecht ein paar Ohrfeigen, weil er ihren Hund – übrigens ein riesiger Doggenmischling, der auf den Namen „Turk" hörte – geschlagen hatte, als dieser seinen eigenen Hund anfallen wollte. Nachdem sie dort schon den Hausknecht ihre Peitsche hatte fühlen lassen, bekam auch noch der Wirt des „Goldenen Hirschen" eine lolatypische Quittung ausgestellt. Als Anfang Februar 1847 die Faschingszeit anbrach, hatte sie sich vor den dortigen Festsaal gestellt und sich über die Gäste lustig gemacht. Der Wirt verbat sich dieses Verhalten, bekam seine Ohrfeige, worauf dann Lola auf der Stelle aus dem Haus geworfen wurde.

Q4 *Lola Montez gab in dem Buch „The Arts of Beauty" („Die Kunst der Schönheit") viele praktische Ratschläge:*

Die Männer sind wie manche Tiere, die nur fressen, wenn wenig Futter vorhanden und es zudem schwierig ist, durch die Stäbe eines Käfigs daran zu gelangen; die es aber stehen lassen, wenn es sich in Fülle ihnen darbietet. (…)

Männer mögen sich mit einem lärmenden, laut lachenden, geschwätzigen Mädchen amüsieren – es ist das ruhige, zurückhaltende, bescheidene und fast schüchterne Benehmen, das die größte Chance hat, ihre Herzen davonzutragen.

1. *Untersuche Lola Montez' Lebenslauf: Wie oft war sie verheiratet und welche Kontinente bereiste sie (D1)?*
2. *Beschreibe das Verhalten Lolas, ihren Charakter und ihren Lebenslauf (VT, D1, Q2). Wie beurteilst du ihre Art zu leben?*
3. *Welche Ratschläge erteilte Lola Montez ihren Leserinnen (Q4)? Überlege, wie solche Sätze in der damaligen Gesellschaft wohl aufgenommen wurden.*
4. *Mit welchen Personen unserer Zeit würdest du Lola Montez vergleichen?*

Methodenglossar

Band 1

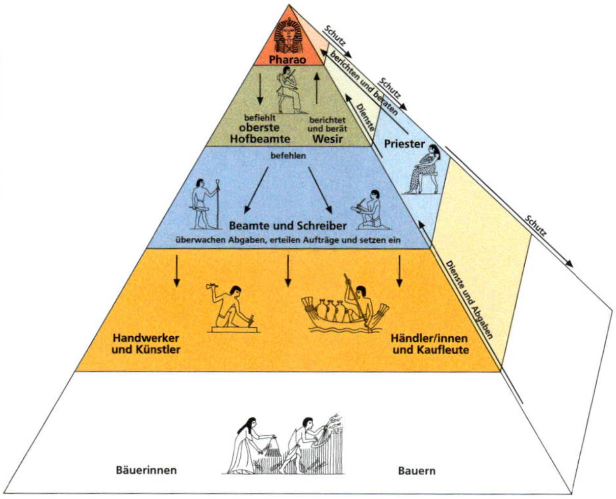

Vom Fund zur Rekonstruktion (S. 34)

1. Beschreibe den ursprünglichen Fund: Wie viel war von dem Gegenstand oder Gebäude erhalten und in welchem Zustand war der Fund?
2. Vergleiche die Rekonstruktion mit dem Fund. Was wurde originalgetreu wiedergegeben? An welchen Stellen hat der Archäologe etwas hinzugefügt?
3. Betrachte die Rekonstruktion kritisch: Was konnte der Archäologe wissen, wo musste er dagegen Vermutungen anstellen? Hat er vielleicht auch an manchen Stellen seine Fantasie spielen lassen?

Ein Schaubild verstehen (S. 50)

1. Stelle fest, welches Thema das Schaubild behandelt. Die Legende verrät es dir.
2. Untersuche, warum einzelne Teile des Schaubildes in verschiedenen Farben dargestellt sind.
3. An welchen Stellen werden Pfeile und Linien verwendet? Was sagen sie über die Beziehungen zwischen den Personen aus?
4. Warum eignet sich die gewählte Form des Schaubildes besonders gut, um das Thema darzustellen? Kannst du dir noch eine andere Form vorstellen?

Schriftliche Quellen auswerten (S. 82)

Fragen zum Text:

1. Worum geht es in dem Text? Welche Orte, Personen oder Gruppen werden genannt?
2. Gibt es Wörter oder Sätze, die du nicht verstehst? Schlage in einem Wörterbuch nach oder frage deine Lehrerin bzw. deinen Lehrer.
3. Unterteile den Text in einzelne Abschnitte und verfasse für jeden Abschnitt eine kurze Überschrift.

Fragen zum Verfasser:

4. Wer hat den Text verfasst?
5. Kannst du erkennen, an wen sich der Verfasser mit seinem Text wendet?
6. Schreibt der Verfasser über Dinge, die er selbst erlebt hat, oder woher hat er seine Kenntnisse?
7. Mit welcher Absicht mag der Verfasser den Text geschrieben haben?

Geschichtskarten lesen und auswerten (S. 112)

1. Über welches Thema gibt die Karte Auskunft? Beachte dafür die Überschrift und die Legende.
2. Welcher Raum wird gezeigt? Welche Orte werden hervorgehoben? Vergleiche mit dem Geografie-Atlas, um welches heutige Gebiet es sich handelt.
3. Über welche geschichtliche Zeit informiert die Karte? Bezieht sie sich auf ein bestimmtes Jahr, auf einen kurzen oder langen Zeitabschnitt? Werden unterschiedliche Zeitstufen dargestellt?
4. Beachte die Legende. Was bedeuten die Zeichen, Farben, Linien und Pfeile in der Karte?

Band 2

Bilder als Geschichtsquellen betrachten (S. 26)

1. Betrachte das Bild in Ruhe und mache dir erste Gedanken:
   - Was zeigt das Bild?
   - Was fällt dir auf?
   - Welche Teile des Bildes sind besonders interessant?
   - Was verstehst du nicht?
2. Beschreibe das Bild genau:
   - Um welche Art von Bild handelt es sich?
   - Was ist dargestellt? Welche Situation ist bzw. welche Situationen sind festgehalten?
   - Welche Farben und Formen tauchen in dem Bild besonders oft auf?
   - Welche Personen sind dargestellt? In welcher Situation befinden sie sich? Sind an ihnen besondere Eigenschaften/Merkmale zu erkennen?
3. Versuche, das Bild zu deuten. Vielleicht benötigst du hierfür zusätzliche Informationen:
   - Wer hat das Bild gemalt?
   - Was möchte der Künstler dem Betrachter mitteilen?
   - Warum hat der Maler gerade diese Personen und Ereignisse für sein Bild ausgewählt?
   - Ist die Darstellung naturgetreu?
   - Hat der Künstler in der Zeit gelebt, die er auf dem Bild dargestellt hat?

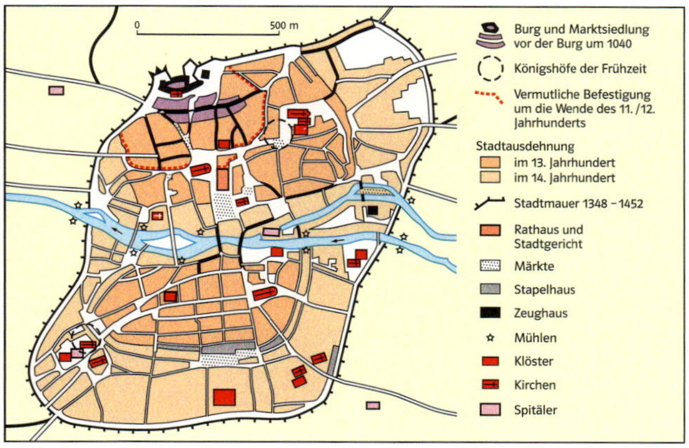

Stadtpläne erzählen aus der Geschichte (S. 58)

1. Wo liegt der älteste Siedlungskern?
2. Wie entwickelte sich die Stadt in den folgenden Jahrhunderten?
3. Welche besonderen Gebäude und Sehenswürdigkeiten erkennst du?
4. Wann wurden diese Gebäude gebaut und welche Funktion hatten sie?
5. Was sagen die Namen von Straßen, Plätzen und Vierteln über ihre (frühere) Bedeutung aus?
6. Wie verlief wohl das wirtschaftliche, kirchliche und gesellschaftliche Leben in der Stadt?

Eine Kurzbiografie schreiben (S. 106)

1. Sammle Informationen zu Taten, Ereignissen und Erlebnissen aus dem Leben der Person, die du beschreiben möchtest. Schreibe sie zunächst einzeln in Stichwörtern auf Notizblätter oder Karteikarten; hebe dabei Angaben zu Zeit, Ort und Geschehen hervor. Dann kannst du später deine Notizen leicht in eine bestimmte Reihenfolge bringen. Informationen zu deiner Person findest du in Lexika, Fachbüchern und im Internet.
2. Bringe die Blätter bzw. Karten in eine zeitliche Reihenfolge.
3. Formuliere nun aus den so geordneten Angaben zu Zeit, Ort und Geschehen sowie den dazu gehörenden Stichwörtern einen Text. Beachte, dass dein Text verdeutlichen sollte, warum deine Person berühmt bzw. bedeutend war.

Eine Pro-Contra-Diskussion führen (S. 128)

1. Wählt einen Diskussionsleiter/eine Diskussionsleiterin.
2. Bildet zwei Gruppen, die jeweils entgegengesetzte Meinungen vertreten.
3. Gebt den Gruppen Zeit, um ihre Argumente zu sammeln.
4. Stimmt darüber ab, wer für die eine Meinung ist und wer für die andere. Haltet das Ergebnis fest.
5. Hört euch die Argumente der beiden Gruppen an und stellt ihnen anschließend Fragen.
6. Stimmt noch einmal zu den gegensätzlichen Meinungen ab.
7. Wertet die Diskussion aus:
   - Welche Argumente waren überzeugend, welche nicht?
   - Hat sich das Abstimmungsergebnis verändert und wenn ja, warum?

Band 3

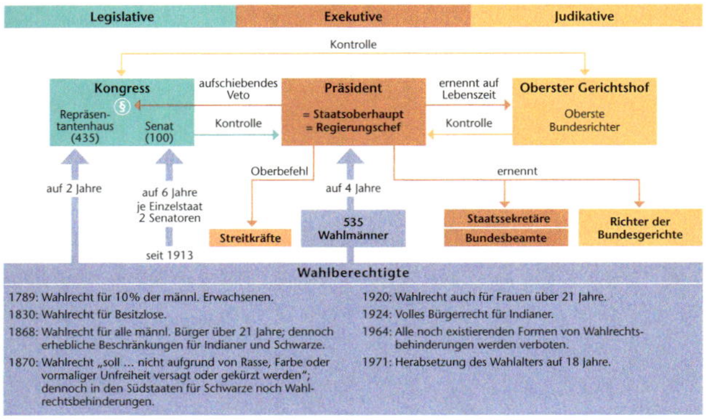

Herrscherbilder zum Sprechen bringen (S. 18)

1. Betrachte das Bild und notiere deinen ersten Eindruck.
2. Untersuche das Bild genau:
   - Wie ist der Herrscher auf dem Bild platziert?
   - Wie ist seine Haltung?
   - Welche Herrschaftszeichen finden sich und was bedeuten sie?
   - Welche Farben sind verwendet und wie wirken sie?
3. Finde heraus, wer das Bild gemalt hat und wer der Auftraggeber war.
4. Betrachte das Bild kritisch: Welche Wirkung soll es beim Betrachter erzielen? Wie sieht sich der dargestellte Herrscher selbst?

Ein Verfassungsschema interpretieren (S. 88)

Das Schema nach Gruppen und Personen zerlegen

1. Wie ist das Schema gegliedert? Lassen sich verschiedene Blöcke, Farben und Symbole erkennen?
2. Wie sind die Blöcke miteinander verbunden? Welche Richtung und Bedeutung haben Pfeile und Linien?
3. Gibt es Begriffe, die du im Lexikon nachschlagen musst?

Verfassungsmerkmale Machtausübung, Gesetzgebung und Rechtsprechung

4. Wer darf Gesetze vorschlagen? Wer arbeitet sie aus? Wer erlässt sie?
5. Wer sorgt dafür, dass Regierung und Bürger sich an die Gesetze halten?
6. Wer regiert den Staat, d. h. übt Macht mithilfe der Gesetze aus?
7. Wer kann durch seinen Einspruch dafür sorgen, dass ein Gesetz vorläufig nicht in Kraft treten darf? Wer darf Gesetze sogar rückgängig machen?
8. Gibt es Grundrechte, die kein neues Gesetz verletzen darf?

Verfassungsmerkmal Wahl

9. Welche Ämter werden durch Wahl besetzt, welche nicht?
10. Wer darf wählen, wer nicht? Wer darf gewählt werden?

Verfassungsmerkmale Machtverteilung und Machtkontrolle

11. Welche Macht haben die verschiedenen Personen bzw. Gruppen im Staat? Wo ist besonders viel Macht konzentriert?
12. Wo sind „Sicherungen" in der Verfassung eingebaut, damit Einzelne ihre Macht nicht missbrauchen können (z. B. um eine Diktatur zu errichten)?

Karikaturen richtig deuten (S. 102)

1. Aus welcher Zeit stammt die Karikatur? Wer hat sie gezeichnet?
2. Welche Szene zeigt das Bild? Welche Gegenstände, Sachverhalte, Tiere oder Personen werden abgebildet?
3. Wo weicht der Künstler oder die Künstlerin von der Wirklichkeit ab? Was ist also übertrieben oder verzerrt dargestellt?
4. Welche Symbole erkennst du? Erkläre ihre Bedeutung.
5. Gegen wen richtet sich die Kritik? Wird zum Beispiel eine Person verspottet oder werden gesellschaftliche Verhältnisse kritisiert?
6. Versuche, die Aussage der Karikatur in einem Satz zusammenzufassen.
7. Überlege, welche Wirkung der Zeichner beim Betrachter erzielen wollte:
   Welches Publikum sollte angesprochen werden?
   Ergreift der Karikaturist für eine Person oder eine Sache Partei?
   Wie wirkt die Karikatur auf dich?

Historienmalerei – gemalte Geschichte? (S. 116)

Fragen zur Person des Malers und zur Person des Auftraggebers
1. Wer war der Maler des Bildes? Wann hat er gelebt?
2. Wer war der Auftraggeber? Welche Position hatte er inne?

Fragen zu den dargestellten Ereignissen und Personen
3. Was ist auf dem Gemälde zu sehen? Wie sind die Personen dargestellt?
4. Welche Personen oder Handlung stellt der Maler in den Mittelpunkt?
5. Hat der Maler das Dargestellte selbst gesehen oder haben ihm andere davon berichtet?

Fragen zur Wirkung
6. Wie setzt der Maler Farben oder den Wechsel von Licht und Schatten ein, um eine bestimmte Wirkung zu erzielen?
7. Welchen Eindruck wollte der Maler oder Auftraggeber dem Betrachter vermitteln?
8. Wie wirkt das Gemälde auf dich selber?

Politische Lieder interpretieren (S. 142)

1. Wann ist das Lied entstanden?
2. Wer hat den Text geschrieben, wer die Melodie?
3. Um welche Ereignisse und Personen geht es in dem Lied?
4. Was sagt der Titel des Liedes aus?
5. Wie klingt der Text, wie die Melodie – anklagend, ironisch, aufrührerisch oder spöttisch?
6. Wie wirkt das Lied insgesamt auf dich?
7. Was hat der Verfasser mit diesem Lied beabsichtigt?

Lösungen der Seiten 8–13

(1) Kaiser
(2) Lehen
(3) Vasall
(4) Grundherrn
(5) Frondienste
(6) Kloster
(7) Abt, Äbtissin
(8) Trennung West- und Ostfrankenreich/Frankeich – Deutschland im 9. und 10. Jahrhundert
(9) Heiliges Römisches Reich (Deutscher Nation)
(10) Insignien
(11) Erbfolge
(12) Investitur
(13) Bann/Kirchenbann
(14) Canossa
(15) Konkordat
(16) (b) Territorialstaaten, (f) Landesherren
(17) (c) Kurfürsten
(18) Wahlrecht
(19) Ständeordnung
(20) Ritter
(21) Im Gegensatz zum Dorf ist dies eine meist mit Mauern geschützte größere Siedlung, in der Markt gehalten wird, Händler und Handwerker arbeiten, die Bauern des Umlands ihre Waren feilbieten, Verwaltungseinrichtungen sitzen und sich Schulen befinden. Zudem ist die Stadt ein Ort des Informationsaustausches und der Kunst, mit besonderen Freiheits- und Selbstverwaltungsrechten seiner Einwohner.
(22) (d) Zunft
(23) Hanse
(24) Romanik
(25) Gotik
(26) Kreuzzug
(27) Jerusalem
(28) die Anwerbung und Ansiedlung deutscher Siedler (Bauern, Handwerker) durch slawische Fürsten ab dem 11. Jahrhundert in den Gebieten östlich von Elbe und Oder
(29) Renaissance
(30) heliozentrisches Weltbild
(31) Buchdruck (mit beweglichen Lettern)
(32) Entdeckungen/Entdeckungsfahrten
(33) Eroberung von Land (Ausübung der Herrschaft durch Europäer); Missionierung (Vernichtung der Religionen der „Entdeckten"); Ausbeutung der Gebiete (Rohstofftransport nach Europa)
(34) Habsburger
(35) Reformation
(36) 95 Thesen
(37) Augsburger Religionsfrieden
(38) (b) Konfession
(39) evangelisch-lutherische Kirche; (römisch)-katholische Kirche
(40) 1618; Dreißigjähriger Krieg
(41) Westfälischer Frieden; 1648
(42) Karl der Große
(43) Benedikt (von Nursia)
(44) Otto I.
(45) Heinrich IV.
(46) Friedrich II.
(47) Leonardo da Vinci
(48) Nikolaus Kopernikus
(49) 1450, Johannes Gutenberg
(50) Christoph Kolumbus
(51) Fernando Magellan
(52) Karl V.; Habsburger
(53) Martin Luther
(54) Maximilian von Bayern
(55) ca. 500–1500
(56) 800
(57) 10. Jahrhundert
(58) 10. bis 13. Jahrhundert
(59) 12./13. Jahrhundert
(60) ca. ab 1450/1500
(61) 1450
(62) (a) 1517
(63) (d) 1555
(64) 1618–1648

Verzeichnis der Namen, Sachen und Begriffe

Wichtige verwendete Abkürzungen:
A = Abbildung; amerik. = amerikanisch; bayer. = bayerisch; brit. = britisch; dt. = deutsch; eigtl. = eigentlich/richtiger Name; engl. = englisch; europ. = europäisch; fläm. = flämisch; frz. = französisch; holl. = holländisch; ital. = italienisch; Jh. = Jahrhundert; jüd. = jüdisch; K = Karte; österr. = österreichisch; patriot. = patriotisch; polit. = politisch; poln. = polnisch; preuß. = preußisch; relig. = religiös; republik. = republikanisch; rhein. = rheinisch; röm. = römisch; russ. = russisch; schweiz. = schweizerisch; span. = spanisch; Ü = Übersicht; ung. = ungarisch; venez. = venezianisch

Hinweise:
▷ Verweis auf ein anderes Stichwort;
~ ersetzt ein Stichwort bei Wiederholung
Halbfett gesetzt sind historische Grundbegriffe, die im Mini-Lexikon des Buches erläutert werden. Die halbfette Seitenzahl gibt den Fundort an. Bei Herrschern und kirchlichen Amtsträgern werden so weit möglich die Regierungs-/Amtsdaten, bei allen anderen Personen die Lebensdaten angegeben.

Verzeichnis der Textquellen

Das Zeitalter des Absolutismus in Europa

S. 17: Q2 Th. Steudel, Der Fürstenstaat, Teubner Leipzig 1933, S. 1ff.
Q4 G. Guggenbühl, Quellen zur Geschichte der neueren Zeit, Bd. 3, 2., umgearb. Aufl., Schulthess Zürich 1956, S.186

S. 21: Q2 Briefe der Liselotte von der Pfalz, hg. u. eingel. v. Helmuth Kiesel, 1. Aufl., Insel-Verl. Frankfurt/M. 1981
Q3 Liselotte von der Pfalz, hg. v. Annedore Haberl, Hanser [u.a.] München [u.a.] 1996

S. 23: Q1 W. Lautemann (Hg.), Geschichte in Quellen, Bd. 3, Renaissance, Glaubenskämpfe, Absolutismus, Bayerischer Schulbuch-Verl. München 1966, S.426f.
Q2 R. Krebs, Der europäische Absolutismus, 4. Aufl., Klett Stuttgart 1975, S.62

S. 25: Q2 W. Hahlweg (Hg.), Klassiker der Kriegskunst, Wehr u. Wissen Verl.-GeS. Darmstadt 1960, S.146
Q3 R. Elzel/K. Reppen (Hrsg.): Studienbuch Geschichte. Eine europäische Weltgeschichte. 3., völlig neu bearbeitete und ergänzte Auflage. Bd. 2: Frühe Neuzeit und 19. und 20. Jh. Unter Mitarbeit von H. Hürten, E. W. Zeeden, Stuttgart (Klett-Cotta) 1994

S. 27: Q2 W. Lautemann (Hg.), Geschichte in Quellen, Bd. 3, Renaissance, Glaubenskämpfe, Absolutismus, Bayerischer Schulbuch-Verl. München 1966, S.447f.
Q3 Hans-Georg Hofacker/Thomas Schuler (Hg.), Geschichtsbuch 2. Die Menschen und ihre Geschichte in Darstellungen, Cornelsen Berlin 1987, S. 203–204 (Übers Günter Hilke-Arndt)

S. 29: Q3a) Benno Hubensteiner, Der Oberländer Aufstand und die Sendlinger Schlacht, in: Sendling – 1705 bis 1955 – Der Bauernaufstand, Stadt München 1955, S. 23
Q3 b) Michael Döberl, Bayern und Frankreich 1900, in: Bayerische Quellen zur deutschen Geschichte, Diesterweg Frankfurt 1961, S. 63

S. 31: Q2 Geschichte in Quellen, Bd. III, 2. Aufl., Bayer. Schulbuch-Verl. München 1976, S. 348
Q3 Franz Alfred Six, Der Westfälische Friede von 1648, §4, Junker & Dünnhaupt Berlin 1940

S. 36: Q3 a) und b) Marginaldekret König Friedrichs auf die Eingabe eines Katholiken zur Erwerbung des Bürgerrechts in Frankfurt an der Oder (15.6.1740), zit. nach: Friedrich der Große, Ausstellung des Geheimen Staatsarchivs Preußischen Kulturbesitzes, 2. durchges. Aufl., hg. v. Friedrich Benninghoven u.a., Nicolaische V. [in Komm.]. Berlin 1986, S. 64

S. 37: Q5 zit. nach: Friedrich der Große: Der Antimachiavell. Aus dem Französischen von Helga Bergmann, Leipzig 1991, S. 104–105.
Q6 Freiherr vom Stein, Briefwechsel, Denkschriften und Aufz., Bd. 3, Heymann Berlin o. J. , S. 617

S. 39: Q2 a) Aus einem Brief an Josef II von 1774, Gek. u. über S. bei A. Ritter v. Arneth (Hg.), Josef II. u. Katharina von Rußland. Ihr Briefwechsel, Braumüller Wien 1869, S.3 (bearb. v. Verf.)
Q2 b) Gustav Berthold (Hg.), Die Werke Friedrichs des Großen, Bd. 5, Hobbing Berlin 1913, S.36 (bearb. v. Verf.)
Q2 c) zit. nach: E. Büssem/M. Neher (Hg.), Arbeitsbuch Geschichte, Neuzeit 1, Quellen UTB Verlag Dokumentation K. G. Saur München o.J., S.333 u. 335
Q3 Wolfgang Lautemann/Manfred Schlenke (Hg.): Geschichte in Quellen, Bd 3. Renaissance, Glaubenskämpfe, Absolutismus. München 1970, S.671

S. 41: Q2 Dickmann, Lautemann: Geschichte in Quellen, Bd. 3, Bayerischer Schulbuch-Verl. München 1966, S.352
Q3 Gottfried Guggenbühl/Hans C. Huber (Hg.), Quellen zur Geschichte der neueren Zeit, Schulthess, Polygraphischer Verl. Zürich 1976, S.165
Q4 Dickmann, Lautemann: Geschichte in Quellen, Bd. 3, Bayerischer Schulbuch-Verl. München 1966, S. 376
Q6 Crawford Brough Macpherson, Die politische Theorie des Besitzindividualismus, Arno Wittekind (Übers.:), 1. Aufl., Suhrkamp Frankfurt/M. 1973, S. 177f.
Q7 Dickmann, Lautemann: Geschichte in Quellen, Bd. 3, Bayerischer Schulbuch-Verl. München 1966, S. 486

S. 43: Q2 Proklamationen der Freiheit, Janko Musulin (Hg. u. Übers.:), Fischer Frankfurt/M. 1959, S. 49f.
Q3 O Britannien von deiner Freiheit einen Hut voll. Deutsche Reiseberichte des 18. Jahrhunderts, hg. v. Michael Maurer, Beck [u.a.] München [u.a.] 1992, S. 87f.

S. 45: Q2 a) und b) Dietmar Rothermund: Der Freiheitskampf Indiens, Stuttgart 1966, S. 76
Q3 Marx-Engels Studienausgabe, Bd. 4, Inge Fetscher (Hg.), Frankfurt/M. 1966, S. 133

Europa im Zeitalter von Barock und Aufklärung

S. 55: Q3 René Descartes, Abhandlung über die Methode, 1637, zit. nach: Ders, Ausgewählte Schriften, Fischer Frankfurt 1986., S. 49f. und 58f., (Übers.: Ivo Frenzel)
Q4 Immanuel Kant, Was ist Aufklärung, in: Werke, 2., erw. und verb. Aufl., Bd. 9, Vandenhoeck & Ruprecht Darmstadt 1975, S. 53f.

S. 57: Q2 Denis Diderot: Artikel über die pol. Autorität in: Enzyklopädie Absolutismus und Aufklärung 1648–1789, Langewiesche-Brandt 1964, S. 112, (Übers.: Erich Stahleder)
Q3 Gerhard Möbus, Die politischen Theorien im Zeitalter der absoluten Monarchie bis zur Französischen Revolution, Bd. II, 2. erw. Aufl., Westdt. Verl. Köln 1961, S. 381f.
Q4 Jean-Jacques Rousseau: Der Gesellschaftsvertrag oder die Grundsätze des Staatsrechts, Heinrich Weinstock (Hg.), Reclam Stuttgart 1963, S. 20 und 36 (Übers.: Dieter Ferchl)
S. 59: Q2 Wolfgang Lautemann/Manfred Schlenke (Hg.): Geschichte in Quellen,

Bd. 3. Renaissance, Glaubenskämpfe, Absolutismus, München 1970, S. 600–601
Q3 S. Helmut Neuhaus (Hg.), Deutsche Geschichte in Quellen und Darstellung, Bd. 5, Zeitalter des Absolutismus, Reclam Stuttgart 1997, S. 209
Q4 Christian von Krockow: Friedrich der Große, Lübbe Bergisch-Gladbach 1987, S. 119

S. 61: Q3 Hans-Joachim Schoeps, Jüdische Geisteswelt. Zeugnisse aus zwei Jahrhunderten, Holle Darmstadt 1953, S. 334f.
Q4 Moses Mendelsohn: Selbstzeugnisse, M. Pfeideler (Hg.), Erdmann Tübingen 1979, S. 121
Q5 Nachum T. Gidal, Die Juden in Deutschland von der Römerzeit bis zur Weimarer Republik, Bertelsmann-Lexikon-Verl. Gütersloh 1988, S. 130f.

S. 65: Q3 Richard v. Dülmen, Kultur und Alltag in der Frühen Neuzeit, Bd. 2: Dorf und Stadt 16.–18. Jh., Beck, München 1992, S. 178
Q4 zit. nach: Paul Münch (Hg.), Ordnung, Fleiß und Sparsamkeit. Texte und Dokumente zur Entstehung der „bürgerlichen Tugenden", München 1984, S. 62–63

S. 67: Q2 Jürgen Kuczyinski, Geschichte des Alltags des deutschen Volkes, Bd. 2, 2. unveränd. Aufl., Pahl-Rugenstein Köln 1982, S. 274f.

S. 69: Q2 Die peinliche Gerichtsordnung Kaiser Karls V. und des Heiligen Römischen Reichs von 1532 (Carolina), hg. und erläutert von Friedrich-Christian Schroeder, 79, Reclam Stuttgart 2000, S. 71, 73, 76f.
Q3 Peter Lahnstein, Das Leben im Barock. Zeugnisse und Berichte 1640–1740; Kohlhammer Stuttgart 1974, S. 142

S. 71: Q2 Paul Münch, Lebensformen in der frühen Neuzeit 1500 bis 1800, Ullstein Berlin 1998, S. 429
Q3 Johanna Schopenhauer: Jugendleben und Wanderbilder, Danziger Verlagsgesellschaft Danzig 1922, S. 241–247

S. 73: Q2 zit. nach T. Dietrich/J.-G. Klink: Zur Geschichte der Volksschule, Bd. 1, Bad Heilbrunn 1964, S. 138–139
Q3 Paul Münch: Lebensformen in der Frühen Neuzeit, 1500 bis 1800, Berlin 1998, S. 101
Q4 zit. nach J. Tews, Ein Jahrhundert preußischer Schulgeschichte, Leipzig 1914, S. 13–14
Q5 Jean Jacques Rousseau, Emil oder die Erziehung, Reclam Leipzig 1845, S. 287f.

Auf dem Weg in die Moderne

S. 79: D2 Amtlicher Bericht über die Industrie-Ausstellung aller Völker in London im Jahre 1851, 2. Teil, Verlag der Deckerschen Geheimen Ober Hofbuchdruckerei Berlin 1852, S. 11

S. 81: Q2 Rudolf Braun (Hg.), Industrielle Revolution, Wirtschaftliche Aspekte, Kiepenheuer & Witsch Köln 1972, S. 143
Q3 Adam Smith, Untersuchung über Natur und Ursache des Wohlstandes der Nationen, London 1776, über S. v. F. Grünefeld, Bd. 1, G. Fischer, Stuttgart 1923 , S. 18ff.
Q5 David Landes, Der entfesselte Prometheus, Technologischer Wandel und industrielle Entwicklung in Westeuropa von 1750 bis zur Gegenwart, Kiepenheuer & Witsch Köln 1973, S. 70 (Übers.: Franz Becker)

S. 83: Q2 zit. nach: H. J. Stammel, Indianer. Legende und Wirklichkeit von A–Z, Orbis-Verl. Gütersloh 1992, S. 79
Q3 zit. nach: H. J. Stammel, Indianer. Legende und Wirklichkeit von A–Z, Orbis-Verl. Gütersloh 1992, S. 86
Q4 Willi Paul Adams (Hg.), Die Amerikanische Revolution in Augenzeugenberichten, Dt. Taschenbuch-Verl. München 1976, S. 19f.

S. 85: Q2 John Locke, Two Treatises on Government, 1689; aus: Zwei Abhandlungen über die Regierung, Suhrkamp 19995 (Übers.: Hans Jörg Hoffmann)
Q3 Willi Paul Adams (Hg.), Die Amerikanische Revolution in Augenzeugenberichten, Dt. Taschenbuch-Verl. München 1976, S. 230f.

S. 87: Q2 Herbert Krieger (Hg.), Handbuch des Geschichtsunterrichts, Bd. 4, Diesterweg Frankfurt/M. o. J. , S. 200
Q3 Willi Paul Adams/Angela Meurer Adams (Hg.), Die Amerikanische Revolution in Augenzeugenberichten, Dt. Taschenbuch-Verl. München 1976, S. 317ff.
Q4 Fritz Hartung: Die Entwicklung der Menschen- und Bürgerechte von 1776 bis zur Gegenwart, Musterschmidt Göttingen 1964, S. 37, 39 und 41

S. 91: Q3 Zit. nach: Willi Paul Adams, Die Vereinigten Staaten von Amerika, Fischer-Taschenbuch-Verl. Frankfurt/M. 1977, S. 149f. (Übers.: Edith Kaiser u. Willi Paul Adams)
Q4 Dee Brown, Begrabt mein Herz an der Biegung des Flusses, Droemer-Knaur München 1976, S. 189 (Übers.: Helmut Degner)

S. 93: Q2 John Hope Franklin, From Slavery to Freedom, Knopf New York 1947, S. 249 (Übers.: Verfasser)
Q3 zit. nach Willi Paul Adams, Die Vereinigten Staaten von Amerika, Fischer-Taschenbuch-Verl. Frankfurt/M. 1977, S. 113, (Übers.: Edith Kaiser u. Willi Paul Adams)
Q4 Carl Sandburg, Abraham Lincoln, Zsolnay Hamburg [u.a.] 1958, S. 417f. (Übers.: Anton F. Stuzka)
Q5 zit. nach V. Austin, Der Amerikanische Bürgerkrieg in Augenzeugenberichten, Dt. Taschenbuch-Verl. München 1973, S. 310f., (Übers.: Tilla Schlenk)

Die Französische Revolution

S. 99: Q2 Volkmar Wittmütz, Die Französische Revolution, Hirschgraben-Verl. Frankfurt/ M. 1983, S. 20

S. 101: Q2 Heinz Dieter Schmid, Fragen an die Geschichte, Bd. 3, Hirschgraben-Verl. Frankfurt/M. 1981, S. 148
Q3 Ina u. Paul Hartig, Die Französische Revolution, Klett Stuttgart 1984, S. 34f.
Q4 Ca hier de doléances des femmes en 1789 et autres textes, zit. nach Geschichte auch für Mädchen, Landesregierung NRW (Hg.), Düsseldorf o. J., S. 20 (Übers.: Sabine Franzen)

S. 105: Q4 Olympe de Gouges, Schriften, Stroemfeld [u.a.], Basel/Frankfurt/M. 1980, S. 41 (Übers.: Vera Mostowlansky)
Q5 Ernst Schulin: Die Französische Revolution, München 1989, S. 95

S. 106: Q1 Resolution der UN-Generalversammlung 217A (III.)
Q2 zit. nach: Geschichte lernen, Nr. 6/1988, Friedrich Verlag Seelze, S. 19

S. 107: Q3 Henriette Akofa: Keine Zeit für Tränen. Mein Leben als Sklavin in Paris, Ullstein-Taschenbuchverl München 2001 (Übers.: Martin Bauer)
Q4 unicef-Nachrichten 3, Thema „Kindersoldaten“, Deutsches Komitee für UNICEF e. V. (Hg.) Köln September 2003, S. 7, 10 (Auszüge)

S. 109: Q2 Ulrich Friedrich Müller, Die Französische Revolution, 1. Aufl., Langewiesche-Brandt Ebenhausen 1961, S. 65 ff.

S. 111: Q2 Heinz Dieter Schmid (Hg.), Fragen an die Geschichte, Bd. 3, Hirschgraben-Verl. Frankfurt/M. 1981, S. 162
Q3 Walter Grab, Die Revolution von 1848/49. Eine Dokumentation, Nymphenburger Verl.-Handlung München 1980, S. 171f.
Q4 Michael Sauer, Historische Lieder, 1. Aufl., Klett Stuttgart 1997, S. 25

S. 113: Q2 Jean Paul Marat, Les pamphlets, hg. v. Charles Valley, Charpentier & Fasquelle Paris 1911, S. 25 (Übers.: Erich Goerlitz)
Q3 Ina u. Paul Hartig, Die Französische Revolution, Klett Stuttgart 1984, S. 97 f.
Q5 Camille Desmoulins, Le vieux Cordelier, Desenne 20 décembre 1793 (Übers.: Verfasser)

S. 115: Q2 M. de Melito, Mémoires I., Michel Paris o.J., S. 163 f.
Q3 Jacques Godechot, Les Institutes de la France sous la révolution et l'empire, S. 752, Presses univ. de France Paris 1968 (Übers.: Verfasser)
Q4 Christian Daniel Erhard (Hg.), Code Napoléon, G. Voss Leipzig 1908, S.105 ff.

S. 119: Q2 Zit. nach: Geschichte und Geschehen, Bd. 3, Klett Stuttgart 1997, S. 72
Q3 Adolf Kußmaul, Jugenderinnerungen eines alten Arztes, Bonz Stuttgart 1922, S. 73 f.

S. 121: D1 (vom Verfasser zusammengestellt)
Q2 Georg Winter (Hg.), Die Reorganisation des preußischen Staates unter Stein und Hardenberg, Teil I, Bd. I, Hirzel Leipzig 1931, S. 316 ff.
Q3 Die Preußische Ständeordnung von 1808 in: August Krebsbach (Hg.), Neue Schriften des Deutschen Städtetages, Heft 1, Stuttgart 1957, S. 47 ff.
Q4 Rainer Wohlfeil, Napoleonische Modellstaaten, in: Napoleon I. und die Staatenwelt seiner Zeit, Wolfgang v. Groote (Hg.), Rombach Freiburg 1969, S. 33 ff.

S. 123: Q3 Georg Ferdinand Döllinger (Hg.), Sammlung der im Gebiet der inneren Staatsverwaltung des Königreich Bayern bestehenden Verordnungen, Unterricht und Bildung, Bd. I., München 1835, S. 347

S. 125: Q2 BayHStA MA 4556, Bl. 96–99, auszugsweise zitiert nach Wolfgang Weiß: Kirche im Umbruch der Säkularisation, Kommissionsverlag Ferdinand Schöningh Würzburg 1993, S. 342

S. 127: Q2 Klemens Wenzel Nepomuk Lothar von Metternich, Denkwürdigkeiten, Bd 1., Otto von Brandt (Hg.), G. Müller München 1921, S. 246ff.
Q3 Deutschland unter Napoleon in Augenzeugenberichten, Eckart Kleßmann (Hg.), Dt. Taschenbuch Verl. München 1976, S. 380 ff.

Fürsten oder Bürger – Restauration oder Emanzipation?

S. 133: Q2 Werner Näf (Hg.), Europapolitik zu Beginn des 19. Jahrhunderts, 2., durchges. u. erw. Aufl., Herbert Lang Bern 1953, S. 5 ff.
Q3 Hagen Schulze, Ina Ulrike Paul: Europäische Geschichte, Quellen und Materialien, Bayerischer Schulbuch-Verl. München 1994, S. 188

S. 135: Q2 Hans Hohlwein, Aufbruch in die neue Zeit, Franckh Stuttgart 1969, S. 51
Q3 Denkschrift Steins vom 24. Juni 1815, zit. nach: Geschichte in Quellen. Das bürgerliche Zeitalter 1815–1914, Wolfgang Lautemann und Manfred Schlenke (Hg.), Bayer. Schulbuch-Verl. München 1980, S. 26
Q4 Ernst Rudolf Huber (Hg.), Dokumente zur deutschen Verfassungsgeschichte, Bd. 1, Kohlhammer Stuttgart 1961, S. 91 f.

S. 137: Q3 Heinrich von Gagern, Das Leben des Generals Friedrich von Gagern, Bd. 1, Winter Heidelberg 1856, S. 270ff.
Q4 Johann Georg August Wirth, Das Nationalfest der Deutschen zu Hambach, Christmann Neustadt 1837, S. 34 ff.

S. 139: Q2 Karl Obermann (Hg.), Flugblätter der Revolution 1848/49, Deutscher Taschenbuch-Verlag München 1972, S. 47 ff.
Q3 Karl Obermann (Hg.), Flugblätter d. Revolution, Dt. Verl. d. Wiss. Berlin (Ost) o. J., S. 61 ff.
Q4 Günter Schönbrunn, Wolfgang Lautemann: Geschichte in Quellen, Bd. 5, Bayerischer Schulbuch-Verl. München 1980, S. 152

S. 141: D1 Heinrich Lutz, Zwischen Habsburg und Preußen, Deutschland 1815–1866, 2. Aufl., Siedler Berlin 1994, S. 268 f.
Q2 Ernst Rudolf Huber (Hg.), Quellen zum Staatsrecht der Neuzeit, Bd. 1, Matthiesen Tübingen 1949, S. 257 ff.

S. 143: Q4 Hoffman von Fallersleben, in: Lebendige Vergangenheit 3, Klett Stuttgart 1992, S. 64
Q5 Ludwig Pfau, Melodie: „Maikäfer, flieg“, in: Lebendige Vergangenheit 3, Klett Stuttgart 1992, S. 64

S. 145: Q2 Helmut Christmann, Quellen zur bayerischen Geschichte, Dümmler Bonn/München 1966, S. 65 f.

Wiederholen – vertiefen – verknüpfen

S. 153: Q2 und Q4 Joseph von Hazzi, Betrachtungen über Theuerung und Noth der Vergangenheit und Gegenwart, München 1818, S. 76 ff., abgedruckt in: Claus Grimm / Rainer A. Müller / Konrad v. Zwehl, Aufbruch ins Industriezeitalter, Oldenbourg München 1985, S. 116
D2 Albrecht A. Gribl, Katalogtext Nr. 724 Bilderbogen mit Teuerungspreisen, in: Hubert Glaser (Hg.), Krone und Verfassung. König Max I. Joseph und der neue Staat, Hirmer München 1980, S. 384 f.

S. 155: D1 (zusammengestellt v. Verfasser)
Q2 Andreas Roeschlaub, Vorschläge zur Realisierung wahrer Polizei der gesamten Gesundheitspflege in einem Staate, in: Hygiea. Zeitschrift für öffentliche und private Gesundheitspflege I/2, Andreä Frankfurt/M. 1804, S. 128–148

S. 157: Q4 Dieter Vogel (Hg.), Das Rottal. Heimatbuch, Kiebitz-Buch Vilsbiburg 1995, S. 50

S. 161: Q3 Frauenleben im 18. Jahrhundert, hg. v. Andrea von Dülmen, Beck München 1992, S. 249 f.

S. 163: Q2 Susanne Petersen (Hg.), Marktweiber und Amazonen, Pahl-Rugenstein Köln 1987, S. 70ff.

Q3 Olympe de Gouges, Schriften, 1. Aufl., Stroemfeld Basel, Roter Stern Frankfurt/M. 1980, S. 39 (Übers.: Vera Mostowlansky)

Q4 Helga Grubitzsch u. a. (Hg.), Grenzgängerinnen. Revolutionäre Frauen im 18. und 19. Jh., Weibliche Wirklichkeit und männliche Phantasien, 1. Aufl., Schwann Düsseldorf 1985, S. 278 (Übers.: Hannelore Cyrus)

S. 165: Q3 H. Rösch-Sondermann, J. Kinkel, in: Bonn, 54 Kapitel Stadtgesch., Bouvier Bonn 1989, S. 180

S. 167: D1 (zusammengestellt v. Verfasser)

Q2 Reinhold Rauh, Lola Montez. Die königliche Mätresse, Diederichs München 1996, S. 94.

Q4 Reinhold Rauh, Lola Montez. Die königliche Mätresse, Diederichs München 1996, S. 204 f.

Verzeichnis der Bildquellen

Cover AKG (Erich Lessing), Berlin;
10.24 Werner Müller, Gunther Vogel: dtv-Atlas Baukunst, Band 2. © 1981, 2002 für Illustrationen von Inge und Ivan Szasz: © 1981 Deutscher Taschenbuch Verlag, München; **10.25** Werner Müller, Gunther Vogel: dtv-Atlas Baukunst, Band 2. © 1981, 2002 für Illustrationen von Inge und Ivan Szasz: © 1981 Deutscher Taschenbuch Verlag, München; **14.unten 1** Staatsarchiv, Nürnberg; **14.unten 2** AKG (Sotheby's), Berlin; **14.unten 3** Bibliothèque nationale de France, Paris; **15.oben** Bridgeman Art Library Ltd., Berlin; **15.unten 1** BPK, Berlin; **15.unten 2** AKG, Berlin; **15.unten 3** AKG, Berlin; **15.unten 4** Jürgens Photo, Berlin; **16.Q1** Bibliothèque nationale de France, Paris; **17.Q3** AKG (VISIOARS), Berlin; **17.Q5** Interfoto (Archiv Friedrich), München; **18.Q1** Bridgeman Giraudon (Giraudon), Paris; **19.Q2** AKG, Berlin; **20.Q1** Corbis (Jose Fuste Raga), Düsseldorf; **21.Q5** Süddeutsche Zeitung Photo, München; **21.Q6** BPK (RMN/Arnaudet), Berlin; **23.Q3** AKG (Erich Lessing), Berlin; **24.Q1** AKG, Berlin; **25.Q5** Bridgeman Art Library Ltd. (Lauros/Giraudon), Berlin; **27.Q1** AKG, Berlin; **28.Q1** AKG, Berlin; **29.Q2** AKG (Paul M.R. Maeyaert), Berlin; **29.Q4** AKG, Berlin; **30.Q1** AKG, Berlin; **32.Q1** Interfoto (Karger - Decker), München; **33.Q2** Staatsarchiv, Nürnberg; **34.Q1** AKG, Berlin; **35.Q2** Württembergisches Landesmuseum, Stuttgart; **37.Q4** AKG, Berlin; **38.Q1** Jürgens Photo, Berlin; **40.Q1** Getty Images (Time Life Pictures/ Mansell), München; **41.Q5** AKG, Berlin; **42.Q1** Getty Images RF (Photo Disc), München; **43.Q4** BPK, Berlin; **43.Q5** Getty Images (Tim Graham), München; **44.Q1** AKG (Sotheby's), Berlin; **48.unten 1** Bildarchiv Monheim GmbH (Barbara Opitz), Krefeld; **48.unten 2** Deutsches Museum, München; **48.unten 3** Interfoto (Bildarchiv Hansmann), München; **48.unten 4** AKG, Berlin; **49.oben** AKG (akg-images/Bildarchiv Monheim), Berlin; **49.unten 1** AKG, Berlin; **49.unten 2** Ullstein Bild GmbH (The Granger Collection, New York), Berlin; **49.unten 3** Picture-Alliance (ZB/Claudia Esch-Kenkel), Frankfurt; **50.Q1** Ullstein Bild GmbH (ddp Nachrichtenagentur), Berlin; **51.Q2** Captaphoto, Regensburg; **51.Q3** Bildarchiv Monheim GmbH (Barbara Opitz), Krefeld; **51.Q4** Artothek, Weilheim; **51.Q5** Captaphoto, Regensburg; **53.Q1** Ullstein Bild GmbH (The Granger Collection, New York), Berlin; **53.Q2** Bildarchiv Monheim GmbH (Florian Monheim), Krefeld; **54.Q1 links** BPK (RMN/Popvitch), Berlin; **54.Q1 rechts** AKG, Berlin; **55.Q2** Deutsches Museum, München; **55.Q5** Interfoto (Mary Evans Picture Library), München; **56.Q1** Süddeutsche Zeitung Photo (Rue des Archives), München; **57.Q6** AKG, Berlin; **58.Q1** AKG, Berlin; **59.Q5** BPK, Berlin; **60.Q1** Picture-Alliance (ZB/Claudia Esch-Kenkel), Frankfurt; **61.Q2** AKG, Berlin; **62.unten links** BPK, Berlin; **63.oben** AKG (Sotheby's), **63.2** BPK, Berlin; **63.3** BPK (Bayerische Staatsgemäldesammlungen), Berlin; **63.4** Interfoto (Bildarchiv Hansmann), München; **Berlin; 64.Q1** Ullstein Bild GmbH (KPA), Berlin; **65.Q2** BPK, Berlin; **66.Q1** AKG (Sotheby's), Berlin; **67.Q4** culture-images, Köln; **68.Q1** AKG, Berlin; **69.Q5** BPK, Berlin; **70.Q1** AKG, Berlin; **71.Q4** BPK (Bayerische Staatsgemäldesammlungen), Berlin; **72.Q1** AKG, Berlin; **73.Q6** Interfoto (Bildarchiv Hansmann), München; **74** Bildarchiv Monheim GmbH (Barbara Opitz), Krefeld; **76.unten 2** AKG, Berlin; **76.unten 4** Bridgeman Art Library Ltd., Berlin; **77.oben** AKG, Berlin; **77.unten 1** Picture-Alliance (dpa), Frankfurt; **77.unten 2** BPK, Berlin; **77.unten 3** Ullstein Bild GmbH (The Granger Collection), Berlin; **77.unten 4** Punch Limited, London; **78.Q1** BPK, Berlin; **79.Q2** Heritage-Images Ltd., London EC1R 0NE; **79.Q3** laif (Lu Qijian/ChinaFotoPress), Köln; **80.Q1** AKG, Berlin; **81.Q4** Bridgeman Art Library Ltd., Berlin; **82.Q1** Corbis (Bettmann), Düsseldorf; **84.Q1** AKG, Berlin; **85.Q4** Corbis (Bettmann), Düsseldorf; **85.Q5** AKG, Berlin; **86.Q1** BPK, Berlin; **90.Q1** The Granger Collection (The Granger Collection), New York; **91.Q2** AKG, Berlin; **92.Q1** AKG, Berlin; **93.Q6** Punch Limited, London; **96.unten 1** Bridgeman Art Library Ltd. (Giraudon), Berlin; **96.unten 2** AKG, Berlin; **96.unten 3** AKG, Berlin; **97.oben** AKG, Berlin; **97.unten 1** Bridgeman Art Library Ltd., Berlin; **97.unten 2** BPK, Berlin; **97.unten 3** AKG, Berlin; **98.Q1** AKG, Berlin; **99.Q3** AKG, Berlin;

100.Q1 Bridgeman Art Library Ltd. (Giraudon), Berlin; **101.Q5** AKG, Berlin; **102.Q1** Bibliothèque nationale de France, Paris; **103.Q2** Bridgeman Art Library Ltd., Berlin; **104.Q1** AKG, Berlin; **105.Q2** AKG, Berlin; **105.Q3** AKG, Berlin; **107.Q5** Beate Diergardt/ati-design, Rodenbach; **108.Q1** Bridgeman Art Library Ltd. (Musee Carnavalet), Berlin; **109.Q3** Bridgeman Art Library Ltd., Berlin; **110.Q1** Bridgeman Art Library Ltd., Berlin; **111.Q5** Bridgeman Art Library Ltd., Berlin; **112.D1** BPK, Berlin; **112.Q1** BPK, Berlin; **113.Q4** AKG, Berlin; **114.Q1** Bridgeman Art Library Ltd., Berlin; **115.Q5** AKG, Berlin; **116.Q1** AKG, Berlin; **117.Q2** Bridgeman Giraudon, Paris; **118.Q1** Mary Evans Picture Library, London; **120.Q1** AKG, Berlin; **121.Q5** AKG, Berlin; **122.Q1** Artothek (Joachim Blauel), Weilheim; **122.Q2** BPK, Berlin; **124.Q1** Museen der Stadt Nürnberg, Graphische Sammlung, Nürnberg; **125.D1** Klett-Archiv (Willi Stegner), Stuttgart; **125.Q3** Bayerisches Nationalmuseum, München; **126.Q1** BPK, Berlin; **129.Q1** BPK, Berlin; **129.Q2** AKG (Erich Lessing), Berlin; **130.unten 1** AKG, Berlin; **130.unten 2** AKG, Berlin; **130.unten 3** AKG, Berlin; **131.oben** BPK, Berlin; **131.unten 1** AKG, Berlin; **131.unten 2** BPK, Berlin; **131.unten 3** BPK, Berlin; **132.Q1** AKG, Berlin; **133.Q4** AKG, Berlin; **134.Q1** BPK, Berlin; **135.Q5** AKG, Berlin; **136.Q1** AKG, Berlin; **137.Q2** AKG, Berlin; **138.Q1** Bridgeman Art Library Ltd. (Archives Charmet), Berlin; **139.Q5** AKG, Berlin; **140.Q1** BPK, Berlin; **141.Q3** BPK, Berlin; **142.Q1** BPK, Berlin; **144.Q1** AKG, Berlin; **145.Q3** Museen der Stadt Regensburg, Historisches Museum; **145.Q4** Kunstschätzeverlag FZB-Atelierbetriebe (Zwicker-Berberich), Gerchsheim; **146.Q1** Interfoto (Claus Hansmann), München; **147.Befreiungshalle** AKG (Jost Schilgen), Berlin; **147.Der Schöne Brunnen** Corbis, Düsseldorf; **147.Dom** Mauritius Images (Lehn), Mittenwald; **147.Ludwig-Donau-Main-Kanal** Touristikverband Beilngries e.V. (Foto Kneidinger), Beilngries; **147.Pompejanum** Ullstein Bild GmbH (Siepmann), Berlin; **147.Ruhmeshalle** AKG, Berlin; **147.Walhalla** AKG, Berlin; **150.1** AKG, Berlin; **150.2** AKG, Berlin; **150.3** Klett-Archiv, Stuttgart; **151.1** Artothek, Weilheim; **151.2** AKG, Berlin; **151.4** Münchner Stadtmuseum (Pulfer, Wolfgang), München; **151.hinten** © Dionys Asenkerschbaumer, Kellberg (Dionys Asenkerschbaumer), Kellberg; **153.Q1** Germanisches Nationalmuseum (M. Runge), Nürnberg; **153.Q3** Haus der Bayerischen Geschichte, Augsburg; **154.Q1** Ullstein Bild GmbH (Archiv Gerstenberg), Berlin; **155.Q3** Corbis, Düsseldorf; **155.Q4** AKG, Berlin; **156.Q1** © Dionys Asenkerschbaumer, Kellberg (Dionys Asenkerschbaumer), Kellberg; **157.Q2** Artothek (Joachim Blauel), Weilheim; **157.Q5** Artothek, Weilheim; **158.oben links** Klett-Archiv, Stuttgart; **158.Q1** Jürgen Böhm, Pfarrkirchen; **158.Q2** Freilichtspiele, Markt Aidenbach; **159** Freilichtspiele, Markt Aidenbach; **160.Q1** Sächsische Landesbibliothek (SLUB/Deutsche Fotothek/Herbert Boswank), Dresden; **161.Q2** AKG, Berlin; **161.Q4** Süddeutsche Zeitung Photo, München; **162.Q1** AKG, Berlin; **163.Q5** AKG, Berlin; **164.Q1** AKG, Berlin; **165.Q2** Historisches Museum, Frankfurt; **165.Q4** AKG, Berlin; **166.Q1** Interfoto, München; **167.Q3** Münchner Stadtmuseum (Pulfer, Wolfgang), München; **168.1** Pfahlbaumuseum, Schöbel, Unteruhlingen; **168.2** Klett-Archiv, Stuttgart; **168.3** Klett-Archiv, Stuttgart; **169.1** AKG, Berlin; **169.3** Klett-Archiv (Klaus-Ulrich Meier, Petersberg), Stuttgart; **170.1** Bridgeman Art Library Ltd. (Giraudon), Berlin; **170.3** Bridgeman Art Library Ltd., Berlin; **171.1** AKG, Berlin

Sollte es in einem Einzelfall nicht gelungen sein, den korrekten Rechteinhaber ausfindig zu machen, so werden berechtigte Ansprüche selbstverständlich im Rahmen der üblichen Regelungen abgegolten.